BIEN DIRIGER SA VIE
AVEC LA LIGNE DU TEMPS

JANE TURNER

BIEN DIRIGER SA VIE AVEC LA LIGNE DU TEMPS

De la même auteure

Construire sa vie adulte: Comment devenir son propre coach, InterEditions

Manuel de coaching: Champ d'action et pratique, InterEditions

Pratique du coaching: Comment construire et mener la relation, InterEditions

Le Nouveau Dico-PNL. Comprendre les mots et les concepts de la PNL, InterEditions

9 bonnes façons de construire sa vie adulte – de 17 à 97 ans!, InterEditions

Création graphique de la couverture:
Hokus Pokus Créations

InterEditions est une marque de Dunod Éditeur,
11 rue Paul Bert, 92240 Malakoff
www.dunod.com

ISBN 978-2-7296-1953-4

Sommaire

Partie 2

Pour bien diriger sa vie, il faut de bons fondements : responsabilité, valeurs, objectifs, équilibre, cohérence, engagement ; les 6 principes de base

Partie 3
Concrétiser ses rêves : trois mouvements pour cheminer dans la vie avec conscience, puissance et aisance

Avant-propos

Un modèle convivial et utile pour bien vivre et construire son avenir : la « Ligne du Temps »

Il y a trente ans déjà je fis connaissance de la « Ligne du Temps » de Tad James et Wyatt Woodsmall. Depuis, j'ai fait largement évoluer ce modèle qui, au départ, ne comportait que quatre techniques : deux pour rectifier le passé et deux pour organiser l'avenir. Ma pratique professionnelle m'a permis de découvrir d'autres richesses à ce modèle, m'incitant à créer de nouvelles techniques et interventions.

À l'époque, j'avais trouvé la « Ligne du Temps » particulièrement pertinente et efficace pour accompagner les personnes que je suivais en psychothérapie, en hypnothérapie et en formation ; mon enthousiasme n'a fait que grandir lorsque je l'ai introduite dans mon autre domaine professionnel : le coaching.

L'idée de conceptualiser le temps sous une forme spatiale est tellement évidente et naturelle que toutes les personnes avec qui j'ai eu l'occasion de travailler ont facilement mis à jour leur propre. « Ligne du Temps ». Que cette conceptualisation prenne la forme d'une flèche, d'un cycle ou qu'elle soit la synthèse tout à fait originale et personnelle de ces deux configurations génériques, la découverte de la Ligne du Temps se fait sans difficulté. En effet, tous ceux que je reçois en cabinet, comme en formation, n'ont aucun mal à saisir à la fois l'intérêt et la puissance de ce modèle si simple, si facile, si utile, si ludique et si convivial !

C'est pour cette raison que j'ai choisi d'écrire ce livre : pour remercier ceux qui m'ont témoigné leur confiance et m'ont encouragé à partager le fruit de mes recherches sous une forme accessible à tous. Je l'ai écrit, bien sûr, en me servant des techniques que vous allez apprendre au fil des pages. Je les ai pratiquées déjà maintes fois moi-même et continue à m'en servir sans hésiter ; je vous les propose ici pour que vous puissiez découvrir aussi la diversité de leurs possibilités, l'efficacité qu'elles engendrent et l'élégance avec laquelle vous pouvez les utiliser pour reconfigurer votre Ligne du Temps, résoudre des problèmes, dresser un bilan personnel, (ré)organiser votre présent et construire votre avenir.

Introduction

Il était une fois la Ligne du Temps...

Le temps, c'est ce qu'a trouvé la nature pour faire en sorte que tout n'arrive pas en même temps.

(Anonyme)

Qu'est-ce qui se passerait si vous pouviez décider de votre futur facilement, aisément, élégamment ? Qu'y aurait-il de changé en vous si vous vous découvriez la capacité de réaliser vos rêves, d'exaucer vos vœux les plus chers, de vivre vos désirs les plus profonds, et cela, en un « rien de temps »... ? Juste le temps nécessaire de « flotter au-dessus de votre Ligne du Temps » et d'appliquer les techniques d'un nouveau modèle de changement. C'est précisément ce modèle que vous allez découvrir dans ce livre ; il vous permettra de construire votre avenir. Cette proposition vous rappelle peut-être les promesses des contes de fées, n'est-ce pas ? Que vous y croyiez ou non, peu importe, laissez-vous donc « flotter au-dessus de votre Ligne du Temps » et apprenez ainsi à organiser votre vie, construire votre avenir et réaliser vos rêves.

Et si vous aimez les contes de fées, si vous croyez en des Happy End, si vous appréciez les histoires qui se terminent bien, alors, tout ce que vous avez besoin de faire c'est « flotter au-dessus de votre Ligne du Temps... », car la bonne nouvelle, c'est que votre bonne fée, c'est vous-même! Vous êtes votre propre Marraine Fée, celle qui sait transformer vos rêves en réalité. Oh, j'ai failli l'oublier, il y a une autre bonne nouvelle: votre carrosse restera un carrosse; il ne se transformera plus en citrouille au douzième coup de minuit!

Mais commençons au commencement, n'allons pas plus vite que la musique, démarrons bien comme il faut, car, « il était une fois votre Ligne du Temps... ».

De quoi est composé ce livre?

Ce livre comprend trois parties de longueur inégale. La première traite de la découverte de la Ligne du Temps, en tant que modèle. Je vous y invite à découvrir l'organisation de votre ligne et à l'explorer depuis plusieurs points de vue et perspectives. La deuxième partie décline les principes généraux utiles à la bonne orientation de votre vie et à la construction de votre avenir. La troisième partie vise leur mise en pratique. Je vous proposerai des exercices tout au long de votre lecture, pour vous encourager à expérimenter et intégrer les concepts de ce modèle et vous permettre de poser les bons jalons pour aujourd'hui et demain.

Dans la première partie de ce livre, le modèle de la Ligne du Temps est exposé sous son aspect générique. Le but est de vous présenter le concept de la Ligne du Temps et vous encourager à envisager, voire à visualiser, la vôtre. Les exercices proposés visent à vous sensibiliser à la possibilité de considérer le temps comme un paramètre incontournable dans les relations humaines, *toutes* les relations humaines, aussi bien celles avec vous-même, qu'avec les autres, et avec le monde qui vous entoure.

Ensuite, la découverte de la Ligne du Temps se fera sous son aspect individuel. Je vous inviterai à découvrir et à vous familiariser avec votre propre Ligne. Dans la mesure où certaines caractéristiques de notre personnalité dépendent de l'organisation de notre Ligne du Temps, ces caractéristiques, et leurs effets sur notre vie quotidienne, seront développées ici. Pour vous aider à faire plus ample connaissance avec votre Ligne, vous serez invité à faire un voyage organisé à travers le temps pour remarquer le relief et l'agencement de votre Ligne. Au cours de ce voyage, vous découvrirez votre temporalité différemment en passant du temps au-dessus de votre Ligne, ce qui vous permettra de gagner en recul, en détachement et en perspective. Ce voyage sert également à vous initier au type de démarche à faire pour construire votre avenir avec la Ligne du Temps.

Dans la deuxième partie, vous apprendrez les principes de base et les outils pratiques: ils vous aideront à construire l'avenir que vous désirez et, dans la mesure où un avenir radieux est le reflet d'une vie harmonieuse, cette partie décline le règlement intérieur d'un fonctionnement harmonieux. Au fil des chapitres, vous apprendrez à l'intégrer dans votre vie, ayant découvert comment prendre votre part de responsabilité, comment reconnaître vos valeurs et les faire vivre dans les divers domaines de votre vie, et comment créer des objectifs SUPER, des SUPER objectifs. Vous apprendrez également à vérifier l'équilibre de votre Ligne du Temps et découvrirez des moyens simples de la rééquilibrer, grâce aux exercices pratiques comme la désensibilisation d'une émotion pour que les évènements anciens n'aient plus de prise sur vous; la transformation d'une décision limitante pour lever les injonctions parentales périmées; l'appréhension de l'appréhension pour traquer les tracas de la vie quotidienne; la découverte de la source des ressources pour connaître l'origine de toutes les ressources; le renforcement de ressources pour apprécier encore et différemment comment le temps est relatif.

Afin d'aligner vos actions avec vos objectifs, je vous inviterai à établir, d'une part, le bilan de vos buts réalisés et, d'autre part, celui des moyens que vous vous accordez pour les atteindre. Vous serez amené à réfléchir sur le degré de cohérence de vos objectifs, non seulement les uns par rapport aux autres, mais aussi par rapport à l'ensemble de vos projets. Ainsi vous serez encouragé à vous engager à 100% dans les décisions visant à la réalisation de vos projets et à la construction d'un avenir désiré.

Dans la troisième partie, je vous proposerai de revaloriser et réhabiliter votre capacité à rêver, pour vous permettre d'envisager de multiples scénarios futurs possibles. La technique de programmation d'un évènement à venir vous aidera à mettre en place les objectifs pour lesquels vous vous êtes engagé. Puis, je vous présenterai les trois principes de vie d'un gagnant et vous inviterai à les pratiquer dans votre vie quotidienne.

De nombreux exemples vous aideront à apprécier comment les différentes techniques ont déjà aidé d'autres à se réaliser.

En guise de conclusion, nous ferons un retour en arrière pour revisiter vos découvertes et nouvelles acquisitions, avant de vous souhaiter une bonne route sur votre chemin de vie avec la Ligne du Temps.

La meilleure façon de faire les exercices

Certains exercices vous paraîtront probablement longs à la première lecture. Ils s'appuient sur des techniques hypnotiques où la répétition est fréquente et la grammaire, pas toujours respectée. Vous pouvez vous faire accompagner par quelqu'un qui vous les lit d'une voix lente, douce et calme ; vous pouvez aussi les enregistrer vous-même en prenant le temps. Vous les réécouterez ainsi au moment de faire l'exercice pour en tirer le meilleur profit.

Partie 1

Découvrez la ligne du temps : prenez conscience des ressources qu'elle vous offre

1

Qu'appelle-t-on ligne du temps? qu'est-ce que c'est? à quoi cela sert-il?

La Ligne du Temps représente à la fois un modèle précis et un reflet de notre fonctionnement. En tant que modèle, il permet de mieux comprendre et d'appréhender notre vie, de nous repérer dans le temps; en tant que reflet, son rôle de miroir nous permet de saisir la manière dont chacun d'entre nous s'y prend pour vivre sa vie au jour le jour, par rapport à ce phénomène incontournable – le temps.

Un modèle pour se repérer dans la vie et un reflet précis de soi-même

La Ligne du Temps nous concerne tous, et chacun à double titre : tous comme mode général et explicatif de l'être humain, et chacun de nous, en tant que personne unique, comme modèle révélateur de notre particularité, de notre singularité.

En effet, le langage nous distingue des animaux, tout comme la capacité d'estimer et d'utiliser le temps. Le temps nous lie à notre propre histoire, ainsi qu'à nos prédécesseurs et à nos descendants. Le temps nous relie aux milieux socioculturels celui dont nous sommes issus et celui auquel nous appartenons à présent. Cette appartenance se repère aussi bien dans notre langage verbal que non verbal et notre manière de concevoir, de nous représenter et d'utiliser le temps.

Cette capacité spécifique à l'homme de lier les évènements entre eux à travers le temps grâce au langage est mise en exergue dans la sémantique générale d'Alfred Korzybski[1] sous le terme de « *time binding* », relier le temps. En effet, les animaux peuvent relier des points dans l'espace (« *space binding* ») pour repérer et délimiter leur territoire, mais ces liens touchent au monde réel et ne peuvent être transmis aux générations futures sans un apprentissage et une interaction directe avec la matière. L'homme n'a pas besoin d'expériences directes pour faire des apprentissages, des expériences vicariantes lui suffisent. Il est capable de mettre à profit le capital des apprentissages emmagasinés par les générations précédentes, d'enrichir ce capital et de transmettre l'ensemble à son tour. De tous les animaux, l'homme est le seul à pouvoir se projeter dans le futur et construire ainsi son avenir[2].

1. Dans un de ses ouvrages, traduit en français sous le titre *Une carte n'est pas le territoire*, Korzybski propose : « Le terme "sémantique générale" désigne le mode d'emploi d'un modèle théorique du processus d'évaluation et de ses conséquences comportementales pour l'être humain. »

2. Pour découvrir la Sémantique Générale, voir l'ouvrage de Bernard HÉVIN Les Ruses du Langage : Initiation à la Sémantique Générale d'Alfred Korzybski, SATAS, 2017.

La Ligne du Temps est la représentation spatiale de notre temporalité. Cette représentation forme une configuration plus ou moins linéaire où se trouvent les trois « aires du temps » : le passé, le présent et le futur. Chacune de ces aires y trouve une place, la place que nous lui accordons selon la disposition et l'organisation de notre Ligne du Temps, car celle-ci reflète notre personnalité et nous renseigne sur notre façon d'être dans le monde. Les « aires du temps » remplissent chacune une fonction spécifique dans notre organisation personnelle. Nous explorerons ces fonctions plus en détail lorsqu'il sera question des moyens à mettre en œuvre pour construire votre avenir.

Dans la mesure où la Ligne du Temps est la représentation spatiale de *notre* temporalité, il n'est pas question ici d'envisager la temporalité, le temps, sous forme d'agenda, de calendrier ou d'un autre support standard, préfabriqué. Il s'agit ici de découvrir la façon dont nous nous représentons le temps, *notre* temps au fil des heures, des jours, des semaines, des années... pour mieux nous comprendre nous-même et mieux vivre.

Disposer de son temps, c'est disposer de sa vie. Appréhender la manière dont on se représente le temps pour mieux en disposer permet de vivre de façon volontaire et créative, maître de son sort, constructeur de son avenir.

Un moyen d'arriver à une meilleure connaissance de soi

Découvrir et se familiariser avec sa Ligne du Temps est une excellente manière de se découvrir et de mieux faire connaissance avec soi-même, au travers d'un modèle facile à comprendre et agréable à utiliser. La Ligne du Temps permet de mieux se connaître et mieux s'apprécier puisqu'elle se trouve au carrefour des deux repères les plus importants dont nous disposons pour nous représenter : l'espace et le temps. En effet, dans la mesure où la Ligne du Temps est la représentation spatiale de notre temporalité – nous nous trouvons constamment confrontés à ces deux axes de notre réalité quotidienne, nous nous situons forcément quelque part à un moment donné, reconnaître comment notre

Ligne du Temps reflète notre organisation particulière nous permet d'apprécier notre fonctionnement actuel. Cela nous aide à mieux nous accepter, nous fournit des pistes de réflexion et de travail personnel pour améliorer notre façon d'être et d'agir dans tous les domaines de notre vie.

La Ligne du Temps vous aidera, par exemple, à comprendre pourquoi certaines personnes ont du mal à se projeter dans l'avenir, alors que d'autres ont des difficultés à vivre au présent. Elle vous apportera un éclairage sur vos raisons de considérer certaines personnalités difficiles à comprendre et, en contrepartie, pourquoi d'autres vous trouvent rigide, désordonné ou franchement incompréhensible à leur tour.

Je vous propose maintenant un premier exercice pour faciliter les échanges avec vous-même au fil des pages.

Exercice 1 : Mon journal de bord

Heureusement, nous ne nous souvenons pas de toutes nos expériences de vie comme si elles faisaient encore partie de l'instant présent. Mais, malheureusement, nous oublions parfois de passer en revue les évènements vécus, bons ou mauvais, heureux ou malheureux, agréables ou désagréables, qui puissent nous aider à mieux nous connaître et à mieux cheminer dans la vie.

Au fils des pages de ce livre, au fil des exercices, vous serez invité à prendre note de certaines de vos expériences passées, présentes et futures dans le but de faciliter la construction de votre avenir.

En effet, des études réalisées auprès des étudiants d'une faculté de sciences humaines aux États-Unis ont révélé que ceux qui, à la demande des expérimentateurs, avaient tenu un journal intime pendant leurs quatre années de fac, étaient plus heureux, mieux organisés et plus optimistes par rapport à leur avenir que leurs semblables à qui cette demande n'avait pas été formulée.

Pour cette raison et d'autres que nous évoquerons le moment venu, vous trouverez utile de noter vos découvertes au fur et à mesure des exercices et des expériences structurées de ce livre. Choisissez un cahier qui vous servira de journal de bord. Par commodité, prenez-en un à spirale : pour le plaisir, choisissez-en un de votre couleur préférée ou avec un dessin qui vous plaît.

Choisissez aussi un stylo, un feutre, un crayon que vous aimez bien – il n'y a pas de mal à se faire plaisir ! Et, en sachant que ce journal vous appartient, que ce que vous y écrirez vous est personnel, bien à vous et uniquement pour vous, trouvez un lieu où le garder secret pour y confier vos pensées et vos réflexions, vos sensations et vos sentiments, vos souhaits et vos rêves, aussi bien que vos craintes et vos doutes. Ce cahier vous servira de journal de bord pendant votre voyage avec la Ligne du Temps, pour faire votre bilan personnel et construire votre avenir.

Vous pouvez déjà commencer en notant ce que le premier exercice a évoqué pour vous, et ensuite, continuer à découvrir à quoi sert la Ligne du Temps.

Une gestion du temps personnalisée

Prenez quelques instants pour vous demander comment vous vous situez par rapport au temps. Vous allez probablement décrire comment vous courez après le temps, n'en ayant jamais assez pour faire tout ce qu'il faut ou tout ce dont vous avez envie ; peut-être ferez-vous la remarque que le temps vous semble long par moments, lorsque rien d'intéressant n'occupe vos journées. Peut-être constaterez-vous être toujours – ou jamais – à l'heure, au désespoir des personnes de votre entourage : vos collaborateurs, les membres de votre famille, vos amis, qui ne sont pas « fabriqués » selon le même modèle que vous.

Appréhender votre fonctionnement par rapport au temps, en tenant compte de votre Ligne, vous encourage à une gestion du temps plus souple, plus réaliste, en phase avec votre organisation personnelle, respectueuse de votre manière d'être et d'agir dans le monde.

Saisir et apprécier sa propre organisation encourage aussi à ouvrir grand les yeux et observer comment d'autres personnes peuvent réussir à vivre d'une manière si différente de la nôtre. Le modèle de la Ligne du Temps est aussi un modèle de tolérance, tout autant envers soi-même qu'envers autrui.

Une boîte à outils pour faciliter et améliorer ses relations

Faciliter et améliorer les relations avec soi-même et avec les autres est une recherche permanente. Qui d'entre nous pourrait honnêtement affirmer ne se soucier guère de la considération que peuvent lui porter les membres de son entourage proche ou lointain ? Personne, sans doute, car nous avons besoin les uns des autres, pour nous rappeler ne serait-ce que notre humanité.

Heureusement, nous n'avons nullement besoin de vivre de façon dysfonctionnelle pour souhaiter aller bien et prendre les mesures qui s'imposent, pour faire en sorte que nos relations à autrui soient agréables à vivre et faciles à entretenir.

La Ligne du Temps nous aide dans cette recherche. Puisque plus nous disposons d'informations nettes et précises sur nous-mêmes et nos interlocuteurs, sur le fonctionnement de chacun, mieux nous sommes à même d'éviter des maladresses, et de clarifier d'éventuelles ambiguïtés dans notre communication, susceptibles d'engendrer des difficultés de compréhension, voire des conflits.

Un moyen de se construire un futur plein d'avenir

Le temps est relatif, surtout la notion de causalité linéaire temporelle. Les liens entre le passé, le présent et l'avenir ne sont pas prédéterminés, donnés d'emblée et organisés *a priori* par une mesure extérieure comme le pendule, le calendrier ou le déroulement des saisons, bien que l'homme ait construit des moyens de mesure de toutes sortes au fil des âges.

Concevoir le présent en fonction de notre passé n'est ni une nécessité ni une fatalité. Imaginer que notre avenir dépende de notre présent est un choix fréquent, mais nous pouvons tout aussi bien décider l'inverse : que notre présent dépende de notre avenir qui, lui, reste à construire.

Qu'est-ce qui se passerait, après tout, si nous organisions l'avenir que nous voulons expérimenter ? Qu'est-ce qui se passerait si, au lieu de continuer à faire comme toujours, nous mettions en place une nouvelle manière de vivre en nous servant de moyens efficaces et faciles à mettre en œuvre qui, de plus, ont déjà fait leurs preuves ?

Le modèle de la Ligne du Temps nous propose une méthodologie de ce type. Transformer les limitations du passé, lever les inhibitions, enrayer les empêchements, remplacer les décisions contraignantes par des décisions de vie affranchie, libérer ainsi le potentiel de chacun de nous et construire un avenir plein de promesses tenues.

Exercice 2 : Où est-ce que j'en serai dans cinq ans ?

Où est-ce que je m'imagine dans cinq ans, dans dix ans... avec qui, faisant quoi ? C'est une question que l'on peut se poser à tout âge de la vie. Elle n'est pas seulement réservée aux enfants : « Et toi, qu'est-ce que tu veux être quand tu seras grand ? »

Installez-vous confortablement pour que les réponses puissent venir spontanément et sans censure. Votre tâche, pour l'instant, consiste simplement à les accueillir avec bienveillance et curiosité. Et maintenant, si vous laissiez le soin à votre imagination de répondre à cette question : « Où voulez-vous en être dans cinq ans ? » Quelle réponse vous donnerait-elle ? Dans quel endroit souhaitez-vous vivre ? travailler ? Quels types de loisirs désirez-vous avoir ? comme passe-temps ou hobbies ? Avec qui désirez-vous partager votre vie ? Où voulez-vous en être dans cinq ans ?

Laissez venir les réponses qui se présentent, sans avoir à vous soucier ni des moyens à mettre en œuvre pour que les évènements que vous avez imaginés puissent se réaliser vraiment, si ce que vous avez aperçu vous convient, ni des démarches à engager pour éviter que ce que vous avez entr'aperçu ne puisse voir le jour, si ce que votre imagination vous a fait entrevoir ne vous convenait pas pleinement, car vous apprendrez au fil des pages à profiter de la puissance de votre imagination et à la prendre comme partenaire privilégié pour vous aider à réaliser vos rêves.

Prenez note des réponses que vous vous êtes données dans votre journal, elles vous seront utiles ultérieurement.

Dans le prochain chapitre, vous expérimenterez diverses méthodes pour mettre au jour votre Ligne du Temps. Elles vous permettront d'en découvrir la configuration particulière et d'en explorer les spécificités.

2

Découvrir et explorer sa ligne du temps

Les méthodes et les moyens

La découverte du modèle de la Ligne du Temps commence par la découverte de votre propre Ligne. Je vous propose différents moyens dans ce chapitre : essayez-les tous, si vous en avez envie, ou choisissez-en un ou deux qui vous semblent commodes, ou encore prenez celui qui vous semble le moins facile à réaliser pour découvrir son impact sur vous. Sentez-vous libre de mettre à l'épreuve les options offertes pour saisir toutes les dimensions complémentaires et les implications profondes inhérentes à l'organisation de votre Ligne du Temps.

Vous constaterez alors que vous pourrez tout aussi bien vous fier à votre intuition pour mettre au jour votre Ligne du Temps, que mettre à l'étude les gestes répétés quotidiennement pour réaliser cette découverte. Vous remarquerez qu'il est possible de vous servir des âges et des époques de votre vie pour discerner également la configuration spécifique de votre Ligne. Et, dans la mesure où le travail avec ce modèle ouvre des possibilités considérables et des horizons infinis, vous pourrez même vous exempter de l'application rigoureuse des méthodes de découverte puisque, si vous ne « trouvez pas » du premier coup, si vous ne « voyez pas » comment votre Ligne s'organise de prime abord, vous n'avez qu'à faire « comme si vous le saviez ». Cela suffira comme coup d'envoi pour apprendre à cheminer avec votre Ligne du Temps.

Pour vous faciliter la réalisation des exercices dans ce chapitre, vous pourrez mettre en place un dispositif qui vous délivre de la charge d'exécuter deux tâches parallèles en même temps. En effet, dans les exercices suivants, je vous invite à mettre à jour votre Ligne du Temps, et pour cela à vous installer confortablement, à vous laisser rêver un peu, à vous libérer de la pensée rationnelle, linéaire, quotidienne. De manière à avoir l'esprit libre et dégagé, vous pourrez, soit vous faire lire les exercices par quelqu'un d'autre, et vous laisser le loisir de vous concentrer sur l'expérience en réponse aux suggestions du texte, soit enregistrer les textes vous-même et vous les « administrer » à votre rythme et à votre convenance.

Fiez-vous à votre intuition

Parfois l'intuition se trouve définie comme « ce qui sert à expliquer ce que l'on n'arrive pas à expliquer autrement ». Soit. Pour nous, il semble néanmoins important de lui accorder davantage de crédibilité, d'y attacher plus d'importance, et de reconnaître la pertinence de ce que l'on nomme « sentiments du ventre » ou « sentiments des tripes »[3]. Il s'agit de ces certitudes irrationnelles, ces vérités irraisonnées, que nous sentons tous, tout simplement, et qui nous permettent de savoir, intuitivement, intérieurement, dans nos tripes, ce qui est juste pour nous. Dans quelques instants je vais vous demander de vous fier à votre

3. Il s'agit de « *gut feelings* » en anglais, ces sensations profondes qui nous indiquent que « c'est ça ! ». Sauf si votre seule certitude c'est qu'il n'y a pas de certitude possible, auquel cas, mieux vaut opter pour la méthode de mise à jour de votre Ligne du Temps, qui vous invite à faire comme si vous connaissiez sa configuration.

intuition et de la laisser trouver des réponses à vos questions sur la disposition et l'organisation de votre Ligne du Temps. Quelle que soit la manière dont elle vous indique la configuration de votre Ligne – que vous la voyiez, que vous la ressentiez, que vous ayez une réponse plus construite, plus organisée, plus intellectuelle –, dans quelques instants je vais vous inviter à faire confiance à votre intuition pour répondre à une question précise. Mais avant cela, afin de répondre plus facilement aux questions à venir, sans doute n'est-il pas inutile de rappeler ce qu'est la Ligne du Temps.

La Ligne du Temps est la représentation spatiale de notre temporalité. Notre passé, notre présent et notre futur se trouvent représentés dans une configuration plus ou moins linéaire ; celle-ci nous renseigne sur notre personnalité et sur notre manière de nous organiser dans le monde.

La Ligne du Temps est organisée, tout naturellement, en relation avec notre corps. Elle peut se trouver devant nous ou derrière nous, entièrement ou en partie ; elle peut être à l'intérieur ou à l'extérieur de notre corps. Que notre Ligne contourne notre corps sans le rencontrer ou qu'elle le touche, en l'effleurant, ou même en le traversant de part en part, qu'elle soit devant nous entièrement visible en totalité, ou derrière nous et en partie cachée, c'est notre corps qui sert de croisement aux chemins de l'espace et du temps. C'est notre corps qui se propose comme point de repère, et comme point de départ, de notre vécu de l'espace-temps. De ce fait, permettez-vous de considérer vos « sentiments du ventre », vos « tripes », comme un véritable allié pour mettre à jour votre Ligne du Temps !

Laissez-vous donc vous fier à votre intuition. Installez-vous tranquillement pour réaliser cet exercice. En prenant le temps de considérer chaque proposition, laissez se développer en vous une sensation de certitude irréfutable en réponse aux questions qui vous seront posées.

Exercice 3 : Faites confiance à votre intuition

Installez-vous confortablement, tranquillement. Laissez simplement votre esprit rationnel vagabonder pour permettre à votre intuition de prendre

●●●

une place plus grande dans votre expérience et fournir des réponses aux questions qui suivent. Elles peuvent vous surprendre, elles peuvent vous déconcerter, mais tout ce que vous avez besoin de faire pour y répondre, c'est de laisser votre intuition et cette certitude, ce sentiment tout au fond du ventre, vous guider pour trouver la réponse qui est la vôtre à ce moment précis.

Et puisque la Ligne du Temps est la représentation spatiale de votre temporalité : vos souvenirs du passé, vos représentations du présent, vos projections dans l'avenir y prenne place. Maintenant, ayant pris soin de vous installer de façon à vous rendre disponible à votre expérience, vous pouvez laisser venir les réponses qui sont les vôtres, car si vous le saviez, et vous le savez sans doute, où se trouve le passé... Et vous pouvez le désigner simplement en pointant vers la direction que votre intuition vous a indiquée... peut-être de votre doigt, de votre nez, de votre épaule... Et où se trouve le présent ?... de nouveau en indiquant la direction de la manière qui vous convient... Et où se trouve le futur ?... en vous laissant encore une fois pointer du doigt, du nez, de la main... la direction qui vous a été indiquée...

Et maintenant, si ces trois espaces-temps se trouvaient reliés ensemble, si le passé, le présent et l'avenir étaient raccordés, en quelque sorte... si ces trois espaces-temps se relayaient, quelle forme, quelle figure serait ainsi créée ? Pour le découvrir, esquissez un geste d'un doigt, du nez, de main... qui relie le passé, le présent et le futur. Et si vous pouviez dessiner aussi cette figure-là, cette configuration, ce schéma, comment serait votre Ligne du Temps ?

Et maintenant, vous pouvez reprendre votre journal de bord pour noter ce que votre intuition vous a livré sur votre Ligne du Temps et ce que vous avez découvert au travers de cet exercice.

Servez-vous de vos gestes quotidiens

Chaque jour de notre vie nous exécutons des gestes banals, ordinaires, quotidiens, répétitifs. Habituellement nous avons tendance à ne pas considérer de tels comportements dignes d'un intérêt particulier, car ils semblent n'avoir aucune autre fonction que celle de fournir une toile de fond sur laquelle se tissent les évènements de notre vie courante. Et c'est sur cette toile que s'accrochent les banalités quotidiennes, la trame de notre existence ; elles créent la cohérence dans nos actes, donnent de la suite dans nos idées. C'est pourquoi il est important de leur porter un regain d'intérêt lorsque vous réfléchissez sur votre Ligne du Temps, car le rappel de vos gestes quotidiens représente un autre moyen de la mettre au jour.

Exercice 4 : Mettez à contribution les banalités courantes

Choisissez un comportement habituel, ordinaire, que vous êtes sûr d'avoir engagé au passé, que vous agissez toujours à la date d'aujourd'hui et que vous êtes certain de continuer à réaliser dans l'avenir. Peut-être s'agit-il de vous lever le matin, de vous brosser les dents, de prendre votre petit-déjeuner, lire le journal, regarder dans vos boîtes aux lettres, consultez vos mails...

Maintenant que vous avez choisi le comportement habituel dont vous vous servirez pour cet exercice, demandez-vous : où se trouve le souvenir que vous avez gardé de ce comportement qui date d'aujourd'hui... ? et lorsque vous aurez une réponse, posez-vous la même question pour le souvenir qui date d'hier, puis, pour celui qui date d'avant-hier, ensuite, celui d'il y a six mois..., un an..., cinq ans..., dix..., quinze..., vingt ans..., selon votre âge. Et vous pouvez percevoir le lieu où se trouve le souvenir, le lieu à l'intérieur de votre corps, ou dans l'espace autour de votre corps, où vous avez stocké le souvenir du geste qui appartient à l'époque en question. Permettez-vous de mémoriser les lieux, les localisations dans l'espace ainsi découverts pour passer à la suite de l'exercice.

Maintenant, en continuant à vous servir de ce même comportement habituel, questionnez-vous de nouveau : où se trouve le souvenir de l'avenir, le souvenir de ce comportement habituel, ordinaire, dans lequel vous allez vous engager demain..., après-demain..., dans six mois..., dans un an..., dans cinq ans..., dix ans..., quinze ans..., vingt ans... ? Permettez-vous de mémoriser les lieux, les localisations dans l'espace que vous avez découvert ainsi.

Maintenant, si ces localisations se trouvaient reliées entre elles, et c'est le cas, n'est-ce pas ? quelle figure, quel schéma, quelle configuration serait alors créée ? voilà votre Ligne du Temps.

Vous pouvez prendre le temps, maintenant, naturellement, de noter dans votre journal ce que vous avez découvert au cours de cet exercice.

Pour certaines personnes, la question : « D'où vient le souvenir ? » est plus facile à comprendre que la question : « Où se trouve le souvenir ? » dans cette version de la mise au jour de la Ligne du Temps. Essayez les deux formules pour en découvrir la différence pour vous-même, s'il y en a une.

Dans la mesure où nos souvenirs du passé, nos représentations du présent et nos projections de l'avenir sont stockés dans l'espace à l'intérieur et/ou autour de notre corps, certaines personnes remarquent plus facilement le lieu où était stocké le souvenir avant qu'il ne se propose à la conscience et répondent en prêtant attention au lieu où se trouvait la représentation initiale. Pour celle-ci « Où se trouve le souvenir ? » est une question commode. En revanche, d'autres repéreront plus aisément le lieu actuel de la représentation et non du souvenir. Ces derniers répondent plus facilement : « Devant moi, bien sûr », puisque le souvenir se trouve à l'instant là où elles en prennent conscience.

Je vous invite à mettre à l'essai les deux possibilités afin de découvrir laquelle vous semble la plus évidente, la plus naturelle, la plus facile à comprendre et à utiliser, à moins que les deux ne vous conviennent aussi bien.

Utilisez les âges de la vie

Nous avons tous été enfant, adolescent, jeune adulte… Et quel que soit notre âge aujourd'hui, quel que soit le nombre d'anniversaires que nous avons fêté, nous sommes en mesure de nous souvenir de notre passé ; nous en possédons aussi la faculté de nous projeter dans l'avenir, à plus ou moins longue échéance.

Pour la troisième méthode de la mise au jour de la Ligne du Temps, nous allons nous servir des âges de la vie, c'est-à-dire nos âges déjà vécus et ceux à vivre dans plus ou moins longtemps. Bien entendu, selon votre âge actuel, certaines de ces invitations auront un sens pour vous et pas d'autres. Sentez-vous libre de ne pas répondre à toutes les invitations de cet exercice, seulement à celles qui font sens pour vous.

Exercice 5 : Servez-vous de votre âge actuel

Rappelez-vous l'âge que vous avez aujourd'hui, à présent (50 ans, par exemple) et mémorisez où se trouve « aujourd'hui », puis laissez-vous vous souvenir de vos 48 ans (deux ans en arrière) en vous permettant de remarquer d'où vient le souvenir.

●●●

En percevant simplement à quel endroit se trouvait ce souvenir, avant de venir se présenter à votre perception, vous pouvez mémoriser sa localisation, et l'indiquer d'un geste simple : un signe de la main, une inclinaison de la tête vers la direction... Et vous pouvez laisser repartir ce souvenir maintenant pour en laisser venir un autre de vos 45 ans (cinq ans avant votre âge actuel). Prenez le temps de mémoriser sa localisation avant qu'il ne vienne se présenter à votre perception, localisation que vous pouvez vous indiquer d'un geste simple : d'un signe de la main, d'une inclinaison de la tête vers la direction... Et vous pouvez laisser repartir ce souvenir maintenant pour en laisser venir un autre de vos 40 ans (dix ans avant votre âge actuel). Prenez le temps de mémoriser sa localisation... Et tout en continuant à découvrir, à vous rappeler les souvenirs de vos 30 ans (vingt ans avant votre âge actuel)... de vos 20 ans (trente ans avant votre âge actuel)... de vos 10 ans (trente ans avant votre âge actuel)... ou même plus tôt... Et à chaque fois en prenant soin de mémoriser la localisation de chacun des souvenirs... localisation que vous pouvez indiquer d'un geste simple : un signe de la main, une inclinaison de la tête vers la direction d'où est venu le souvenir avant qu'il ne se présente à votre perception... Et vous pouvez aussi vous intéresser au futur maintenant puisque vous savez déjà que nous organisons des projections dans le futur, ce que certains appellent les « souvenirs de l'avenir ». Pensez alors à votre vie à 55 ans (cinq ans après votre âge actuel), en prenant le temps de mémoriser sa localisation pour pouvoir l'indiquer d'un geste simple : un signe de la main, une inclinaison de la tête vers la direction... Et vous pouvez laisser repartir ce souvenir pour en laisser venir un autre de vos 60 ans (dix ans après votre âge actuel). Prenez le temps de mémoriser sa localisation également comme vous savez le faire... Et tout en continuant à découvrir, à mettre au jour des souvenirs de vos 70 ans (vingt ans après votre âge actuel)... de vos 80 ans (trente ans après votre âge actuel)... ou même plus loin encore... Et à chaque fois en prenant soin de mémoriser la localisation que vous pouvez indiquer d'un geste simple : un signe de la main, une inclinaison de la tête vers la direction d'où est venu le souvenir avant qu'il ne se présente à votre perception. Et maintenant, si ces différentes localisations se trouvaient reliées entre elles tout naturellement, en tenant compte d'aujourd'hui également, quelle figure, quel schéma, quelle configuration serait alors créé ? Voilà votre Ligne du Temps.

Vous pouvez reprendre votre journal pour noter ce que vous avez découvert et remarqué pendant cet exercice.

Et si vous ne savez pas, faites comme si…

Nous pouvons tous expérimenter de l'incertitude dans nos vies. Nous pouvons tous avoir l'occasion de nous demander ce que, par exemple, signifient des instructions données sous une forme inhabituelle et, de prime abord, incompréhensible.

Pour certains d'entre nous, faire face à l'ambiguïté inhérente à de telles situations, faire sens de ce qui *a priori* n'en a pas, devient un jeu, une gageure, voire un défi à relever avec brio.

Pour d'autres le fait de se trouver devant de l'incertitude, devant un flou artistique, devant un manque de clarté est générateur d'inquiétude, de stress, voire de détresse.

Quelle que soit la catégorie d'individus dans laquelle vous vous rangez spontanément en lisant ces lignes, le prochain moyen de découvrir votre Ligne du Temps est fait pour vous.

Vous n'avez pas besoin de savoir quoi que ce soit avec certitude de l'organisation de votre Ligne. Peu importe que vous ayez des certitudes ou même que vous croyiez ou non en son existence. Tout ce dont vous avez besoin, c'est de faire comme si elle existait, comme si vous connaissiez sa disposition dans l'espace : voilà ce qui vous permettra de poursuivre votre lecture et de réaliser les autres exercices liés à votre Ligne du Temps.

Exercice 6 : À défaut de savoir, on croit, ou les vertus de << faire comme si >>

Installez-vous confortablement, sans que rien ne puisse vous gêner, sans que rien ne puisse vous déranger. Laissez-vous aller à une expérience, l'expérience de faire semblant, de faire comme si…, comme si vous saviez l'organisation de votre Ligne du Temps, comme si vous aviez conscience de la manière dont votre temporalité personnelle s'ordonnait, prenait place dans et/ou autour de votre corps. Et quelle que soit la façon dont vous vous représentez la Ligne du Temps que vous faites semblant de décoder, de découvrir…, quelle que soit sa forme, quelle que soit sa disposition dans l'espace, quelle que soit la modalité sensorielle à partir de laquelle elle se

●●●

présente à vous, dans la représentation que vous faites semblant de remarquer, que ce soit sous une forme visuelle – quelque chose que vous voyez – ou auditive – quelque chose que vous entendez...–, ou même à partir d'un support kinesthésique – quelque chose que vous ressentez... –, quelle que soit la compréhension de la Ligne que vous faites semblant d'avoir, que vous faites semblant de remarquer, elle sera suffisante pour ce que nous allons faire ensemble. Vous pouvez simplement faire comme si vous connaissiez la disposition de votre Ligne du Temps et continuer à faire semblant tout le long de ces pages, tout au long de ce livre, tout le long de votre vie.

Prenez note dans votre journal de tout ce qui est pertinent dans votre expérience, car vous aurez l'occasion de vous en servir.

En effet, dans ce chapitre, vous avez compris l'intérêt de mettre au jour votre Ligne du Temps ; dans les chapitres qui suivent, vous l'explorerez davantage pour en faire une « carte » selon divers points de vue et depuis différentes perspectives.

Par la suite vous apprécierez pour quelles raisons et par quels moyens faire sa mise à jour.

3

Dessiner sa ligne du temps

Montrez-moi une ligne du temps et je vous dirai...

Vous avez mis au jour votre Ligne du Temps maintenant, et très prochainement, vous allez vous en servir pour construire votre avenir. Pour vous aider à apprécier la représentation spécifique de votre Ligne du Temps, vous êtes invité à la dessiner dans votre journal de bord. Vous pouvez la dessiner comme vous vous l'êtes représentée au cours des exercices précédents.

Si vous avez perçu des changements de forme des Lignes du Temps selon le mode de mise à jour adopté, sachez que cela n'est pas inhabituel car, selon la manière dont vous avez reçu les suggestions, il se peut que vous ayez répondu en vous proposant des représentations nouvelles à chaque fois. Si tel est le cas, reportez-les *toutes* sur les dessins de votre journal. Vous n'en aurez que plus de facilité à comprendre comment un dispositif particulier de la Ligne du Temps a un impact spécifique sur votre vie car, après l'avoir dessinée, vous serez sensibilisé à ses organisations principales et aux implications personnelles et professionnelles de ses différentes configurations.

En parodiant la phrase célèbre, on peut en quelque sorte dire : « Montrez-moi votre Ligne du Temps et je vous dirai qui vous êtes. »

Passons à notre prochain exercice.

Exercice 7 : Dessinez-moi votre Ligne du Temps

Dans les exercices 3, 4, 5 et 6, vous avez découvert votre Ligne du Temps. Maintenant vous pourrez recopier les figures 1 et 2 dans votre journal de bord et dessiner votre Ligne dessus.

Sachez toutefois que certains d'entre vous appelés à retranscrire leur Ligne du Temps sur un papier, peuvent avoir l'impression que leur Ligne ressemble à un point unique dans l'espace, et non pas à une ligne étendue où apparaissent clairement un début, un milieu et une fin. Manque en effet la profondeur. D'autres peuvent trouver qu'arabesques, courbes et autres formes constituant leur Ligne, ne peuvent être rendues avec l'acuité et la précision souhaitées. Alors que d'autres encore constatent que dessiner la Ligne par rapport au corps ne leur permet pas de tenir compte du contenu des évènements qu'ils ont remarqués et mis au jour.

Et vous avez tous raison. Il importe alors de trouver un moyen de vous représenter votre Ligne du Temps, en sachant qu'il n'est pas nécessaire de la découvrir tout de suite. Si les figures telles qu'elles sont dessinées ne vous permettent pas de vous représenter votre Ligne, laissez fonctionner votre créativité : vous trouverez un moyen d'y parvenir à votre manière. Vous pouvez également choisir de différer le dessin de votre Ligne du Temps à un autre moment, lorsque vous aurez eu l'occasion de l'explorer plus en détail et depuis d'autres perspectives.

Vous pourrez alors reprendre cet exercice et le compléter, après en avoir fait d'autres qui vous fourniront des informations complémentaires sur votre Ligne du Temps, et qui pourront faciliter la réalisation de vos dessins.

Sachez aussi qu'il vous est toujours possible de dessiner votre Ligne du Temps sans vous servir des figures ci-contre. Pour certaines personnes, le Ligne du Temps est un chemin, une route, une trace… que sais-je ? C'est votre imaginaire. Et, dans la mesure où le dessin représente un moyen intéressant de lui permettre de s'exprimer. Laissez-le faire !

Toutefois, vous pouvez noter dans votre journal ce que cet exercice vous a évoqué, avant de continuer à découvrir d'autres aspects de l'organisation de votre Ligne du Temps.

Dessinez votre Ligne du Temps en vous servant des modèles ci-dessus

Figure 1 : Votre Ligne du Temps I.

Dessinez votre Ligne du Temps en vous servant des modèles ci-dessus

Figure 2: Votre Ligne du Temps II.

Organisations principales de la ligne du temps

Nous avons déjà fait remarquer que la Ligne du Temps est la représentation spatiale de notre temporalité. Nous avons évoqué aussi le fait qu'elle s'organise de façon plus ou moins linéaire, en sachant que la notion de « plus ou moins linéaire » a peut-être réservé des surprises à certains d'entre vous lorsque vous avez dessiné votre Ligne ! Qu'à cela ne tienne. Il n'est pas nécessaire qu'elle soit rectiligne ; il n'est même pas exigé qu'elle soit une ligne du tout.

La diversité des êtres humains et la créativité indéniable de certains membres de notre espèce nous obligent à reconnaître qu'en matière de Lignes du Temps, *tout* existe. Chez les personnes que nous avons eu l'occasion d'accompagner, nous avons déjà pu constater des Lignes en forme de S, de C, de V, d'U ; nous avons aussi été témoin de spirales, de points, de ponts, de puzzles, de montagnes russes, d'échangeurs d'autoroute et de bols de spaghettis !

Bien qu'il soit vrai que tout existe dans la nature, potentiellement en tout cas, il est non moins vrai que, dans la mesure où l'organisation de notre Ligne du Temps a un impact considérable sur notre manière de fonctionner dans le monde et sur notre type de personnalité, nous pouvons considérer comme « classiques » et usuelles deux grandes catégories, deux organisations principales de la Ligne du Temps.

Les deux grandes organisations, « dans le temps » et « à travers le temps », retiennent notre attention. Ce qui de prime abord les distingue l'une de l'autre, c'est leur disposition relative au corps de leur possesseur. Pour prendre note des différences entre ces organisations principales, vous pouvez vous référer à la figure 3 (voir p. 27). Vous remarquerez alors que, dans un cas de figure, la Ligne du Temps se positionne dans et/ou derrière le corps, au moins en partie, dans l'autre cas, elle se trouve entièrement devant et à l'extérieur du corps.

Cette distinction est fondamentale et déterminante pour l'organisation de la Ligne. Le volume de la Ligne du Temps qui se situe dans et/ou derrière le corps n'est pas le facteur décisif. En revanche, le simple fait que la Ligne passe derrière et/ou à travers le corps, ne serait-ce qu'en le touchant, en l'effleurant de façon subtile, minime, représente un paramètre suffisant pour décider dans quelle catégorie classer cette Ligne du Temps.

Découvrons maintenant à quelle organisation principale appartient votre Ligne du Temps : êtes-vous organisé « dans le temps » ou « à travers le temps » ? Et quelles sont les caractéristiques que vous reconnaissez de votre personnalité, par rapport à ces deux organisations classiques ?

Êtes-vous « dans le temps » ?

Lorsque nous avons une Ligne du Temps de la catégorie « dans le temps », celle-ci se trouve en contact direct avec ou au moins en partie, derrière notre corps. La Ligne peut nous traverser de part en part comme une flèche au niveau de notre plexus solaire par exemple, ou simplement nous effleurer le bras ou la main, en passant sur le côté. Elle peut encadrer solidement notre tête en la chevauchant, comme le bicorne d'un polytechnicien. Le passé sera alors entièrement derrière nous, le futur, dans sa totalité, droit devant, et le présent dans notre tête, tout naturellement.

La Ligne peut partir du sol comme une traîne de mariée, puis monter derrière nous pour passer ensuite devant. Le passé est alors derrière, habituellement, et le futur devant. Parfois, avec ce type d'organisation, le passé se ressent comme « pesant » ou « lourd » comme si on « traînait des choses de notre passé » derrière. Et pour cause ! Alléger cette organisation peut apporter un peu de souplesse au système du possesseur de cette Ligne du Temps. Cela permet de soulager ce sentiment de lourdeur et d'apporter un peu de légèreté à sa vie.

La Ligne peut ressembler à toutes sortes de choses : toutes les métaphores sont permises, ainsi que les figures géométriques ! Une Ligne, quelque peu inhabituelle, que nous avons rencontrée, s'organisait en forme de V derrière la personne à qui elle appartenait. Un des prolongements du V contenait le passé et l'autre le futur. L'ensemble ressemblait enfin à la moitié d'un bateau. Le problème posé par cette configuration particulière de la Ligne du Temps est le suivant : cette personne avait bien plus l'impression d'être possédée par sa Ligne du Temps qu'elle ne la possédait elle-même. En fait, c'était comme si elle se retrouvait figure de proue d'un bateau ivre naviguant sans cap ni capitaine.

Dans d'autres configurations, la Ligne peut prendre son départ sur le côté, avec le passé situé à gauche ou à droite, puis se prolonger du côté opposé, ou virer à un angle quelconque pour passer devant sans toucher le corps. Mais tant qu'il y a une partie de la Ligne derrière nous, même de façon mineure, son organisation se classe dans la catégorie « dans le temps ».

Ou plutôt du type « à travers le temps » ?

Une Ligne du Temps de la catégorie « à travers le temps » se trouve entièrement devant et à l'extérieur du corps. La Ligne la plus classique se trouve à une distance de cinquante à soixante-dix centimètres devant nous environ à la hauteur des yeux. Toutefois, la Ligne peut se trouver plus loin de notre corps, ou se localiser plus haut ou plus bas que le niveau des yeux.

La Ligne organisée « à travers le temps » ne touche pas notre corps et se trouve nécessairement devant nous. Elle peut quand même prendre des formes géométriques ou épouser des courbes analogues aux lettres de l'alphabet.

Telle Ligne du Temps entièrement devant notre corps prend la forme d'un V, par exemple, où le passé se situe à notre gauche, à un angle de vingt-cinq degrés à peu près, le futur d'une manière équivalente à notre droite, et le présent juste devant nous au niveau des yeux, du plexus solaire ou du sexe. Peu importe la localisation des différentes aires du temps : passé, présent et futur, à condition que, pour cette organisation de la Ligne du Temps, notre Ligne ne touche pas le corps.

Telle autre Ligne accède à un dispositif en forme d'U. Les aires du temps se représentent alors de la même manière que pour la ligne en V, mais avec davantage de rondeur et d'amplitude pour ce qui est du présent et plus de rectitude en ce qui concerne les « bras » de cette lettre qui « contiennent » le passé et le futur.

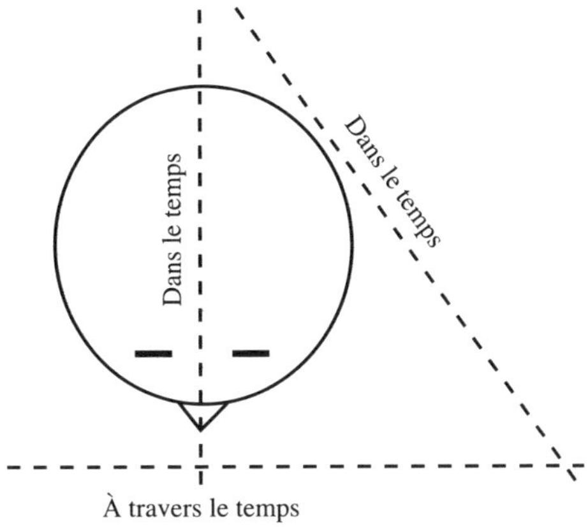

Figure 3 : Organisations principales de la Ligne du Temps : à travers ou dans le temps

La Ligne peut naturellement aussi créer une courbe ascendante où le passé se trouve plus bas ou plus haut que le futur, et se positionne plus près ou plus loin de notre corps. Peu importe la configuration spécifique de la Ligne du Temps, à partir du moment où elle ne touche pas le corps et se localise entièrement devant, elle appartient à la catégorie des Lignes classées « à travers le temps ».

Chaque Ligne du Temps est individuelle et possède ses propres particularités ; nous sommes tous uniques. Toutefois, les deux organisations principales de la Ligne du Temps renferment également des spécificités qui méritent de s'y attarder. Chacune des organisations a ses propriétés et ses attributs ; chacune des organisations détient ses avantages et ses inconvénients.

Quelles sont les caractéristiques de notre personnalité liées à la ligne du temps ?

Un anthropologue social américain, Edward T. Hall a longuement étudié les différences de culture révélées au travers du traitement des phénomènes aussi basiques que la distance inter personnelle et la façon d'aborder le temps.

Ce que Hall a soulevé dans ses travaux concernant les différences culturelles mises en exergue par la compréhension, le traitement et le vécu du temps, se trouve alors reflété par les organisations principales de la Ligne du Temps. En effet, chaque organisation de la Ligne du Temps implique une façon particulière d'aborder le temps, et de ce fait, la vie, autant dans ses grandes lignes que dans le détail de la quotidienneté.

En lisant les descriptions suivantes, vous remarquerez, sans doute, qu'un choix grammatical a été effectué concernant le sexe des « polychrones » et des « monochrones ». Les ressortissants du premier groupe seront considérés comme appartenant au sexe féminin et ceux du deuxième groupe au sexe opposé. Bien que nous ayons pu constater que les femmes étaient assez fréquemment « polychrones » et les hommes facilement « monochrones », cette situation n'est en aucun cas exclusive. Le choix des genres a été effectué pour permettre aux deux sexes d'être représentés dans cet ouvrage de façon plus ou moins égalitaire.

Dans cette partie du chapitre, nous explorerons les différences socioculturelles des organisations principales de la Ligne du Temps, ainsi que leurs implications dans la vie quotidienne. Ceci facilitera la compréhension de votre propre fonctionnement, par rapport à bien d'autres, organisés différemment, peu ou prou similaires parfois, mais jamais identiques au vôtre.

Au pays des << polychrones >>, on vit au présent

Les personnes considérées « polychroniques » ou « polychrones » sont celles dont la Ligne du Temps présente une organisation « dans le temps » : dispositif dans lequel la Ligne se trouve soit derrière, au moins en partie, soit en contact avec le corps. Hall les nomme ainsi car tout se passe comme si elles fonctionnaient avec plusieurs modes temporels en même temps.

Pour une « polychrone », le temps est comme un point ou un espace où elle se trouve associée à son expérience de l'instant. Comme le nom de ce type d'organisation l'indique, cette personne est « dans » le temps ; elle se situe à l'intérieur d'un espace-temps qui, à l'extrême, représente un éternel présent.

Naturellement, ce type d'organisation présente des avantages et des inconvénients pour la « polychrone » : nous vivons dans un monde où un certain nombre de nos activités quotidiennes sont chronométrées, et les instruments de chronométrage sont extérieurs aux personnes qui s'en servent ou, pour être plus fidèle au vécu d'une « polychrone », les subissent. Les « polychrones » arrivent assez facilement en retard aux rendez-vous et aux réunions, puisque ceux-ci ne commencent, dans leur esprit en tout cas, que lorsque toutes les personnes concernées sont présentes. De plus, ce qui n'est pas fait pour arranger leur ponctualité, elles ont tendance à ne pas avoir de notion très nette de la relation temps-espace, c'est-à-dire entre un espace donné et le temps mis à le parcourir. Combien de temps cela peut-il prendre, par exemple, pour traverser Paris en métro, en bus ou en voiture ?

N'ayant pas conscience de la durée, elles ne trouvent pas le temps « long », mais du coup, elles ne prennent pas en compte la mesure du temps non plus. Elles peuvent annoncer sans vergogne qu'une tâche sera réalisée en « un rien de temps » ou que, pour l'achever, il ne faudrait « pas de temps du tout » !

Elles sont capables de se concentrer dans un environnement mouvementé ou bruyant, et peuvent interrompre une activité en cours, pour y retourner ultérieurement sans perdre le fil de leur démarche.

Toutefois, dans la mesure où elles réalisent leur travail en fonction des tâches à exécuter dans l'ordre de leur arrivée, et non en fonction du temps imparti à chaque tâche, elles peuvent avoir du mal à fixer des priorités. Sérier les étapes nécessaires pour réaliser un projet ou organiser elles-mêmes un programme de travail qui requiert le découpage d'activités globales en tâches spécifiques leur paraîtra difficile.

Elles évitent de se donner des délais, car elles ont besoin de garder des options ouvertes. Elles se sentent piégées si elles ont l'impression que « tout » est décidé à l'avance et que « rien » n'est laissé au hasard ou à la fantaisie du moment. Si elles acceptent des délais imposés par d'autres, elles peuvent ne pas être en mesure de les honorer, puisqu'ils ne font pas sens pour elles.

Bien que le temps ne soit pas une entité quasi tangible, que l'on peut appréhender et traiter comme un objet matériel, d'autres personnes (les « monochrones » en particulier) ont souvent l'impression que les « polychrones » ne prennent pas au sérieux leurs besoins de structuration du temps. Des difficultés relationnelles peuvent en résulter, car un des besoins majeurs des « polychrones » est justement de maintenir et d'exprimer leur spontanéité naturelle ; ce qui se manifeste dans leur comportement par le désir de ne pas figer les choses une fois pour toutes, avec des plans rigides et immuables. Elles les vivent d'une part comme « coinçant », et pensent, d'autre part, qu'elles n'arriveront de toute façon pas à en respecter le déroulement. Les « polychrones » vivent assez facilement au présent. Certains (parmi les « monochrones » naturellement) les trouvent insouciantes de l'avenir, bien qu'ils admirent leur capacité innée d'être pleinement là, dans l'instant présent, disponibles aux opportunités multiples, diverses et variées qui se présentent.

Chez les <<monochrones>>, il y a un temps pour chaque chose et chaque chose en son temps

Les personnes nommées « monochroniques » ou « monochrones » sont celles dont la Ligne du Temps présente une organisation « à travers le temps » : dispositif dans lequel la Ligne se trouve entièrement devant la personne, sans aucun contact avec le corps. Hall les appelle vraisemblablement ainsi, car tout se passe comme si elles fonctionnaient toujours avec le même mode temporel, capables de ne faire qu'une seule chose à la fois et conscientes d'une seule et unique temporalité dans la durée, à travers le temps.

Pour un « monochrone », le temps est un continuum dont il se dissocie, dont il est séparé. Comme le nom de ce type d'organisation l'indique, un « monochrone » a une perception de ce qui se passe à travers le temps, c'est-à-dire dans la durée, sur un laps de temps long, voire très long, quasi illimité.

Dans la mesure où toute la Ligne se trouve devant lui, le « monochrone » a la possibilité de percevoir tout son temps, tout *le* temps, toujours, tout le temps. De ce fait, certains « monochrones » ont fait de la planification, stratégique ou non, le huitième art. La capacité d'observer les effets des expériences du passé pour en tirer des conclusions, et prévoir les évènements possibles, éventuellement prévisibles, de l'avenir est un des atouts fondamentaux des personnes dont la Ligne du Temps s'organise « à travers le temps ».

Bien entendu, ce type de dispositif présente d'autres avantages que celui des compétences organisationnelles, mais il présente aussi des inconvénients. Force est de reconnaître que la moitié de la population ne partage pas ce mode d'appréhension et d'utilisation du temps, et cela, malgré tous les efforts déployés et toutes les mesures prises par les « monochrones » pour transformer l'univers tout entier en un bijou d'horlogerie, suisse bien sûr !

Pour les « monochrones », le temps a une valeur parfois extrêmement importante. Ils se servent du temps comme d'un matériau : le temps peut être économisé, conservé ou perdu, utilisé sagement ou gaspillé. On peut donner de son temps avec magnanimité, offrir de son temps pour une cause à laquelle on adhère, ou perdre son temps de façon idiote en gâchant cette précieuse ressource naturelle.

Le temps est une affaire sérieuse que l'on se doit de prendre au sérieux. Il ne s'agit pas d'en faire n'importe quoi ! Il serait choquant, indécent presque, de faire deux choses à la fois, ce qui n'arrive que très difficilement aux « monochrones » dans la mesure où ils préfèrent nettement se centrer et se concentrer sur une activité à la fois, pour la faire aboutir dans le temps imparti, avant de passer à la prochaine qui les occupera pendant le laps de temps alloué, accordé, approvisionné.

Ils ont conscience de la durée ; le temps peut leur sembler long. Ils arrivent à l'heure aux rendez-vous, souvent même en avance, et, puisque les réunions commencent et finissent à l'heure prévue, il importe d'y être à temps. Certains ne portent même pas de montre puisqu'ils ont un sens aigu du temps qui passe. Ils fixent eux-mêmes des délais sans aucune difficulté, les respectent et apprécient que les autres en fassent autant. Ils n'ont pas de mal à décider des priorités, à créer des hiérarchies et à découper un projet global en tâches à accomplir dans un ordre précis.

Ils préfèrent planifier, prévoir, organiser et structurer ; cela les sécurise et leur permet de participer à l'ordre logique des choses tel qu'ils le perçoivent. Ils n'ont aucun mal à prendre du recul par rapport aux évènements, mais peuvent expérimenter des difficultés à « vivre au présent » et à être spontanés. Ils ont besoin de clôture, de boucler et d'avoir des frontières stables : un temps pour chaque chose et chaque chose en son temps.

Changez de pays, changez d'habitudes

Nous avons vu à quel point les « polychrones » et les « monochrones » vivent différemment. Nous pouvons parfois même nous étonner qu'ils arrivent à s'entendre et pourtant, ils y arrivent, tant bien que mal. Peut-être qu'à la lecture de ces descriptions vous vous êtes souvenus de certaines personnes avec qui vous n'avez pas été d'accord sur la manière d'organiser et d'utiliser le temps, sans doute à cause de la configuration de vos Lignes du Temps. Il serait intéressant de vous demander comment les choses auraient pu se passer, si vous aviez disposé de moyens pour comprendre vos organisations temporelles respectives. Quelle aurait été alors la nature de vos échanges ? Même s'il n'est pas question pour l'instant de réécrire le passé, une telle réflexion peut cependant vous apporter de nouvelles idées, et vous encourager à changer vos habitudes face à des personnes dont la Ligne du Temps a une structure différente de la vôtre.

Pour cette raison, et pour vous aider à expérimenter comment vivent « les autres », ceux dont la Ligne du Temps n'est pas organisée comme la vôtre, voici un exercice qui va vous dépayser.

Exercice 8 : Dépaysez-vous ; changez de Ligne du Temps

Maintenant que vous avez mis au jour l'organisation de votre Ligne du Temps vous pouvez la changer. En découvrant comment vivent les « polychrones » ou les « monochrones », vous enrichissez votre expérience et gagnez en souplesse. Changer la configuration de votre Ligne du Temps est facile et vous permet de bénéficier des avantages des deux organisations temporelles selon le contexte. À vous de choisir.

●●●

Maintenant que vous avez mis au jour votre Ligne de Temps vous allez la prendre en main, littéralement. En effet, pour changer votre Ligne de Temps de place il faut la remanier. Remarquez où se trouve votre Ligne du Temps pour la saisir de vos deux mains puis, décrochez-la de sa position actuelle. Ce faisant, peut-être avez-vous entendu « clic », « clac », ou même « scratch » lorsque vous l'avez délogée. Tournez votre Ligne de Temps maintenant pour l'orienter dans le sens contraire de son positionnement habituel soit « dans le temps » ou bien « à travers le temps », puis raccrochez-la. Peut-être avez-vous de nouveau entendu « clic », « clac », ou même « scratch » lorsque vous l'avez réinstallée. Ne soyez pas étonné si vous vous sentez quelque peu désorienté ; vous l'êtes, mais c'est momentané. Laissez-vous du temps pour vous adapter à cette nouvelle orientation. Si elle vous plaît, gardez-la le temps que vous voulez ; vous pourrez toujours la changer de nouveau.

Reprenez maintenant votre journal de bord pour y consigner vos expériences de changer de pays grâce à l'orientation de votre Ligne du Temps. Notez aussi dans quels contextes il serait intéressant pour vous de vous positionner « dans le temps » ou « à travers le temps » selon les caractéristiques ainsi que les avantages et les inconvénients que vous avez notés chez les « polychrones » et les « monochrones ».

Exemples

Le temps vécu est purement subjectif. Toutefois, un petit changement dans l'emplacement de la Ligne du Temps peut avoir un grand impact sur notre expérience personnelle.

Voici quelques exemples qui illustrent ce principe.

Marie adore organiser des fêtes de famille ou entre amis chez elle, et elle le fait très bien. Le problème : elle estime ne pas profiter de ces moments, tellement elle est accaparée par vérifier que tout se passe bien pour tout le monde : est-ce que les verres sont pleins, les coupelles de cacahuètes, chips etc. remplies, les petits fours à la bonne température ? Lorsqu'elle accepte de regarder de plus près l'emplacement de sa Ligne du Temps pendant la fête, elle comprend comment ses compétences d'organisatrice sont liées à la configuration « à travers le temps » alors que, pour vivre pleinement le plaisir partagé avec ses invités il vaut mieux mettre à profit les avantages de l'organisation « dans le temps ». Marie sait maintenant comment son organisation usuelle lui sert avant la fête pour que tout soit « au poil » et comment tourner sa Ligne du Temps afin de profiter de l'occasion de détente qu'elle a créée. Bien entendu, en tant qu'hôtesse hors pair, elle continue à veiller discrètement et plaisamment pour que tout se passe bien comme il faut, mais maintenant sans se stresser.

Jean-Claude se plaignait de se sentir harcelé par des « tas de choses » à faire. Ne voyant pas le bout des tâches qu'il devait accomplir, il ne savait par où commencer. Sa Ligne du Temps se trouvait juste droit devant lui à une dizaine de centimètres de distance, beaucoup trop près pour avoir le moindre recul.

Je lui propose de prendre sa Ligne (et sa vie) en main. Il exécute et repousse sa Ligne du Temps d'une vingtaine de centimètres. Du coup, le « tas de choses » s'est étalé, lui permettant de percevoir ses composantes séparément et sérier les tâches à réaliser à travers le temps.

Suzy et Stéphane filent le parfait amour depuis quelques années sauf pendant les vacances. Car, bien qu'ils aient tous les deux des activités professionnelles exigeantes, Suzy arrive beaucoup plus facilement à « débrancher », alors que Stéphane souhaite que rien ne soit laissé au hasard – il faut en profiter, n'est-ce pas ? Pour cela, Stéphane programme tout à l'avance : petit-déjeuner à telle heure, le tennis ensuite, suivi de quelques longueurs dans la piscine, avant d'enchaîner avec... etc., alors que Suzy rêve de *« légumer »* à la plage ou au spa ou... maintenant qu'elle a enfin la paix et peut organiser son temps à sa guise. Vous l'avez compris : La Ligne du Temps de Suzy a fait un quart de tour de façon naturelle alors que celle de Stéphane reste bien amarrée. Néanmoins, à l'issue d'un stage sur la Ligne du Temps, Suzy a compris la réorganisation spontanée de sa Ligne et a su aider son cobaye de mari à vivre le temps des vacances différemment au grand plaisir des deux.

Au cours de ce chapitre, vous avez pris note de l'organisation de votre Ligne du Temps et des caractéristiques de personnalité habituellement associées à ce type d'organisation. Vous avez remarqué la différence entre « polychrones » et « monochrones » et de quel groupe vous faites partie, *a priori*.

Dans le chapitre suivant, vous expérimenterez un voyage au-dessus de votre Ligne du Temps. Transformé en voyageur atemporel, vous apprendrez les bases nécessaires à la réalisation de tout travail de changement qui se sert du modèle de la Ligne du Temps, et les techniques qui vous permettront de construire votre avenir.

4

En voyage sur votre ligne du temps !

Les exercices que vous avez faits pour expérimenter les organisations principales de la Ligne du Temps vous ont permis de vous faire une idée de la « carte » de la vôtre et de celle des ressortissants du pays voisin. En effet, comment parcourir un territoire quelconque sans carte ? À moins que le but précis de votre voyage ne soit justement d'explorer et de dessiner la carte de ce nouveau territoire ? Car c'est cela que vous êtes en train de faire ; vous créez la carte de votre Ligne du Temps au fur et à mesure de la lecture de ce livre, au travers des exercices proposés.

Pour construire votre avenir, il importe que vous ayez acquis de nouvelles habitudes, et ceci, non seulement en matière d'organisation de votre temps, pour certains d'entre vous, mais surtout en ce qui concerne votre capacité à vous déplacer aisément sur votre Ligne du Temps afin de gagner en recul, vous ouvrir à de nouvelles perspectives et vous positionner autrement.

Partez en exploration

Pour explorer la Ligne du Temps, nous vous proposons un voyage organisé sur la vôtre. On dit que les voyages forment la jeunesse ; de notre point de vue, c'est le voyage au-dessus de la Ligne du Temps qui forme les réflexes susceptibles de vous accompagner et de vous aider à entreprendre les démarches qui changeront votre vie.

Au cours de l'exercice suivant, vous serez invité à faire un vol de reconnaissance au-dessus de votre Ligne du Temps. Si vous vous êtes déjà quelque peu étonné du vocabulaire « technique » utilisé pour évoquer la Ligne du Temps, il est probable que l'idée de « flotter » au-dessus de votre Ligne pour effectuer ce vol vous paraisse pour le moins saugrenue, voire franchement bizarre ou carrément incompréhensible. Votre réaction dépend en bonne partie de la façon dont vous percevez votre Ligne du Temps : ce qui vous fournit d'autres informations sur votre manière d'être et de vous organiser dans le monde et dans votre vie.

Si vous pensez en images et dans la mesure où vous avez visualisé votre Ligne du Temps, les propositions lancées dans les exercices faits jusque-là ne vous ont probablement pas gêné. En revanche, si vous vous représentez votre Ligne sous forme auditive, il est possible que les aires du temps possèdent une tonalité particulière par exemple, ou que les évènements se distinguent par leur volume sonore, leur timbre ou tout autre phénomène de cet ordre. Peut-être pensez-vous à votre Ligne du Temps comme à une partition où s'inscrivent les évènements individuels comme autant de notes. Peut-être entendez-vous votre vie comme à une symphonie où les aires du temps se succèdent harmonieusement en mouvements bien ordonnés. Naturellement, si votre représentation de la Ligne du Temps prend une forme kinesthésique, c'est-à-dire basée sur votre ressenti corporel intériorisé, le mot « mouvement » prend un sens tout autre pour vous[4].

Pour réaliser les exercices qui se servent de votre Ligne du Temps, je vous invite à jouer la carte de la flexibilité comportementale, surtout

4. Pour de plus amples informations à ce sujet, voir *Le Nouveau Dico PNL* de J. Turner et B. Hévin, Paris, InterEditions, 2006.

si vous ne percevez pas encore votre Ligne sous une forme visuelle. En effet, les suggestions offertes se construisent comme si vous voyiez votre Ligne. Pour vous aider à les réaliser, deux grandes options non exclusives se proposent : vous pouvez, soit faire comme si vous voyiez effectivement votre Ligne du Temps et suivre les suggestions telles que présentées, soit trouver un vocabulaire que vous substituez à celui utilisé pour vous permettre de vous engager dans des expériences structurées, et construire votre avenir.

Toutefois, une troisième option consistant à « marcher » sur votre Ligne du Temps sera expliquée en annexe. Si vous préférez vous déplacer sur votre Ligne du Temps posée par terre, le « vol de reconnaissance » proposée ici se transformera pour vous en une « promenade de santé ». On y va ?

Exercice 9 : Faites un vol de reconnaissance

Afin de vous repérer sur le territoire de votre Ligne du Temps, et vous faciliter la mise en place des exercices qui vous permettront de faire un bilan personnel, je vous propose un voyage organisé au-dessus de votre Ligne. Comme dans tout voyage de ce genre, une règle est de mise : suivez le guide. Pour cela, je vous invite de nouveau à vous organiser de manière à profiter aussi pleinement que possible de cette expérience, en vous faisant aider d'une autre personne qui vous lit les instructions, ou en les enregistrant vous-même pour les écouter et les exécuter à votre convenance.

À la fin de cet exercice, reprenez votre journal de bord et notez vos expériences et vos apprentissages, ainsi que vos observations pendant votre voyage au-dessus de la Ligne du Temps.

Et maintenant, prenez quelques instants pour vous installer confortablement. Remarquez de nouveau l'organisation actuelle de votre Ligne du Temps… Afin de vous assurer un agréable voyage, il importe que vous puissiez reconnaître d'où vous partez, il importe que vous ayez un point de repère qui vous indique à quel endroit vous reviendrez au terme de ce voyage. Ce point de départ, ce point de repère, nous l'appellerons « l'instant présent » car il indique le présent sur votre Ligne. Vous pouvez donc marquer l'instant présent d'une couleur, d'une image, d'un son, ou d'une sonorité, d'une sensation même. Choisissez un moyen pour marquer l'instant présent, un moyen qui vous permette de vous repérer par rapport à lui, un moyen qui vous permette de vous y retrouver lorsque l'exercice sera terminé.

●●●

Et maintenant que vous avez choisi le moyen de marquer l'instant présent, marquez-le, puis laissez-vous vous détacher de votre Ligne du Temps pour « flotter » au-dessus d'elle. Vous pouvez simplement vous laisser flotter au-dessus de votre Ligne du Temps, libre et libéré de toutes contraintes temporelles, dégagé et détaché de votre Ligne, hors du temps… Et vous pouvez flotter plus haut pour vous retrouver à une distance de votre Ligne qui soit pour vous, confortable… Et lorsque vous vous trouverez à la distance qui vous convient, vous pourrez vous laisser flotter au-dessus de votre Ligne du Temps vers le passé, simplement flottant confortablement au-dessus de votre Ligne allant vers le passé… Et vous pourrez remarquer tranquillement le relief de votre Ligne du Temps ; vous pourrez remarquer s'il y a de la couleur, des différences de relief, de coloration ou de luminosité dans votre Ligne et, s'il y en a, vous pourrez en prendre note tout en continuant à flotter confortablement, tranquillement au-dessus de votre Ligne du Temps vers le passé pour vous trouver juste au-dessus de votre naissance, un point de repère intéressant, avant d'aller encore plus loin au-dessus de votre Ligne du Temps, vous retrouver juste au-dessus de votre conception. Lorsque vous y serez, vous pourrez regarder plus loin vers le passé pour remarquer d'autres Lignes précédant et prolongeant la vôtre. Ce sont des Lignes du Temps appartenant à des personnes qui ont contribué à votre vie, que vous les ayez connues ou pas. Elles sont soit celles de vos parents, des membres de votre famille élargie, de vos ancêtres plus lointains qui font partie de votre généalogie, avec qui vous avez un lien génétique, ou bien celles de toute autre personne ou influence présentes ou non à ce moment de votre existence ayant marqué votre vie. Depuis cette nouvelle perspective en regardant vers votre propre Ligne, vous pourrez aussi contempler quelques instants la manière dont votre Ligne du Temps s'organise et se coordonne…, votre propre Ligne qui se trouve maintenant devant vous. Ensuite, afin de continuer à vous familiariser avec le voyage au-dessus de votre Ligne du Temps, afin de vous habituer à ce type de déplacement, vous pourrez flotter au-dessus de votre Ligne pour revenir au-dessus de l'instant présent, juste pour vous repérer de nouveau avant de vous laisser flotter au-dessus de votre Ligne vers le futur cette fois-ci, en remarquant de nouveau les nuances de couleur, les différences de relief, de coloration ou de luminosité dans votre Ligne et, s'il y en a, vous pourrez en prendre note tout en continuant à flotter confortablement, tranquillement au-dessus de votre Ligne du Temps vers le futur… Et peut-être aurez-vous remarqué que vous pouvez flotter au-dessus de votre Ligne pour aller très loin vers l'avenir, bien plus loin que le bout de la Ligne, jusqu'à la fin du temps. Et, que vous vous trouviez au bout de votre Ligne ou que vous soyez à la fin du temps, vous pouvez maintenant continuer à flotter au-dessus de votre Ligne du Temps pour revenir vers l'instant présent tranquillement, sans hâte…

●●●

Et lorsque vous serez juste au-dessus de l'instant présent de nouveau, lorsque vous vous trouverez de nouveau juste au-dessus de l'instant présent, vous pourrez faire une autre expérience intéressante et aidante celle de vous laisser flotter plus haut au-dessus de votre Ligne, encore plus haut, et plus haut encore, jusqu'à ce que votre Ligne du Temps ne ressemble plus à une ligne mais à un point, tellement votre Ligne est loin, tellement vous avez pris de la distance, tellement vous êtes au-dessus de tout cela… Et maintenant vous savez que vous avez appris à voyager au-dessus de votre Ligne du Temps, que vous avez acquis une nouvelle perspective sur les aires du temps, que vous avez remarqué la manière dont votre Ligne s'organise d'un autre point de vue…, vous pouvez tout simplement et tout naturellement vous rapprocher de nouveau de votre Ligne du Temps, pour vous retrouver à une distance confortable, une distance convenable pour vous. Puis vous pouvez continuer à redescendre, et, tout aussi facilement que vous vous êtes détaché de votre Ligne au départ, tout aussi aisément que vous avez pris de la distance avec celle-ci, vous pouvez revenir vous réinstaller dans l'instant présent, pour revenir pleinement ici maintenant.

Passez du temps au-dessus de votre ligne du temps

Passer du temps au-dessus de votre Ligne du Temps vous permet de vous familiariser avec elle d'un autre point de vue et d'y porter un regard neuf. En effet, vous placer au-dessus de votre Ligne vous fait gagner en dégagement et en perspective par rapport à votre vie. Ce geste est aussi une des bases nécessaires pour réorganiser votre vie et préparer votre avenir, dans la mesure où le travail de changement à partir du modèle de la Ligne du Temps s'effectue au-dessus de la Ligne, au moins en partie. Pour cette raison, il est bon d'apprendre à passer du temps au-dessus de votre Ligne, pour gagner en aisance et profiter pleinement des opportunités qui vous seront offertes dans les exercices qui suivent au cours des prochains chapitres.

Pour que les voyages ultérieurs au-dessus de votre Ligne du Temps vous soient encore plus faciles, nous vous offrons maintenant des explications concernant les instructions données dans l'exercice précédent.

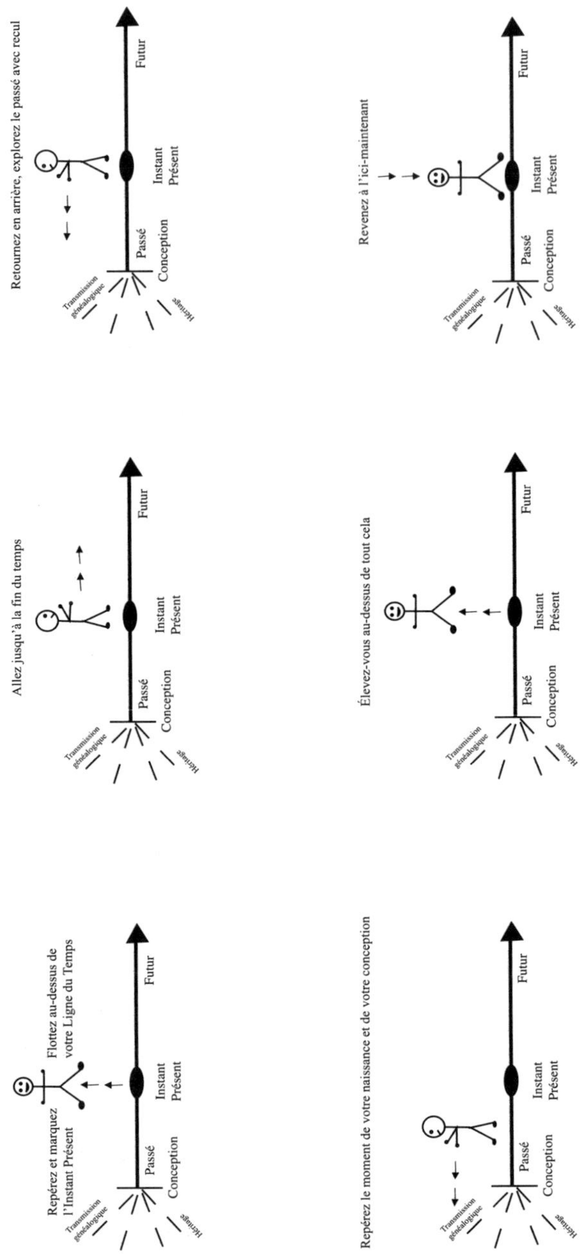

Figure 4: Passez du temps au-dessus de votre Ligne du Temps

Repérez l'instant présent et marquez votre point de départ

Un proverbe chinois propose que tout voyage, aussi long soit-il, commence par le premier pas. Le premier pas pour tout voyage au-dessus de votre Ligne du Temps commence par repérer le lieu d'où vous partez, ce qui vous permet de prendre conscience de l'endroit où vous reviendrez à l'issue de l'expérience.

Marquer votre « instant présent » permet de situer ce lieu, de repérer cet endroit. Qui plus est, le geste mental qui consiste à marquer l'instant présent par une couleur, une image, un son, une sonorité, éventuellement même une sensation, est un geste équivalent à celui de faire un nœud dans votre mouchoir pour vous rappeler quelque chose d'important. Bien entendu, il ne s'agit pas de faire un nœud dans votre Ligne du Temps ! Vous pouvez, en revanche, adopter la méthode utilisée chez les anglo-saxons pour se souvenir de quelque chose à quoi ils tiennent : autour de votre doigt, vous nouez un bout de ficelle.

Vous pouvez facilement entourer l'instant présent sur votre Ligne du Temps d'un « bout de ficelle » colorié, sans risquer de déranger le flux du temps. Vous pouvez aussi naturellement planter un drapeau sur votre Ligne.

Lorsque vous reviendrez à l'instant présent, votre marqueur, quel qu'il soit, n'aura plus d'utilité et disparaîtra tout simplement. Vous ne courez aucun risque de voir votre Ligne du Temps se transformer en décharge ; vous n'avez pas à craindre de la trouver encombrée de détritus divers. Les marqueurs utilisés au fil des exercices pour vous indiquer l'instant présent sont biodégradables à 100 % et écologiquement corrects.

Chaque fois que vous désirez voyager au-dessus de votre Ligne du Temps, vous avez simplement à repérer l'instant présent, à choisir un moyen qui vous convienne pour le marquer et y revenir à la fin.

Retournez en arrière et explorez le passé avec du recul

La raison d'être du passé est de nous renseigner et de nous ressourcer. Le passé est censé nous étayer et non nous entraver ; il n'est pas là pour nous donner le sentiment de traîner avec nous un boulet qui serait attaché à nos pieds. Mais pour que le passé puisse jouer la fonction de renseignement(s) et de ressource(s), il est important que nous ayons la capacité et la possibilité de le considérer avec du recul. Flotter au-dessus de la Ligne du Temps offre une nouvelle perspective aux évènements anciens. Flotter au-dessus de la Ligne permet de devenir observateur et témoin des expériences passées, pour pouvoir les reconsidérer à la lumière des changements en cours dans notre vie.

Retourner en arrière pour explorer le passé avec du recul tout en flottant au-dessus de votre Ligne du Temps, vous permet aussi d'acquérir les apprentissages nécessaires et accéder facilement aux techniques de changement, à partir du modèle de la Ligne du Temps. Se réapproprier, apprivoiser l'espace-temps du passé, voilà qui encourage à une meilleure compréhension de nous-mêmes, dans la mesure où nos origines sont là. Il ne s'agit ni, loin s'en faut, de considérer notre passé comme l'unique source d'influence sur notre vie actuelle, ni de l'imaginer comme l'influence la plus importante ; il s'agit simplement de prendre conscience de cette partie de notre temporalité afin qu'elle puisse jouer le rôle qui lui revient dans notre équilibre personnel. Pour cela, nous avons besoin de disposer de moyens simples et souples qui nous permettent de prendre de la distance avec les expériences anciennes et forger de nouvelles connexions de pensées, de sentiments et de comportements. Flotter au-dessus de votre Ligne du Temps pour explorer le passé avec du recul fait partie de ces moyens-là. Trouver la bonne distance par rapport à la Ligne encourage aussi un déplacement fluide et sans heurts, comme nous aurons l'occasion de le remarquer très prochainement.

Dans le prochain chapitre, nous poursuivrons plus en détail notre exploration des « R », des aires du temps.

Allez jusqu'à la fin du temps et jetez un coup d'œil sur le futur lointain

Qui n'a pas voulu arrêter le cours du temps pour pouvoir enfin se poser un peu ou finir ce qu'il avait en cours ? Qui peut prétendre n'avoir jamais souhaité suspendre un court instant toutes sollicitations, toutes obligations du temps afin d'expérimenter un répit ? Et qui parmi nous n'a jamais rêvé de découvrir un lieu où le temps s'arrête, un endroit où le temps n'a plus cours, ne court plus, n'est plus ? Les nouvelles de science-fiction basées sur ce thème ne manquent pas. Mais votre Ligne du Temps ne relève pas de la science-fiction, elle vous reflète et vous renseigne aussi sur vos rêves comme tout un chacun. Que vous soyez allé au bout de votre Ligne ou jusqu'au bout du temps, l'option prise n'a pas d'importance en soi, l'important est de faire un voyage au-dessus de votre Ligne du Temps pour aller vers le futur et même au-delà.

Aller au bout de notre Ligne ou jusqu'à la fin du temps nous permet de gagner en perspective. Ce voyage encourage aussi la position de témoin neutre et détaché. À partir de cette orientation nous pouvons faire un bilan de notre vécu et de notre responsabilité dans le cours de notre histoire. Nous pouvons alors remarquer ce que nous voulons maintenir ou changer, compte tenu de nos objectifs personnels et de notre vision globale de l'avenir.

Vous aurez l'occasion de réfléchir à votre vision de vous-même et de votre avenir dans les chapitres suivants, mais déjà la manière dont vous avez perçu le futur vous renseigne sur ce que vous imaginez possible, probable, souhaitable, faisable. Il est intéressant de noter dans votre journal de bord les distinctions que vous avez remarquées dans les caractéristiques de votre Ligne du Temps (couleur, relief, continuité, discontinuité etc.) pour les différents cadres temporels, les aires du temps.

Il arrive parfois que la Ligne se perçoive comme discontinue ou contenant des espaces sombres semblables à des « trous noirs ». Néanmoins, plus vous vous familiariserez avec votre Ligne du Temps, plus elle se révélera conviviale. Vous avez simplement besoin de vous laisser la découvrir pour en apprécier les richesses.

Il est fréquent que la Ligne du Temps apparaisse plus lumineuse vers le futur que vers le passé. Ceci ne semble pas nécessairement refléter des passés pénibles, douloureux ou difficiles, mais plutôt la densité de cet espace-temps-là qui nous est déjà familier, par rapport à la découverte encore à faire de la quantité et la qualité du temps qui nous sont imparties. Peut-être s'agit-il également de la démonstration de notre optimisme, par rapport à l'avenir et au laps de temps disponible pour mettre en route de nouveaux projets et les faire aboutir.

Élevez-vous au-dessus de tout cela et gagnez en distance et en dégagement

Dans la vie quotidienne, nous avons assez souvent l'impression d'être toujours en mouvement, sans la possibilité de nous arrêter un peu pour faire le point. Dans ces moments-là, nous éprouvons le besoin de prendre du recul et contempler les évènements que nous sommes en train de vivre d'une perspective plus détachée, plus dégagée, plus distanciée. Flotter encore plus haut au-dessus de notre Ligne du Temps nous donne une occasion de prendre ce recul. Par ce geste nous apprenons à nous distancier de nos soucis quotidiens, à les reconsidérer, et à nous ressourcer, afin d'être mieux à même de prendre en charge nos soucis et résoudre les problèmes que nous rencontrons.

En vous plaçant au-dessus de votre Ligne du Temps à une distance qui vous permette d'en avoir une vision dans son ensemble, vous accédez à une nouvelle représentation de votre vie. Celle-ci est, par nature, plus équilibrée que celle que vous en avez lorsque vous vous trouvez « dedans », confronté aux évènements de votre quotidien. Le souvenir de cette représentation-là devient alors pour vous une ressource qui se réactive, sans que vous ayez besoin d'y penser, sans que vous soyez obligé de l'évoquer, sans même que vous le sachiez.

Nos ressources restent à notre disposition en permanence ; plus nous nous en servons, plus elles participent pleinement à notre expérience vitale. Rendre automatique votre capacité à prendre du recul par rapport à votre expérience dans l'instant, facilite la prise de décision et la prise de position. Systématiser cette capacité revient finalement à suivre le conseil offert de sagesse populaire et soutenu par nos grandes mères, à savoir : « tourner la langue sept fois dans la bouche avant de parler ».

La systématisation de cette capacité est en soi salutaire. Vous pouvez aussi trouver une occasion de vous en servir dans les exercices qui utilisent le modèle de la Ligne du Temps. En effet, flotter si haut au-dessus de votre Ligne que celle-ci devient un point dans l'espace, voilà qui fournit des moyens de vous distancier des expériences actuelles ou passées, et vous permet de trouver un « lieu » où vous « poser » quelques instants, pendant vos travaux de recherche et de réflexion si nécessaire. Vous avez appris comment prendre du recul par rapport à la Ligne du Temps, vous savez également comment vous en rapprocher et continuer votre exploration à la distance qui vous convient, avant de revenir à l'instant présent.

Revenez à l'ici-maintenant et retournez à votre point de départ

Si nous souscrivons à la notion de « temps qui passe » (il n'est pas figé : nous ne pouvons ni fléchir sa trajectoire, ni ralentir son cours) alors il nous faut admettre qu'après un voyage au-dessus de notre Ligne du Temps, aucune coïncidence n'est possible entre notre point de départ et notre point d'arrivée. Autrement dit, nous ne revenons jamais à l'endroit d'où nous sommes partis après un voyage quel qu'il soit, car notre point de départ n'existe plus sous sa forme initiale. En reprenant l'image d'un fleuve du temps, nous pouvons dire que nous ne mettons jamais les pieds dans le même fleuve, car il ne saurait être le même au fur et à mesure de son passage, de son évolution. L'invitation à revenir ici-maintenant, à l'instant présent, permet de tenir compte du temps qui s'écoule dans la mesure où l'ici-maintenant change et se renouvelle constamment à chaque instant.

Toutefois, dans la mesure où nous avons besoin de repères pour trouver notre chemin, il est commode d'imaginer revenir à notre point de départ après avoir voyagé au-dessus de notre Ligne du Temps. Ceci nous permet de nous orienter de nouveau, après avoir fait des expériences et des apprentissages, des découvertes et des transformations. C'est pour cette raison-là, bien sûr, que nous marquons l'instant présent avant de nous détacher de notre Ligne et prendre le départ ; nous avons besoin de savoir où revenir le moment venu. Cette démarche nous permet également, d'un certain point de vue, de vérifier là où nous sommes allés et de valider le parcours effectué, comme si l'idée de revenir à notre point de départ nous fournissait un moyen de résumer notre voyage.

Dans ce chapitre, vous avez exploré votre Ligne du Temps. Vous avez fait un vol de reconnaissance au-dessus de votre Ligne. Vous vous êtes familiarisé avec ses contours et ses aspects. Vous avez entrepris ce vol également pour vous habituer au geste de vous déplacer facilement, aisément au-dessus de votre Ligne, pour vous permettre de réaliser sans difficulté les nombreux exercices qui se servent de la Ligne du Temps.

Vous avez pu remarquer les différences internes aux aires du temps qui constituent votre Ligne : passé, présent, futur. Peut-être avez-vous constaté, comme c'est souvent le cas, que votre futur est plus haut, plus clair, plus léger que le passé. La découverte de cet espace-temps vous attend ; l'avenir accueillera les projets que vous construirez, au fur et à mesure, au fil du temps.

C'est un voyage organisé auquel vous avez participé ici. Peut-être, en d'autres occasions, vous ferez-vous accompagner par quelqu'un de confiance qui vous lira le texte pour vous et peut-être, vous-même, devenu guide de votre propre voyage, vous accompagnerez-vous. Pour rendre votre démarche plus simple et vous aider à refaire les étapes de votre voyage ultérieurement, je vous avais proposé de prendre connaissance des raisons de ces instructions.

Marquer l'instant présent vous a fourni un point de départ pour vous repérer sur votre chemin. Retourner en arrière pour explorer le passé avec du recul vous a permis de constater son rôle en tant qu'aire du temps, à savoir, un réservoir de renseignements utiles à exploiter pour avancer dans la vie. Ce retour vous a peut-être donné l'occasion de remarquer à quel point nous sommes aussi bien archivistes qu'architectes de notre réalité présente, car nous stockons des informations dont nous pourrions avoir besoin tôt ou tard. Aller jusqu'à la fin du temps vous a permis de vous dégager du temps, de vous en affranchir, d'un certain point de vue. Cette proposition vous a aussi encouragé à remarquer la pertinence de la phrase de Milton Erickson[5] : « Et vous pouvez anticiper avec plaisir le moment où vous pouvez regarder en arrière, remarquer le chemin parcouru. » Puisque vous avez pu vous apercevoir du chemin de vie que vous avez engagé et abouti, vous avez sans doute remarqué que votre avenir dépend de vous et c'est pour cette raison que vous allez le construire en cohérence avec vos valeurs, vos projets et vos objectifs.

Que vous soyez allé jusqu'au bout de votre Ligne ou jusqu'au bout du temps n'a pas d'importance pour votre apprentissage d'explorateur temporel. L'important, est de vous être senti suffisamment à l'aise dans cet apprentissage pour continuer à découvrir les richesses de votre Ligne du Temps.

Pour gagner en distance et en dégagement, vous vous êtes laissé flotter encore plus haut, encore plus loin pour que votre Ligne ne ressemble plus qu'à un point dans l'espace au-dessous de vous. Outre la possibilité de vous retrouver « au-dessus de tout cela » comme nous pouvons tous le souhaiter de temps à autre dans la vie quotidienne, ce geste vous a fait découvrir la facilité avec laquelle vous pouvez prendre du recul, si vous en avez besoin pendant les exercices proposés dans les chapitres qui suivent. Vous pouvez trouver intéressant parfois de continuer à flotter au-dessus de votre Ligne du Temps tout en vous octroyant un « temps mort », un « mi-temps », entre-temps, pour réfléchir ou intégrer le travail en cours, sans avoir à répondre à de nouvelles stimulations.

Vous avez découvert comment revenir à l'instant présent, au point de départ, tout en douceur et reprendre contact avec votre environnement, vous réorienter à l'ici-maintenant, et constater les transformations réalisées. Le point d'arrivée de votre voyage vous a aussi servi de halte pour faire le point et prendre des notes sur l'expérience confiée à votre journal de bord.

Vous êtes prêt, maintenant, à découvrir, au fil des chapitres de la partie suivante, les principes de base qui vous permettront de construire votre avenir.

5. Milton H. Erickson, psychiatre américain, créateur de l'hypnose moderne conversationnelle (l'hypnose éricksonienne), père des thérapies brèves systémiques et stratégiques. Les travaux d'Erickson sur les distorsions temporelles, y compris la régression et la progression en âge, ont servi de base au modèle de la Ligne du Temps.

Partie 2

Pour bien diriger sa vie, il faut de bons fondements : responsabilité, valeurs, objectifs, équilibre, cohérence, engagement ; les 6 principes de base

Dans cette partie, vous découvrirez les principes de base dont l'application vous permettra de réorganiser votre vie et construire votre avenir. En les expérimentant, vous vous créerez un « règlement intérieur » pour fonctionner avec aisance et souplesse. Dans chacun des chapitres de cette partie, vous serez guidé par des exercices pratiques pour expérimenter ces principes de manière détaillée et les intégrer pleinement dans votre vie.

Vous apprendrez à prendre votre part de responsabilité, à reconnaître vos valeurs et celles des autres, ainsi que leur impact sur votre vie. Vous serez entraîné à créer des objectifs SUPER, des objectifs qui vous donneront envie de les atteindre. Vous rééquilibrerez votre Ligne du Temps grâce aux techniques spécifiques, et alignerez vos pensées avec vos actes et vos valeurs dans vos divers domaines de vie. En apprenant à vous engager à 100 % envers vous-même, vous disposerez de tous les outils dont vous avez besoin pour construire l'avenir dont vous rêvez.

Règlement intérieur pour un fonctionnement harmonieux

En expérimentant les principes de base pour créer votre avenir, vous mettrez en place un « règlement intérieur » qui vous aidera à fonctionner avec souplesse, aisance et harmonie. Ces principes sont les suivants :
Responsabilité : prenez-en votre part.
Valeurs : connaissez les vôtres ; reconnaissez celles des autres.
Buts : fixez-vous des objectifs SUPER.
Équilibre : entretenez-le en (ré)équilibrant votre Ligne du Temps.
Cohérence : alignez vos actes, vos pensées, vos objectifs et vos valeurs.
Action : engagez-vous à 100 %.

Chacun de ces principes a sa raison d'être. Au fil des chapitres de cette partie je vous inviterai à les explorer et à les valider au travers des différents aspects de votre vécu. Chacun d'entre eux vous propose un chemin à entreprendre pour faciliter votre route. Examinons-les un à un pour en extraire les apprentissages.

5

Responsabilité : prenez votre part

Prenez vos responsabilités ! Vous avez sans doute déjà eu l'occasion d'entendre cette injonction. Et vous avez, probablement, réagi plutôt mal à l'idée qu'elle vous soit destinée, car vous ne vous considérez pas comme quelqu'un d'irresponsable.

Que se passe-t-il ? Il y a de fortes chances que vous ayez confondu les mots « responsable » et « coupable ». Responsable et coupable ne sont pas synonymes, mais la manière dont nous les entendons a tendance à brouiller les frontières entre leurs champs sémantiques respectifs. En effet, dans le langage courant, on dit assez facilement que l'on se sent coupable, alors que l'on se sent concerné, en fait. On a tendance à dire que « c'est de notre faute », alors qu'il conviendrait de reconnaître que « c'est de notre fait ».

Si on se donne la peine de chercher dans le dictionnaire, le mot « coupable » renvoie à la loi, à la justice, alors que le mot « responsable » relève, à la rigueur, de la morale. Celui qui est coupable a commis une faute, voire un délit, un crime, un acte répréhensible, honteux, indigne, condamnable, dont il est fautif. Un non-coupable est innocent.

Celui qui est responsable doit répondre de ses actes. En se reconnaissant leur auteur, il en accepte les conséquences et répare les éventuels dommages.

Que chacun prenne ses responsabilités semble être le minimum pour que la vie en société puisse exister. Le problème est le suivant : êtes-vous sûr de prendre vos responsabilités et rien que *vos* responsabilités ? Si vous en prenez plus que votre part, vous risquez de reprocher aux autres de ne pas avoir pris les leurs, mais, paradoxalement, c'est vous qui les en avez empêchés ! Que faire à la place ?

Assumez votre part de responsabilité dans toute situation mais seulement votre part

Il importe, pour votre harmonie intérieure d'apprendre à prendre vos responsabilités, et seulement *votre part* de responsabilités, ni plus ni moins. Pour cela, quelques réflexions s'imposent : en effet, il est utile de vous interroger sur votre éventuelle position de sauveteur ou de substitut des autres dans l'exécution de leur tâche.

De fait, vous les empêcheriez de remplir leurs propres obligations, c'est-à-dire de faire face à leurs responsabilités.

Ces questions sont les suivantes :
- Est-ce de ma responsabilité ?
- Est-ce que j'ai des moyens ?
- Est-ce que j'ai envie ?

Face à un projet quelconque, si vous pouvez répondre « oui » aux trois questions en toute honnêteté, vous vous assurerez de ne prendre en charge que ce qui vous concerne et vous augmenterez vos chances de mener à bien le projet. Si vous ne pouvez répondre « oui » qu'à deux des trois questions, vous vous devez de vérifier avec vous-même les conséquences de ce que vous vous proposez. Si vous ne pouvez répondre

« oui » qu'à une des trois questions, il vaut mieux changer de projet. Si vous ne pouvez répondre « oui » à aucune des questions, demandez-vous comment vous avez fait pour qu'un tel projet vous soit venu à l'esprit.

Examinons les différents cas de figure.

- *Oui-Oui-Oui* : Le projet relève de votre responsabilité ; vous avez envie de le réaliser ; vous disposez des moyens : foncez ! Vous êtes reçu 5 sur 5. Il est intéressant toutefois de vérifier l'adhésion de votre entourage, pour connaître les alliances, les possibilités de coopération et de coordination.
- *Non-Oui-Oui* : Le projet ne relève pas de votre responsabilité ; vous avez envie de le réaliser ; vous disposez des moyens : la question qui vient naturellement à l'esprit est : « De quoi vous occupez-vous ? » Si vous vous acharnez à vous mêler de ce qui ne vous regarde pas, vous risquez de sérieux désagréments.
- *Oui-Non* : Le projet relève de votre responsabilité ; vous avez envie de le réaliser ; vous ne disposez pas des moyens : la question qui se pose ici est : « Avez-vous les moyens d'avoir des moyens ? » Plus précisément : est-ce une question de pouvoir, de délégation de pouvoir ou une question de savoir, de connaissance ? Vous trouvez-vous dans une situation où vous désirez être calife à la place du calife ? Auquel cas, entreprendre le projet aura des conséquences de toutes façons, que vous deveniez calife ou non. Comment pouvez-vous acquérir les moyens qui vous font défaut actuellement ? Pouvez-vous vous faire attribuer les moyens requis ? Pouvez-vous apprendre ce qui est nécessaire pour les acquérir ? Si vous vous engagez quand même sans avoir vérifié quel type de moyens vous manque, ni comment les acquérir, vous risquez fortement d'avoir à gérer de la frustration.
- *Oui-Non-Oui* : Le projet relève de votre responsabilité ; vous n'avez pas envie de le réaliser ; vous disposez des moyens : maintenant, le dilemme devient : « Pourquoi faire ce dont vous n'avez pas envie ? » car si vous entreprenez un projet sans que le cœur y soit, vous savez d'avance que vous risquez, à la longue, de faire en sorte de le saborder. Mais, dans la mesure où vous avez les moyens de mener à bien ce projet, *a priori*, peut-être avez-vous envie de proposer vos services à quelqu'un d'autre, qui deviendrait alors leader du projet et qui pourrait le faire aboutir.

Apprenez à focaliser votre attention sur ce que vous recherchez plutôt que sur ce que vous redoutez

Savoir ce que vous voulez n'est pas toujours une mince affaire. Si vous savez vraiment ce que vous voulez, vous augmentez considérablement vos chances de l'obtenir, ce qui peut vous faire peur ou aller à l'encontre des traditions familiales, socioculturelles ou professionnelles.

Combien d'entre vous ont eu l'occasion d'écouter des amis qui leur ont expliqué longuement, mais, *vraiment* longuement ce qui n'allait plus du tout dans leur vie ? Et combien d'entre vous se sont retrouvés dans la situation inverse, c'est-à-dire en train de vous plaindre, à votre tour, sans réellement chercher de solutions ?

Il semblerait que vous soyez tombé dans le panneau qui consiste à trouver beaucoup plus facile d'expliquer ce qui ne va pas que de rechercher ce qui, *a priori*, pourrait vous convenir à la place. Tout se passe comme si vos insatisfactions actuelles et bien réelles avaient pris le pas sur vos satisfactions futures, potentielles, comme si vous aviez davantage conscience de ce dont vous aimeriez vous séparer, de ce que vous souhaiteriez quitter, laisser, lâcher, plutôt que de ce que vous voudriez rencontrer, accueillir et acquérir. C'est comme si vous pensiez que si vous parveniez à vider complètement votre sac de tout ce qui vous embarrasse, alors tout irait pour le mieux.

Hélas, il semblerait que vous ayez perdu de vue un principe qui est simple et complexe à la fois : l'énergie emprunte le chemin de l'attention.

Expliquons-nous. Vous savez évidemment que vous êtes attentif à ce qui réclame votre attention, une lapalissade, n'est-ce pas ? Mais, il faut ajouter le corollaire suivant : non seulement vous prêtez votre attention, mais vous fournissez aussi votre énergie à ce qui réclame votre attention. La question devient, alors : qui décrète ce qui réclame votre attention ? Qui décide ce sur quoi vous porterez votre attention ? C'est vous, bien sûr ! et personne d'autre.

Vous connaissez probablement le phénomène de la prophétie qui se réalise. À partir du moment où vous prédisez une issue quelconque à une situation donnée, même indirectement, vous vous organisez pour que cette finalité ait lieu, sans que vous le sachiez. Prenons un exemple. Combien d'entre vous ont dit quelque chose de l'ordre de : « Pourvu que je n'oublie pas mon maillot de bain à la maison cette année comme je l'ai fait lors des dernières vacances. » Ou encore : « Il ne faut pas que je salisse la robe que Marie-Charlotte m'a prêtée pour cette soirée, sinon, ce sera la fin de notre amitié. » Et vous connaissez déjà la suite : le maillot oublié à la maison et la robe tachée, sans parler de l'amitié entachée, bien sûr. À votre insu, en prononçant ce type de paroles, en ayant ce genre de pensées, vous avez fixé une direction à votre attention, mais pas celle que vous croyiez. C'est comme si vous vous étiez donné une directive, et, malgré vos meilleures intentions, votre énergie a suivi votre attention focalisée sur l'idée du maillot resté à la maison et de la robe tachée.

Il importe de choisir dans quel sens, dans quelle direction vous désirez aller car, si vous ne choisissez pas votre chemin, le « hasard » le fera à votre place. Bien qu'un dicton propose : « le hasard fait bien les choses », un autre signale qu'au contraire : « Il ne faut rien laisser au hasard. » À vous de jouer, à vous de choisir. Vous savez déjà que vous êtes responsable de vos choix, maintenant soyez honnête avec vous-même, vous n'avez réellement rien à perdre et tout à y gagner.

Soyez honnête avec vous-même

Le fait de focaliser votre attention sur ce que vous voulez, représente un élément essentiel de fonctionnement harmonieux. Néanmoins, un autre élément accompagne la capacité de focalisation, de concentration ; nous pouvons même dire qu'il le sous-tend. Il est essentiel d'être honnête avec vous-même, et cela, autant par rapport à vos désirs qu'aux autres aspects de votre vie.

En effet, il y a assez souvent confusion entre le fait de désirer quelque chose et l'éventuelle nécessité, voire l'obligation de l'obtenir. Vous pouvez aimer désirer un objet sans avoir envie de le posséder ; vous pouvez être amoureux de l'amour ; vous pouvez aimer la sensation que l'état « amoureux » vous procure, sans avoir la moindre envie de rencontrer celui ou celle pour qui vous éprouverez ce sentiment.

Soyez honnête avec vous-même. Si vous savez vraiment ce que vous voulez, vous augmentez considérablement vos chances de l'obtenir, ce qui peut vous faire peur ou faire peur à ceux qui vous entourent. N'est-ce pas plus facile dans un certain nombre de cas de répondre : « Je ne sais pas ce que je veux », ou bien : « Je n'ai pas encore décidé », plutôt que de prendre le risque de se démarquer ou de déplaire ? Si ce que vous voulez, par exemple « ne rien faire pour le moment » alors que votre entourage attend de vous, selon les circonstances, une quelconque activité, il est probable que vous vous attiriez des réactions hostiles.

Néanmoins, reconnaître honnêtement ce que vous désirez, et ce que vous ne désirez pas, ce que vous accepterez, et ce que vous n'accepterez pas, fait partie des éléments qui permettent de vivre en harmonie avec vous-même et les autres. De ce fait, l'honnêteté envers vous-même va de pair avec l'estime, l'affirmation et le respect de vous-même. Pour assurer votre harmonie interne, respectez-vous suffisamment pour agir envers vous-même avec amour et discipline.

Agissez envers vous-même avec bienveillance et rigueur

Sigmund Freud avait remarqué que l'équilibre dans la vie se fonde sur l'amour et le travail. Plus récemment, le psychiatre et psychothérapeute extraordinaire que fut Milton H. Erickson, créateur de l'hypnose éricksonienne, a lui aussi souligné l'importance de l'amour et de la discipline. Pour Erickson, l'autodiscipline joue un rôle important dans la réalisation de soi dans une « bonne » vie bien vécue.

Pour agir à l'égard de soi avec amour et discipline, il importe de s'apprécier, de s'estimer et de s'aimer. L'amour de soi n'est pas synonyme de complaisance, loin s'en faut. Il va de pair avec la capacité de se donner des limites, de respecter et de faire respecter des règles, que celles-ci soient autogénérées ou imposées de l'extérieur, ce qui renvoie également sur la discipline. La capacité d'accepter des règles et de les intérioriser pour les faire siennes, représente un indicateur de maturité. Dans la mesure où vous avez passé l'âge et dépassé le besoin d'affirmer votre identité en vous opposant systématiquement à votre entourage, vous êtes en mesure de vous créer une discipline personnelle basée sur ce qui fait sens pour vous, sur ce que vous considérez comme important, voire incontournable, à soutenir ou à défendre.

Dans notre ouvrage : *9 bonnes façons de construire sa vie adulte de 17 à 97 ans*[6], nous indiquons qu'une des mesures de l'autonomie est la capacité d'affirmer ce que l'on aime, ou que l'on n'aime pas, même si cela ne correspond pas aux goûts de nos géniteurs ou de notre entourage actuel. Que vous adoriez les films de Jean-Luc Godard, alors que votre entourage n'y voit rien d'intéressant, que vous raffoliez de musique classique ou folklorique, que vous craquiez pour… peu importe quoi, vous pouvez vous accorder suffisamment d'importance pour vous affirmer dans vos goûts et dans vos choix de vie. Vous pouvez vous discipliner et ne pas vous plier aux exigences imposées par les autres, à condition que vous ayez suffisamment de maturité pour en accepter autant de ceux qui vous entourent, c'est-à-dire que vous acceptiez que les autres soient différents de vous et vous invitent à reconnaître cet état de fait à leur manière aussi. Si vous souhaitez que l'autre reconnaisse votre statut d'individu unique, vous devez en faire autant en retour, voire au préalable.

La discipline signifie une règle de conduite que l'on s'impose, une direction morale. La notion d'autodiscipline nous invite à examiner nos valeurs, à vérifier ce qui nous motive : ce qui sera l'objet du prochain chapitre. Mais, avant d'évoquer plus longuement les valeurs, je vous invite à réfléchir sur votre facilité à prendre votre part de responsabilité au travers de l'exercice suivant.

Exercice 10 : Prenez vos responsabilités

Comme vous le découvrirez en travaillant avec la Ligne du Temps vous serez amené à vous servir de votre passé et de votre présent pour construire votre avenir. Dans cette optique, je vous inviterai parfois à reprendre des situations vécues pour les considérer de nouveau sous l'angle de la découverte et en extraire des apprentissages. C'est le but de cet exercice.

●●●

6. *9 bonnes façons de construire sa vie adulte*, Paris, InterEditions, 2010.

Installez-vous confortablement. L'esprit se dégage et les pensées se libèrent d'autant plus facilement que le corps est détendu. Notez le numéro de l'exercice et la date du jour dans votre journal. Et maintenant laissez venir à votre esprit un projet dans lequel vous avez été engagé, et, plus spécifiquement, un projet pour lequel vous avez été sollicité par quelqu'un d'autre, auquel vous avez accepté de participer. Peu importe le contexte où vous vous êtes trouvé à ce moment-là : le travail, la maison, les loisirs... Simplement laissez venir à votre esprit un projet pour lequel vous avez été sollicité par quelqu'un d'autre, pour lequel vous avez été coopté, auquel vous avez été invité à participer... et que vous avez accepté. Et peu importe l'issue, peu importe le résultat, pour l'instant. Et maintenant, de la manière la plus honnête possible, sans complaisance, ni jugement d'aucune sorte, posez-vous une question clé : « Qu'est-ce que je voulais pour moi lorsque j'ai accepté ce projet ? » Simplement, focalisez votre attention sur ce que vous vouliez à ce moment-là, lorsque vous avez accepté ce projet. Peut-être allez-vous noter tout de suite dans votre journal ce que vous venez de trouver. Il se peut que vous ayez oublié en cours de route ce pour quoi vous avez accepté initialement ce projet, ce que vous avez voulu, ce que vous avez espéré... C'est pour cela qu'il est intéressant d'en prendre note maintenant, pour que vous puissiez vérifier avec vous-même ce que sont devenus ces désirs au fur et à mesure de l'avancement du projet. Ces désirs, ces motivations, sont-ils restés les mêmes ? En avez-vous découvert d'autres en complément ? Les avez-vous oubliés, abandonnés ? Que sont-ils devenus ? Et tout en gardant ce projet présent à l'esprit comme si on venait juste de vous demander d'en faire partie, vous pouvez maintenant vous poser les trois questions qui vous incitent à ne prendre que votre part de responsabilité :

1. Est-ce de ma responsabilité ?
2. Est-ce que j'ai des moyens ?
3. Est-ce que j'ai envie ?

Et vous pouvez noter tout de suite dans votre journal ce que vous venez de trouver sans complaisance, ni jugement d'aucune sorte à votre égard. Car, vous faites cet exercice, comme vous en ferez bien d'autres, pour vous aider à repérer ce qui a bien fonctionné dans votre démarche pour être en mesure de faire la même chose ultérieurement et, aussi, pour découvrir ce qui n'a pas bien marché, afin d'être en mesure de faire autrement, de faire autre chose à l'avenir. Vous faites cet exercice aussi pour vous aider à créer et à valider une autodiscipline et prendre votre part de responsabilité, seulement votre part, pas plus.

●●●

Vous pouvez choisir de refaire cet exercice avec des projets dans d'autres domaines de vie que celui choisi cette fois-ci. De cette manière, vous disposerez d'autres exemples et vous pourrez comparer. En relisant ce que vous avez écrit, en réfléchissant de nouveau à vos notes, vous pouvez vous percevoir dans votre manière de réagir, vous pouvez remarquer votre façon typique de vous comporter par rapport à une demande, une invitation.

Il est intéressant, également, de faire cet exercice à propos d'un projet que vous avez initié, un projet pour la réalisation duquel vous avez eu à solliciter d'autres personnes.

Dans ce chapitre, l'importance de prendre vos responsabilités a été soulignée, quels que soient les résultats obtenus. Reconnaître la responsabilité de vos actes ne vous rend pas coupable pour autant, et c'est un grand pas vers l'autonomie. En effet, prendre votre part de responsabilité encourage vos partenaires de vie à en faire autant, et ouvre les portes à de nouvelles options et opportunités de communication et de changement.

Il est vrai, néanmoins, que, lorsque vous offrez de nouvelles possibilités et moyens d'échange à vos partenaires de communication habituels, ceux-ci peuvent réagir moins positivement que vous ne l'aviez espéré ; ils peuvent même trouver que vous ne partagez plus les mêmes valeurs. Pour vous aider à comprendre ce qui est en jeu dans ce cas-là, les valeurs font l'objet du chapitre suivant.

6

Valeurs : connaissez les vôtres et reconnaissez celles des autres

Vos valeurs sont importantes à plusieurs titres : elles vous aident à vous motiver et à donner du sens à votre vie. Bien qu'intangibles, vous les traitez, et nous tous d'ailleurs, comme une denrée rare, une commodité précieuse à protéger contre tout danger potentiel.

Certaines de vos valeurs vous attirent, d'autres vous repoussent ; toutes jouent un rôle d'organisateur dans votre vie. Elles s'organisent aussi en hiérarchie, car toutes vos valeurs n'ont ni le même poids ni la même importance pour vous. Reconnaître vos valeurs et celles des autres, facilite vos échanges et permet d'étayer vos projets. Dans ce chapitre, vous allez découvrir comment.

Qu'est-ce que les valeurs ? À quoi servent-elles ? comment les reconnaître ?

Reconnaître et honorer vos valeurs est un des principes de base à respecter pour construire votre avenir. Comment reconnaître les vôtres et celles de vos partenaires ? Pour commencer, il est sans doute important de définir ce qu'est une valeur, car force est de reconnaître qu'une valeur est une abstraction. Une valeur est intangible, insaisissable, mais d'une importance et d'une puissance extrêmes.

Alfred Korzybski, père de la sémantique générale, nous rappelle que les singes, comme les hommes sont capables de se battre pour des bananes, mais que les singes ne se battent que lorsqu'il y en a. Dans ce sens, les valeurs sont comme des bananes : nous ne nous battons pas pour ce qui est réellement présent, mais pour l'idée que nous nous en faisons. Une valeur renvoie à ce qui importe pour nous et représente ce à quoi, en tant qu'abstraction, nous accordons de la valeur.

L'amour, ce bien intangible, est une valeur, mais votre compagne en chair et en os, n'en est pas une. Elle a de la valeur à vos yeux ; vous lui accordez de la valeur, mais elle n'est pas une valeur car elle est bien réelle, bien concrète.

Une valeur, c'est ce que nous recherchons, ce que nous poursuivons dans un contexte donné. Et nous avons plusieurs valeurs à satisfaire à la fois. Si le contexte c'est votre vie, vos valeurs vous renseignent sur les raisons de vous lever le matin, bien au-delà des réponses toutes faites telles que « pour gagner ma vie » ou « parce que le réveil a sonné ». Une valeur répond à la question « pour quoi ? », c'est-à-dire « pour quoi faire ? ». Au service de quel idéal vous engagez-vous dans telle ou telle démarche ? Pour quelles raisons faites-vous ce que vous faites ?

Peut-être vos réponses se groupent-elles par thème[7] : l'ascendant que vous pouvez avoir sur les autres, la réalisation de vos projets, le partage avec autrui, la recherche de l'innovation, la quête de votre

7. Pour un développement plus approfondi des valeurs, voir *9 bonnes façons de construire sa vie adulte*, *op. cit.*

raison d'être sur terre, le souhait de contribuer à un monde meilleur pour les générations à venir.

Les valeurs servent à vous motiver, à vous faire agir et réagir. Lorsque vos valeurs sont raisonnablement satisfaites, vous expérimentez de la satisfaction, du plaisir, de la joie de vivre. Lorsqu'elles ne sont pas suffisamment satisfaites ou lorsque vous avez l'impression de vous trouver dans une impasse, vous expérimentez de la colère, de la tristesse et de la démotivation.

Les valeurs font partie des principes de base pour construire votre avenir et amener de l'harmonie dans votre vie. À vous de trouver les moyens de les satisfaire, car elles jouent un rôle considérable dans la manière de vous motiver, dans le choix de vos objectifs et des projets que vous entreprenez.

Carotte ou bâton, nous utilisons tous des méthodes de motivation en cohérence avec nos valeurs

Chacun d'entre nous utilise des moyens privilégiés de se motiver. Certains font comme si un tyran se cachait derrière eux, muni d'un gros bâton. Ainsi, ce tyran surveillerait leur moindre mouvement et chaque écart de la route tracée, à chaque hésitation, le despote leur taperait dessus avec son gros bâton. Est-il utile de réitérer plusieurs fois cette expérience douloureuse pour apprendre comment éviter la punition ? Peut-être est-ce aussi une façon de se motiver ?

Il y a une autre méthode, quoique tout aussi extrême. D'autres personnes font comme si leur nature animale les avait transformées en ânes devant qui se balancerait une carotte, mais pas n'importe laquelle, attention ! Il s'agit de *LA* carotte, la plus belle, la plus juteuse, la plus sucrée, la plus croquante, la plus craquante… que l'on n'ait jamais vue. Naturellement, la carotte reste suspendue hors de leur portée, car, si elles l'obtenaient, la carotte disparaîtrait de leur vue, et la raison de leur motivation avec. Peut-être cette méthode vous semble-t-elle moins cruelle car vous croyez pouvoir manger la carotte à un moment précis : lorsque vous aurez rempli la condition de votre motivation. Pour certaines personnes, les choses se passent effectivement ainsi, mais pas pour toutes. Pour certaines d'entre elles, la carotte reste un mirage, une illusion, pour d'autres, lorsqu'elles goûtent enfin à la carotte tant méritée, elles lui trouvent un goût amer, ou un goût de trop peu ! Elles lui reprochent de ne pas être à la hauteur de leurs attentes. La motivation et la récompense escomptée ne vont pas toujours de pair, ne sont pas toujours ajustées. Nous aurons l'occasion de revenir sur ce point ultérieurement lorsque nous discuterons des principes de vie gagnante.

Un bon nombre d'entre vous utilise sans doute tantôt l'une et tantôt l'autre de ces méthodes. Cela est tout à fait compréhensible car la méthode de motivation adoptée dépend largement, pour beaucoup de personnes, du contexte. De plus, certains d'entre vous utilisent sans doute les deux méthodes dans le même contexte.

Combien d'entre vous se sont trouvés dans la situation suivante : vous partagez votre vie avec un compagnon/une compagne qui ne vous satisfait plus, mais vous ne partez pas, pas encore en tout cas. Ou bien, vous conservez un job qui ne vous satisfait plus, mais plus du tout, et pourtant, vous ne démissionnez pas. Pourquoi ? Il est hautement probable que votre motivation se fonde sur votre capacité à remarquer à la fois bâton et carotte. Si la carotte est petite, voire indiscernable, et que les coups de bâton ne sont pas si pénibles que ça, il se peut que vous vous disiez : « Mieux vaut un tiens que deux tu l'auras » ou : « On ne sait jamais de quoi demain sera fait. » Et vous attendez, tout simplement, parce qu'il n'y a pas d'ajustement entre ce qui vous pousse et ce qui vous attire. Les poids respectifs des deux valeurs en jeu sont trop égaux pour pouvoir facilement départager vos craintes de vos désirs, faire la différence entre les attraits et les peurs. Puis, il arrive ce qui devait arriver : vous prenez une décision. Que vous décidiez de rester ou de partir, vous sautez le pas, vous choisissez quand même, et peut-être vous demandez-vous encore comment vous avez fait.

Les exercices 10 et 11 peuvent vous faciliter la tâche : il s'agit de remarquer vos propres méthodes de motivation, grâce à une évaluation et une hiérarchisation de vos valeurs.

Évaluez vos valeurs : celles que vous poursuivez et celles qui vous poursuivent

Tout comme vous avez remarqué les deux façons majeures de se motiver, soit rechercher (la carotte), soit fuir (le bâton), vous remarquerez que vos valeurs s'organisent selon les mêmes principes. Il y a des valeurs que vous poursuivez, que vous désirez rattraper et d'autres qui vous poursuivent, par lesquelles vous ne voulez pas être rattrapé. Il y a des valeurs que vous recherchez et celles que vous évitez, et cela s'entend assez aisément à la façon dont vous vous exprimez.

Par exemple, vous cherchez un partenaire de vie, un nouveau travail, une baby-sitter, un ordinateur… le contexte importe peu car vous ne pouvez pas ne pas exprimer vos valeurs. Elles sont vitales pour vous et font partie de chaque aspect de votre vie.

Imaginons alors que vous vous demandiez : « Qu'est-ce qui est important pour moi dans un ordinateur ? » Il est possible que vous vous répondiez quelque chose de l'ordre de : « Qu'il soit facile à utiliser, c'est-à-dire je ne veux pas « me prendre la tête » avec. Et puissant, je ne veux pas attendre des heures pour qu'il me connecte sur Internet. Et pas trop gros, pas trop « moche » non plus. Je veux un « truc » sympa. »

Vous venez de décliner certaines valeurs que vous recherchez et d'autres que vous évitez, et vous avez également évoqué la manière de reconnaître que vos valeurs sont remplies et satisfaites. Vous savez qu'un ordinateur est facile à utiliser quand vous ne vous prenez pas la tête avec, qu'il est puissant lorsque vous pouvez facilement vous connecter sur Internet, sympa s'il n'est ni trop gros ni trop moche. Bien sûr, il est sage de vérifier aussi ce que ces expressions signifient : comment savez-vous que vous ne vous prenez pas la tête ? Outre le fait de ne pas perdre des heures à vous connecter sur Internet, qu'est-ce qui vous indiquera la puissance de l'ordinateur ? Nous aurons l'occasion de revenir sur ce type de questions lorsque vous apprendrez à vous fixer des objectifs SUPER.

En ce qui concerne les valeurs, pour décider si elles sont à obtenir ou à éviter, faisons simple : prenez vos paroles au pied de la lettre. À partir du moment où vous exprimez ce que vous voulez ou ne voulez pas, c'est cela très exactement que vous dites. Que vous souhaitiez être riche ou ne pas être pauvre, que vous désiriez un emploi qui vous laisse du temps de libre ou qui ne prenne pas tout votre temps, que vous souhaitiez une baby-sitter, gentille avec vos enfants ou pas trop dure avec eux, la manière dont vous le dites dépend de ce que vous imaginez, c'est-à-dire de ce que vous vous représentez. Et la manière dont vous vous le représentez dépend de votre organisation par rapport à la valeur en question. Que vous recherchiez ou fuyiez une valeur, que vous cherchiez à l'obtenir ou à l'éviter, cela s'entend.

L'exercice suivant va vous aider à clarifier la manière dont vous vous organisez en fonction de vos valeurs.

Exercice 11 : Évaluez vos valeurs

Nos valeurs nous sont précieuses, pour de multiples raisons. La plus évidente est qu'elles nous donnent de l'énergie pour réaliser nos projets. Comme vous l'avez remarqué, il y a des valeurs que vous poursuivez et celles qui vous poursuivent ; certaines de vos valeurs agissent comme des « carottes », d'autres comme des « bâtons ».

Pour cet exercice, vous allez explorer comment vous vous organisez par rapport à vos valeurs dans un contexte donné. Dans la mesure où vous allez vous intéresser à votre façon de vous exprimer, à ce que vous dites, notez vos réponses textuellement dans votre journal.

Installez-vous confortablement. Ouvrez votre journal à une page vierge sur laquelle vous notez le numéro et le nom de l'exercice. Choisissez un contexte, celui de votre travail, par exemple, et écrivez-en aussi le nom. Puis, demandez-vous : « Qu'est-ce qui est important pour moi dans mon travail ? » et notez vos réponses.

Vous pouvez prendre note de plusieurs réponses, autant que vous voulez, en fait. C'est un remue-méninges auquel je vous invite, une recherche tous azimuts. Si vous vous sentez à court de réponses, posez-vous simplement la même question à nouveau : « Qu'est-ce qui est important pour moi dans mon travail ? » ou demandez-vous : « Et quoi encore ? »

Lorsque votre liste vous paraît assez longue, remarquez le langage utilisé pour évoquer vos valeurs, la manière dont vous vous êtes exprimé. Remarquez le processus engagé pour aller vers ce que vous désirez ou vous éloigner de ce que vous redoutez.

Remarquez également le contenu de ce qui vous attire et de ce qui vous repousse, de ce que vous recherchez et de ce que vous souhaitez éviter.

Quand vous aurez fini cet exercice, regardez de nouveau ce que vous dites vouloir obtenir et éviter. Si vous remarquez que vous avez obtenu parfois ce à quoi vous vouliez échapper, vous avez pu constater l'importance de focaliser votre attention sur ce que vous voulez vraiment, et la façon dont la focalisation de votre attention vous a peut-être déjà joué des tours. Connaître votre hiérarchie de valeurs aide à focaliser votre attention sur ce que vous voulez vraiment obtenir.

Hiérarchisez vos valeurs

Vos valeurs servent à vous motiver et à évaluer les résultats obtenus. À n'importe quel moment, dans un contexte donné, plusieurs d'entre elles rentrent en jeu et s'expriment. Elles s'organisent, toutefois, de manière hiérarchique.

Votre hiérarchie de valeurs vous renseigne sur le poids respectif de chacune de vos valeurs par rapport à un contexte, à une situation donnée. Connaître votre hiérarchie de valeurs vous permet de saisir ce que vous devez avoir impérativement dans votre vie, par rapport à ce que vous pouvez accepter de laisser de côté, provisoirement, au moins, pour chercher à obtenir ce qui est encore plus important pour vous.

Combien d'entre vous ont déjà eu l'occasion de présenter leurs excuses à un ami après une dispute ? Et cela, même si vous considériez avoir raison par rapport à l'objet de la dispute ? Comment vous avez fait ? Qu'est-ce qui vous a permis de présenter vos excuses ? Comment vous y êtes-vous pris ? Typiquement, vous avez trouvé plus important de préserver votre amitié que d'appuyer votre point de vue. Vous avez fait intervenir votre hiérarchie de valeurs sans avoir eu besoin de le savoir. Bien entendu, en d'autres occasions, il est possible que vous ayez choisi le contraire : vous avez décidé qu'il valait mieux être seul que mal accompagné !

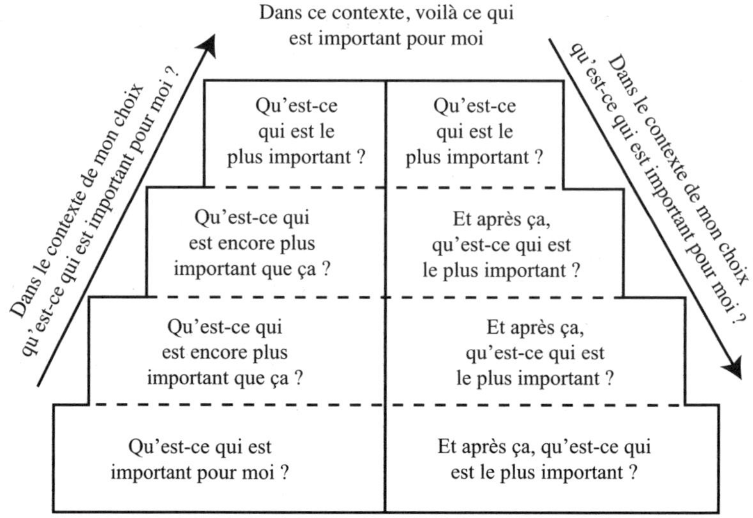

Figure 5 : Vous pouvez faire une hiérarchie de vos valeurs en montant ou en descendant les marches de la pyramide des valeurs

Une hiérarchie de valeurs n'a pas de valeur en soi, il n'y a pas une hiérarchie intrinsèquement meilleure qu'une autre. Disposer des moyens pour connaître la vôtre dans les contextes clés de votre vie, facilite la prise de décisions, encourage votre harmonie intérieure et simplifie la construction de votre avenir.

Exercice 12 : Hiérarchisez vos valeurs

Pour cet exercice, je vous invite à choisir un contexte où vous désirez explorer à la fois vos valeurs et leur hiérarchie. Vous pouvez reprendre le même contexte que celui de l'exercice précédent, si vous le désirez, et vous servir de la liste des valeurs mises au jour pour en créer leur hiérarchie.

À titre d'exemple, imaginons que vous choisissiez le contexte de votre travail, dans ce cas, demandez-vous : qu'est-ce qui est important pour moi dans mon travail ? Ou de vos loisirs, et vous vous demanderez : « Qu'est-ce que je veux en participant à telle activité sportive, artistique, intellectuelle ? »

●●●

Puisque cet exercice vous donne les moyens de mettre à jour une hiérarchie de valeurs, vous pouvez naturellement utiliser la lecture de ce livre comme exemple, auquel cas, vous vous poserez la question : « Pourquoi est-ce que je lis ce livre ? »

Maintenant que vous avez décidé du contexte à explorer, vous reprenez votre journal de bord, car vous aurez à prendre note de vos réponses. Notez le nom et le numéro de l'exercice, le contexte dont il s'agit, et prévoyez de la place pour vos réponses. Ensuite, demandez-vous : « Dans le contexte X (contexte de mon choix), qu'est-ce qui est important pour moi ? » (Par exemple, lors de mes vacances, qu'est-ce qui est important pour moi ? Il se peut que vous répondiez : me reposer, la variété d'activités, découvrir de nouveaux lieux...)

Peut-être avez-vous cinq ou six réponses d'emblée, peut-être en avez-vous trouvé moins ou plus. Ne jugez ni la quantité ni la qualité de vos réponses, simplement posez-vous de nouveau la question et notez ce que vous vous proposez cette fois-ci. Il est intéressant de répondre spontanément. Personne ne vous regarde, personne ne vous juge. Notez simplement vos valeurs dans ce contexte. (En reprenant l'exemple, la réponse peut être : ne pas partir seul, avoir des plans pour ne pas m'ennuyer, rencontrer du monde...)

Et maintenant, en laissant jouer votre intuition, classez les valeurs de la plus importante, a priori, à la moins importante. Pour cela, demandez-vous : « Dans ce que j'ai noté, quelle est la valeur la plus importante ? et ensuite ? et après ? et encore après ? » jusqu'à ce que vous ayez complété votre liste.

Maintenant, vous aller « classer » vos réponses, les comparer les unes aux autres et valider et hiérarchiser ce que vous avez noté. Pour cela, prenez les deux premières valeurs pointées comme les plus importantes et demandez-vous : « Si j'ai la première mais pas la deuxième, est-ce que ça me va quand même ? » C'est-à-dire : serai-je suffisamment satisfait, trou-verai-je assez de bénéfices en satisfaisant d'abord cette valeur, ou est-ce que la deuxième de la liste s'avère finalement plus importante ? (Par exemple, imaginons que votre classement soit, dans un premier temps, le suivant : ne pas partir seul, rencontrer du monde, me reposer, découvrir de nouveaux lieux..., vous allez comparer ces propositions par rapport à « ne pas partir seul ». Cela donnera : « Si je vais rencontrer du monde mais que je dois partir seul, est-ce que le choix de ces vacances me conviendra quand même ? » et ainsi de suite. Vous pouvez continuer à comparer vos valeurs entre elles pour mettre au jour votre hiérarchie et la noter.

Ayant terminé l'exercice, vous pourrez vous remémorer la manière dont vous vous êtes déjà servi de cette hiérarchie, en vous rappelant comment vous avez fait un choix spécifique dans le contexte retenu. Vous remarquerez comment vos valeurs s'expriment dans ce contexte précis. Cet exercice pourra vous fournir aussi des pistes à explorer dans d'autres contextes de votre vie, car nous exprimons naturellement nos valeurs dans tous nos domaines de vie.

Vos domaines de vie : où passez-vous votre temps ?

Les domaines de vie[8] représentent des environnements relationnels où vous investissez du temps et de l'énergie. Réfléchir sur vos domaines de vie, c'est répondre à la question : « Où passez-vous votre temps ? »

Il y a cinq domaines de vie :
- le domaine personnel ;
- le domaine du couple ;
- le domaine de la famille ;
- le domaine professionnel ;
- le domaine social.

Le domaine personnel, c'est le temps passé pour vous-même. Pour certains, c'est le jogging ou la gym, pour d'autres, la pratique de la méditation, ou la lecture, ou la fréquentation d'amis personnels. L'important, c'est un temps pris pour vous-même et pour personne d'autre. Que faites-vous pour vous ; combien de temps vous consacrez-vous ?

Le domaine du couple, c'est le temps passé dans votre couple et pour votre couple. Pour certains, c'est un week-end en amoureux, pour d'autres, c'est faire le marché ensemble le samedi matin, parce que des amis viennent dîner le soir, ou profiter de ce jour de repos et rester au lit ensemble plus longtemps. L'important, c'est de remarquer ce que vous faites, pour vous en tant que membre du couple. Combien de temps accordez-vous à votre couple ?

8. Pour une discussion plus approfondie des domaines de vie, voir *9 bonnes façons de construire sa vie adulte, op. cit.*

Le domaine de la famille, c'est le temps passé dans et pour votre famille, que ce soit votre famille d'origine, votre famille nucléaire, votre belle-famille… Pour certains, ce sont les vacances passées dans la maison familiale, pour d'autres, partager le déjeuner du dimanche, ou prendre en charge les petits-enfants pour laisser souffler les parents, ou encore organiser des réunions avec les amis de chacun. L'important, c'est de prendre acte de ce que vous faites pour vous, en tant que membre de la famille. Combien de temps vous octroyez-vous pour être présent auprès de votre famille ?

Le domaine professionnel, c'est le temps passé dans et pour votre profession, votre travail. Cela englobe aussi bien le temps sur votre lieu de travail, que le temps mis pour y aller, que le temps consacré à la maison. C'est aussi le temps que vous passez avec vos amis de travail. L'important, c'est de vous apercevoir de ce que vous faites pour votre travail, pour votre profession. Combien de temps allouez-vous à votre vie professionnelle ?

Le domaine social, c'est le temps passé à remplir votre rôle de citoyen dans la cité. Pour certains, c'est trier les ordures ménagères, recycler les journaux et le verre, pour d'autres, c'est participer à une association 1901, faire du bénévolat, militer pour une bonne cause, un syndicat ou un parti politique. L'important pour vous, c'est de mener cette action en tant que citoyen, conscient de son environnement social. Combien de temps attribuez-vous à ce domaine ?

Domaines de vie et valeurs

Dans la mesure où vous souhaitez satisfaire vos valeurs dans vos activités pour chacun des domaines de vie, examiner votre manière de les satisfaire actuellement va vous aider à prendre des décisions concernant votre avenir. Si ce que vous faites actuellement vous satisfait, continuez. En revanche, si ce que vous faites ne vous satisfait pas, faites autre chose. Le premier pas dans une nouvelle direction consiste à savoir où vous en êtes à l'instant. L'exercice suivant vous fournit des moyens de faire le point sur la satisfaction de vos valeurs dans vos domaines de vie.

Exercice 13 : Validez vos valeurs dans chacun de vos domaines de vie

Cet exercice se déroule en trois temps : je vous invite à 1) explorer les valeurs qui sont les vôtres dans vos différents domaines de vie ; 2) en vérifier le degré de satisfaction que vous y trouvez ; 3) réfléchir sur ce que vous désirez maintenir et/ou transformer dans votre vie.

Pour vous simplifier la tâche, il semble préférable d'explorer un de vos domaines de vie à la fois.

Installez-vous confortablement. Ouvrez votre journal de bord à une page vierge ; vous y noterez le numéro et le nom de l'exercice. Choisissez le domaine de vie par lequel vous souhaitez commencer, le domaine personnel, par exemple. Inscrivez-le sur votre feuille, puis, demandez-vous : « Qu'est-ce qui est important pour moi dans mon domaine de vie personnel ? »

Notez vos réponses.

Deuxièmement, posez-vous la question suivante : « Sur une échelle de 1 à 10, où 1 est le minimum et 10 le maximum de satisfaction, à combien est-ce que j'évalue la satisfaction actuelle de chacune de mes valeurs, et à combien j'évalue ma satisfaction globale de ce domaine de vie ? »

Notez vos réponses.

Et ensuite, interrogez-vous : « Compte tenu de mes réponses, si je n'avais aucune restriction, si je pouvais tout faire, qu'est-ce que je ferais pour maintenir ou augmenter mon niveau de satisfaction, autant celui de mes valeurs spécifiques que celui de ma satisfaction globale ? »

Notez vos réponses.

Continuez à explorer vos domaines de vie et à noter vos réponses. Vous pouvez remarquer la présence de certaines de vos valeurs dans plusieurs de vos domaines de vie. Ce sont sans doute des valeurs importantes à ce moment de votre vie. Prenez note de votre manière de les satisfaire en inscrivant dans votre journal les activités qui vous permettent de les remplir.

Plus vous disposerez de moyens pour satisfaire vos valeurs, plus vous vous en servirez et plus vous serez satisfait de votre vie. Il importe de les revisiter régulièrement, ainsi que les moyens mis en œuvre, car, dans la mesure où tout système est vivant, vos valeurs changent à travers le temps. Deux qualités importantes aident à fixer des objectifs et à les atteindre pour construire votre avenir : remarquer et apprécier en quoi ce changement est un signe de discernement et de flexibilité.

Dans ce chapitre, vous avez mis au jour les moyens privilégiés pour vous motiver, en fonction de vos valeurs et de leur hiérarchie. En découvrant vos domaines de vie, là où vous passez votre temps, vous avez validé les valeurs spécifiques de chacun des domaines ainsi que les moyens de combler les besoins relevant de ces valeurs.

Dans le chapitre suivant, vous apprendrez à fixer des objectifs SUPER: des objectifs qui respectent et reflètent vos valeurs, vous donnent l'envie et les moyens de les atteindre.

7

Objectifs : l'intérêt de s'en fixer et savoir les définir

Se fixer des objectifs qui donnent envie de les atteindre facilite grandement leur réalisation : vous n'avez pas l'impression de faire un effort pour que vos souhaits s'accomplissent et que vos vœux soient exaucés : cela se fait tout seul. Et cela se vérifie, si vous avez déterminé des objectifs selon les bons paramètres, les paramètres qui font de n'importe quel objectif, un véritable objectif SUPER. Pour cela, voyons d'abord l'utilité d'une telle démarche.

Qu'est-ce qu'un objectif ? À quoi ça sert ? Pourquoi en définir ?

Dans *Le Nouveau Dico PNL*[9], nous avons défini l'objectif ainsi : « résultat anticipé dont on prend la responsabilité ». Le *Petit Robert* propose : « but à atteindre ». Dans les deux cas, on insiste sur le fait que l'objectif à atteindre se situe dans l'avenir. S'il est déjà atteint, ce n'est plus un objectif, c'est une réalisation.

À quoi servent des objectifs ? Il semble effectivement inapproprié de parler d'objectif au singulier, puisque vous en avez toujours plusieurs en cours dans vos différents domaines de vie. Les objectifs orientent vos activités et vos actions, et créent une direction dans votre vie. Par exemple, si vous avez déjà eu l'impression que votre travail, votre couple, votre vie n'avaient plus de sens, demandez-vous ce que ce mot veut dire. Deux définitions existent : direction et signification. Si vous dites que votre travail, votre couple ou votre vie n'a plus de sens, vous êtes, effectivement, en train de parler de deux choses différentes. Premièrement, vous dites ne plus percevoir de direction, ne plus savoir où aller, avoir perdu votre voie et, deuxièmement, que la signification attribuée ou trouvée à votre travail, à votre couple, à votre vie, a changé sans que vous ne le sachiez, sans que vous ne l'ayez remarqué auparavant. Dans les deux cas, il vous manquerait une nouvelle direction vers laquelle vous orienter et une nouvelle signification à accorder à votre vécu.

Les objectifs vous donnent une direction, vos valeurs vous fournissent du sens, de la signification, une raison d'être. C'est pour vous diriger sur le chemin de la vie que vous fixez des objectifs, c'est pour prendre en main votre futur et construire votre avenir. Les objectifs fournissent également des points de repère en fonction desquels déterminer votre route ainsi que des moyens d'évaluation pour mesurer la distance déjà parcourue, par rapport à celle qu'il vous reste à franchir.

Pour vous aider à fixer des objectifs qui vous donnent envie de les atteindre et de faciliter leur réalisation, vous devez respecter quelques

9. *Le Nouveau Dico PNL, op. cit.*, voir la bibliographie.

critères comme leur précision, leur contexte, leur bénéficiaire, leur positivité, leur adéquation et leur faisabilité. Ils correspondent à l'acronyme SUPER, pour mettre à jour et atteindre de SUPER objectifs comme nous le rappelons dans l'encadré ci-après.

Un objectif super est spécifique et contextualisé...

Un objectif existe dans un contexte donné, il n'existe pas tout seul, sans aucun ancrage dans votre vie. Un objectif formulé sans contexte de réalisation est forcément voué à l'échec. Car, c'est comme si vous envoyiez une lettre, en omettant d'inscrire le nom du destinataire, son adresse et l'adresse de l'envoyeur. Elle ne pourra ni partir ni revenir et restera, de ce fait, lettre morte. Faute de savoir où ils sont censés la porter, les postiers la mettront de côté, un temps, au cas où l'envoyeur viendrait la réclamer. En attendant, vous aurez écrit pour rien.

Des super objectifs

Un *SUPER* objectif par définition est :
*S*pécifique et contextualisé ;
*U*niquement pour soi ;
*P*ositif ;
*E*ngageant et écologique ;
*R*éaliste, réalisable et représenté avec des résultats reconnaissables par autrui.
Fixez-vous des objectifs qui vous donnent envie de les atteindre !

En contextualisant votre objectif, vous lui fournissez une adresse ; vous vous indiquez où, dans votre vie, vous allez le réaliser, dans quels contextes vous allez prouver l'avoir atteint, et, parallèlement, dans quels contextes et auprès de qui, vous ne souhaitez pas démontrer votre réussite. Vous lui attribuez également un délai de réalisation avec une date de début et de fin. Votre objectif se trouve inscrit dans le temps aussi bien que dans l'espace. Il a bien un début et une fin inscrits dans un contexte particulier.

Un objectif se doit d'être spécifique, il doit comporter suffisamment d'indications sur ses caractéristiques, assez de précisions sur ses spécificités, pour ne pas se confondre avec une autre finalité. Imaginons de nouveau que vous envoyiez une lettre sur laquelle vous mettez seulement le nom de famille, le numéro de la rue, le code postal et le nom de la ville. Imaginons que le destinataire porte le même nom de famille que d'autres personnes de sa résidence ou d'autres habitants de sa rue. Si votre lettre arrive à bon port, elle aura été retardée, car le manque de précision lui a été préjudiciable.

… Uniquement pour soi …

Pour vous fixer des objectifs SUPER, vous devez reconnaître que ce que vous faites, vous le faites pour vous-même, et pour personne d'autre. Vous agissez en fonction de ce qui est important pour vous, de ce qui compte à ce moment de votre vie. Ce faisant, vous prenez une position autonome et indépendante, vous êtes capable de comprendre et d'apprécier l'impact de vos désirs et objectifs sur votre entourage, et inversement. C'est pour cette raison que vous avez à fixer des objectifs uniquement pour vous, et à vérifier à quel point la réalisation de l'objectif ne dépend que de vous. Fixer des objectifs uniquement pour soi n'exclut pas la participation d'autres personnes dans leur réalisation, dans la mesure où vous prenez la responsabilité de vos choix.

Fixer des objectifs uniquement pour soi signifie, en fait, que vous ne les acceptez pas si vous ne les avez pas faits vôtres. Imaginons qu'enfant vous ayez suivi des leçons de piano uniquement à la demande de papa et maman, il y a fort à parier que vous vous êtes alors rendu aux cours pour leur faire plaisir ou pour qu'ils vous fichent la paix. Mais si, plus tard, vous avez compris que le solfège vous ouvrait les portes de toutes sortes de musiques et d'instruments, si un jour vous avez pris la décision d'apprendre le piano pour vous, rien que pour vous, alors vous avez adopté cet objectif précisément, vous y avez adhéré, vous l'avez fait vôtre.

À la date d'aujourd'hui, il n'y a aucune raison que vous ne rencontriez pas des situations analogues à celle de vos leçons de piano, des situations dans lesquelles « on » a des objectifs pour vous. Et c'est légitime, car c'est réciproque, n'est-ce pas ? Vous avez bien des objectifs pour les autres. Mais, pour ceux-là vous n'avez aucune certitude quant à leur réalisation. Vous pouvez donc vous contenter d'objectifs uniquement fixés pour vous-même et vous aurez toutes les chances de les réaliser.

... Positif ...

Un objectif se doit d'être formulé positivement : en clair, vous dites ce que vous voulez obtenir, non pas ce que vous voulez éliminer ; vous formulez ce à quoi vous voulez accéder et non pas ce à quoi vous souhaitez échapper. En effet, vous le savez déjà, l'énergie emprunte le chemin de l'attention. Là où vous placez votre attention, vous allez dépenser votre énergie. Et pour pouvoir faire ce que vous dites, exprimez ce que vous comptez faire, en fixant votre objectif dans un langage positif.

Vous êtes de nouveau confronté à une question de vocabulaire. Pour formuler positivement un objectif, il est nécessaire de faire la chasse aux négations. Vous allez facilement dépister et éliminer les « ne pas », « ne plus », « ne que » et les « jamais » dans la formulation de vos objectifs, mais vous aurez aussi à mettre de côté des verbes tels que : éliminer, arrêter, stopper, cesser, réduire, diminuer, raccourcir, abréger... dans la mesure où ce que vous vous représentez, ce que vous voyez dans l'œil de votre esprit n'est pas ce que vous désirez réellement.

En effet, si vous vous dites : « Je ne veux pas manger autant afin de réduire mon poids », tout se passe comme si ce que vous avez entendu c'était « manger » car vous vous représentez ce que vous mangez lorsque vous « mangez autant », et non pas ce que « ne pas manger autant » veut dire. De la même manière qu'il s'agit de prendre les mots de la motivation au pied de la lettre, pour décider de rechercher ou d'éviter les valeurs en jeu, il faut prendre les sens de l'objectif littéralement pour en apprécier toute sa richesse, et décider s'il est effectivement formulé positivement ou non.

... Engageant et écologique et ...

Un objectif se doit d'être engageant s'il veut pouvoir vous attirer, vous séduire, vous donner envie de l'atteindre. Il doit effectivement être suffisamment attractif pour vous motiver à faire les pas nécessaires pour l'obtenir. Sinon, pourquoi le poursuivre ?

Un objectif se doit aussi d'être écologique. L'écologie, c'est ce qui permet de respecter l'équilibre naturel et acquis d'un système. Tout objectif est un objectif de changement il s'atteint dans l'avenir et vise un état futur pas encore actualisé. De ce fait, il importe de tenir compte des besoins et des exigences des autres membres du système, afin de respecter à l'avenir l'équilibre évolutif d'aujourd'hui.

Le paramètre d'écologie souligne deux versants d'un même phénomène : l'écologie interne et l'écologie externe. L'écologie interne vous renvoie sur vous-même en tant que système vivant. Un objectif doit cadrer avec vos valeurs, ce qui est important pour vous, et avec vos croyances, vos certitudes personnelles ; il doit correspondre à vos aspirations et vous faire envie, vous tirer vers le haut et vous faire sentir encore plus en harmonie avec vous-même. Bien sûr tout changement est bouleversant, c'est une question d'adaptation et de temps ; entre l'évolution et la révolution, il y a une différence. Un objectif écologique encourage une évolution, il vous aide à évoluer harmonieusement, à cheminer à votre rythme, à votre manière.

L'écologie externe renvoie à l'équilibre des systèmes vivants auxquels vous participez. Vos domaines de vie contiennent de nombreux systèmes auxquels vous appartenez ; certains d'entre eux sont tangibles et d'autres ne le sont pas : votre famille, votre couple, votre religion, votre lieu de vie, votre profession, votre tendance politique, votre orientation sexuelle, etc., représentent autant de systèmes dont vous êtes membre et dont vous devez tenir compte. Dans la plupart des cas, cela se fait tout seul. Vous n'avez pas à vous en préoccuper car vos habitudes vous encouragent à désirer ce qui reste dans les limites du relativement familier. Quid en revanche d'un mariage mixte, d'un divorce, d'un changement d'orientation professionnelle, alors que dans votre famille, c'est le premier né qui reprend la direction de l'entreprise familiale depuis sa création et que personne n'a jamais divorcé jusqu'à présent, etc. ?

La question de l'adaptation et de l'adaptabilité du système se pose aussi pour l'écologie externe. Vous avez sûrement déjà eu l'occasion d'observer un jeune enfant dont la mère a changé de coiffure. Vous avez vu comment à ses yeux elle est subitement devenue une étrangère, puis en s'habituant à son nouveau « look », comment, à nouveau, il l'a reconnue et appelée « Maman ».

Laissons du temps au temps effectivement ; il a un rôle à jouer comme vous le remarquerez au travers du dernier paramètre d'un SUPER objectif : réaliste, réalisable et représenté.

... Réaliste, réalisable et représenté avec des résultats reconnaissables par autrui

Un objectif se doit d'être réaliste, réalisable et représenté. Il doit comporter des résultats reconnaissables par d'autres personnes. Un objectif doit correspondre à ce qui est raisonnablement possible pour vous, compte tenu de vos contraintes de temps et de moyens ; il doit aussi être représenté de façon à savoir où vous en êtes dans sa réalisation et vous fournir les moyens de savoir quand vous l'avez atteint ; il présuppose également le partage avec autrui. Dans la mesure où il est important que d'autres puissent savoir que vous avez atteint votre objectif sans avoir besoin de leur dire, sans le clamer haut et fort, il importe de savoir comment les autres vont détecter le changement que vous avez effectué, et comment vous saurez qu'ils l'ont remarqué.

La représentation d'un objectif est, elle, objectivable, alors que les paramètres « réaliste, réalisable et reconnaissable » demeurent personnels, subjectifs. Ce qui est réaliste pour vous peut représenter une tâche herculéenne pour le voisin et vice-versa. Pour cette raison, il est important de réfléchir à ces notions, en prenant en compte le temps et les moyens dont vous disposez actuellement pour réaliser votre objectif. Il importe aussi de noter qui reconnaîtra les résultats de vos efforts et comment vous le saurez, car en ce qui concerne le paramètre « reconnaissable », vous êtes la personne la mieux placée pour savoir qui est susceptible de remarquer le changement, et comment il ou elle vous en fera part ce qui concerne le paramètre « reconnaissable », vous êtes la personne la mieux placée pour savoir qui est susceptible de remarquer le changement, et comment il ou elle vous en fera part.

Avoir une représentation de votre objectif est crucial ; sinon, comment saurez-vous, premièrement, ce que vous recherchez, et, deuxièmement, quand vous l'aurez trouvé ?

Comment faire pour vous représenter votre objectif ? En fait, de la même façon dont vous vous représentez n'importe quoi d'autre dans votre expérience, au travers de vos cinq sens : la vue, l'ouïe, l'odorat, le goût et le toucher.

La PNL, démarche de modélisation de l'expérience humaine, remarque que nous nous servons de nos cinq sens pour capter et nous représenter les informations venues du monde environnant. Schématiquement, nous nous servons de la vue, de l'ouïe, de l'odorat, du goût et du toucher pour percevoir et nous représenter notre expérience. Naturellement, nous n'avons pas seulement accès à ce qui nous est extérieur, nous observons également ce qui se passe à l'intérieur de nous, à l'intérieur de notre tête et à l'intérieur de notre corps. En fait, nous utilisons nos cinq sens pour capter les informations internes ou externes aussi bien que pour nous représenter ce que nous avons capté.

Pour vous faciliter l'atteinte de votre objectif et vous fournir les moyens d'en évaluer le degré de réalisation, je vous inviterai à vous servir des questions clés proposées un peu plus loin ; pour l'instant, vous pouvez passer en revue des objectifs déjà réalisés. Cela vous offrira l'opportunité de vous familiariser davantage avec les paramètres permettant de formuler vos objectifs et construire votre avenir.

Exercice 14 : Apprenez à évaluer vos objectifs

Vous vous êtes sûrement déjà fixé des objectifs. Pas de manière formelle ni même systématique, mais cette pratique vous est familière.

●●●

Dans cet exercice, je vous invite à évaluer la manière dont vous les avez formulés en passant en revue quelques-uns d'entre eux déjà obtenus. Vous pouvez ensuite réfléchir à d'autres objectifs, ceux non aboutis, et ceux que vous avez abandonnés en cours de réalisation sans pour autant y avoir renoncé, l'intérêt étant de comparer ce que vous avez fait dans les différents cas. Notez dans votre cahier ce que vous retrouvez sur la manière dont vous avez déjà appliqué et mis en pratique les paramètres d'un objectif SUPER. De cette façon, vous mettrez en relief l'intérêt de la systématisation de cette pratique, les paramètres dont vous semblez tenir compte naturellement, et ceux auxquels vous devriez prêter davantage attention.

Cet exercice se compose de deux parties. Je vous invite à vous servir de votre Ligne du Temps dans la première partie, pour mettre au jour des souvenirs (trois ou quatre) qui vous permettront de comprendre et d'évaluer les stratégies dont vous vous êtes servies jusqu'à présent pour fixer des objectifs et les réussir. Dans la seconde partie, sans nécessairement flotter au-dessus de votre Ligne du Temps, vous pouvez vous rappeler quelques objectifs « non-aboutis », partiellement réussis, et quelques autres que vous avez laissés de côté sans nécessairement y avoir renoncé. Ainsi vous découvrirez les paramètres d'un objectif SUPER.

Et maintenant, prenez quelques instants pour vous installer confortablement. Et tout en remarquant l'organisation actuelle de votre Ligne du Temps, vous pouvez marquer l'instant présent comme vous savez déjà le faire ; vous pouvez le marquer d'une couleur, d'une image, d'un son, d'une sonorité, ou même d'une sensation. Puis vous pouvez vous laisser détacher de votre Ligne du Temps pour « flotter » au-dessus d'elle pour simplement vous laisser flotter au-dessus de votre Ligne du Temps… Libre et libéré de toutes contraintes temporelles vous vous retrouvez dégagé et détaché… Et vous pouvez flotter plus haut pour vous trouver à une distance de votre Ligne qui soit confortable pour vous, qui vous convienne… Et lorsque vous serez à une hauteur qui vous convient, à une distance confortable, vous pouvez vous laisser flotter au-dessus de votre Ligne du Temps vers le passé, flottant simplement confortablement au-dessus de votre Ligne en allant vers le passé… en invitant la partie de vous qui sait comment vous laisser retrouver des moments où vous vous êtes fixé un objectif que vous avez fait aboutir, des expériences pendant lesquelles vous avez décidé d'un but que vous avez réalisé, et cela, facilement, aisément…

Vous pouvez tout simplement vous demander de retrouver des moments, des expériences, des évènements dans lesquels vous vous êtes fixé un but, vous vous êtes donné un objectif que vous avez réalisé. Et de cette façon, vous pouvez découvrir qu'il s'agit des situations de vie très simples : des vacances réussies, des sorties que vous avez particulièrement appréciées, des soirées, des fêtes…

●●●

●●●

Il est possible aussi que les souvenirs que vous vous proposiez relèvent d'expériences, d'évènements qui se sont déroulés sur une certaine période, qui ont duré un certain temps, qui ont nécessité un engagement au plus long cours..., et cela, tout simplement en flottant au-dessus de votre Ligne du Temps vers le passé. Il est possible que vous descendiez dans votre Ligne pour redécouvrir des situations que vous avez vécues de l'intérieur, pour les expérimenter de nouveau et les remémorer encore ; il est également possible que vous retrouviez simplement des informations des objectifs que vous avez réalisés, en vous laissant vous retrouver juste au-dessus des évènements en question, au-dessus de votre Ligne du Temps. Quel que soit le moyen choisi, que vous revisitiez les souvenirs ou que vous les remémoriez, vous pouvez stocker les apprentissages positifs que vous avez faits à ces moments précis et précieux, vous pouvez stocker les apprentissages positifs dans le lieu que vous réservez aux apprentissages, pour vous souvenir de la manière dont vous avez fixé et réalisé vos objectifs, pour vous rappeler la manière dont vous avez fait aboutir vos projets. Et vous pourrez considérer de nouveau vos objectifs, vos buts, vos projets et y réfléchir encore à la fin de l'exercice, dans quelques instants, lorsque vous serez revenu à l'instant présent, lorsque vous serez revenu à l'ici-maintenant. Et en ayant retrouvé quelques expériences d'objectifs réalisés, trois ou quatre ou cinq, en ayant pris le temps de les stocker dans le lieu que vous avez réservé à vos apprentissages, vous pouvez vous laisser de nouveau flotter au-dessus de votre Ligne du Temps pour revenir vers l'instant présent, pour vous retrouver juste au-dessus de l'instant présent et vous y installer de nouveau pour vous retrouver ici et maintenant.

Maintenant, en appliquant le principe de l'auto-bienveillance et de la discipline, notez dans votre journal des objectifs des trois catégories : réalisés, réalisés partiellement, laissés de côté. Passez les objectifs réalisés en revue au regard des paramètres d'un objectif SUPER. Comment avez-vous respecté ces paramètres ? Qu'avez-vous fait pour cela ? Faites-en autant pour deux ou trois objectifs non-aboutis tout en gardant présents à l'esprit les paramètres d'un objectif SUPER : *S*pécifique et contextualisé ; *U*niquement pour soi ; *P*ositif ; *E*ngageant et écologique ; *R*éaliste, réalisable, représenté et reconnaissable par autrui. Lesquels des paramètres se trouvent mis en exergue ? Lesquels sont absents ou tronqués ? Prenez-en note, toutes vos réponses vous serviront ultérieurement.

En répondant à ce type de questions, vous mettez à jour vos facilités et vos difficultés à fixer et à réaliser des objectifs. D'autres questions, spécifiques à chacun des paramètres, vous encourageront à distinguer entre un objectif et un vœu pieu, et vous aideront à répondre à la question : Qu'est-ce que je veux vraiment construire pour ma vie et mon avenir ?

Exemples

Tous les paramètres d'un objectif SUPER sont à respecter car lorsqu'on en néglige un, l'obtention du but visé est retardé ou empêché.

Jennifer a réussi des études supérieures et décroché un premier poste correspondant à ses diplômes. Quelques années après, la voici en plein questionnement sur son avenir, engagée dans une démarche de coaching.

Une question à laquelle elle n'arrive pas à répondre la trouble particulièrement : « Pour quand voulez-vous avoir trouvé un nouveau poste ? ». La prise de conscience s'en suit : il y a déjà 2 ans le délai se fixait à « dans 6 mois ». Elle prend conscience que ce laps de temps a fonctionné comme une « période d'essai » renouvelable et renouvelée sans cesse à son insu. Préciser une date à la place d'une échéance lui a permis de respecter le paramètre « Spécifique » et de réaliser son objectif de changement en temps voulu.

François savait bien ce qu'il voulait cesser, arrêter, lâcher, laisser tomber ; ce dont il voulait se débarrasser, se défaire, éliminer de sa vie, etc. Et cela faisait un moment. Néanmoins, savoir ce qu'il ne voulait plus ne l'aidait pas à mettre au jour ce qu'il voulait actuellement. Pour l'aider à formuler un objectif « Positif » il a fallu garder le cap et revenir à la charge à plusieurs reprises en l'invitant à mettre à l'épreuve divers scénarios : « Imaginons que vous n'ayez plus... qu'est-ce que vous aurez à la place ? Est-ce que c'est cela que vous voulez obtenir ? Lorsque vous vous serez débarrassé de... à quoi le saurez-vous ? Qu'est-ce qui aura changé dans votre vie lorsque vous aurez éliminé... ? » et ainsi de suite. La patience et la persévérance ont fini par payer et François a commencé à entrevoir des nouvelles options qu'il a pu choisir de concrétiser par la suite.

Jean-Paul voulait faire ce qu'il y avait de mieux pour sa femme et ses enfants, au point où l'idée même d'envisager un objectif « Uniquement pour soi » le dérangeait. Ayant compris que « pour soi » ne signifiait nullement « contre les autres » il a découvert comment respecter ce paramètre l'aidait à tenir compte des besoins et des envies des membres de sa famille, ce qui lui a fait apprécier aussi comment son objectif était « Écologique ».

Zoé une jeune femme de 17 ans est vive et quelque peu dissipée. C'est sa mère qui me l'envoie, souhaitant que Zoé qui passe le Bac dans 4 mois acquière une méthodologie de travail scolaire et des moyens efficaces pour gérer le stress. Zoé veut faire des études à l'étranger l'année prochaine pour devenir médecin, mais, à part le sport et le chant, rien ne l'intéresse vraiment au lycée. Quel est son niveau général ? Dans quelles matières est-elle forte ? Faible ? Elle me dit avoir une moyenne générale de 7. Je crains fort que l'objectif fixé par la mère ne soit ni « Réaliste » ni « Réalisable » et je le partage avec celle-ci. Qui plus est, même si « passer le Bac » ne dépend que du candidat, le réussir est fonction des évaluations des examinateurs. Pour que cet objectif tienne la route, pour que les critères d'un objectif SUPER soient respectés il faudrait que Zoé et sa mère revoient chacune leur copie.

Objectif : mettre en pratique les cinq paramètres super !

Combien d'entre vous n'ont jamais fait de vœux pieux ? Aucun, sans doute. Nous savons tous que les bonnes résolutions prises à la nouvelle année, les résolutions auxquelles on croit à l'instant, tomberont assez rapidement dans les oubliettes. Demandez-vous pourquoi et vous vous répondrez vraisemblablement que vous ne vouliez pas tant que ça le résultat, sinon, vous auriez maintenu votre résolution, vous auriez respecté vos vœux pieux, pour les transformer en objectifs, puis en réalisations. Et s'il y avait autre chose à l'œuvre qu'une simple histoire de désir ? Car, il y a d'autres éléments en jeu : les paramètres d'un objectif SUPER.

À chacun des paramètres correspondent une ou des questions qui facilitent la mise au jour de l'objectif. Il suffit de passer le vôtre au crible, et de vérifier si vous avez des embûches particulières à éviter, si vous devez réajuster l'objectif pour le rendre accessible, ou s'il vous reste simplement à passer à l'action pour le réaliser.

Spécifique et contextualisé : où, quand, comment ?

Un objectif est considéré spécifique, si vous avez mis suffisamment de caractéristiques en évidence pour ne pas le confondre avec un autre. Si vous avez déjà fréquenté des jumeaux identiques, vous savez, ô combien, il est important de pouvoir reconnaître qui est qui, et de disposer de moyens pour les identifier. Vous avez besoin de disposer d'autant de discernement, en ce qui concerne la spécificité de votre objectif.

Afin de vous en assurer, mettez au jour des éléments pour le rendre identifiable entre mille. Pour cela, servez-vous de vos cinq sens, car la spécificité de votre objectif dépend aussi de votre capacité d'observation. Vous devez vous trouver des moyens pour le reconnaître bel et bien comme le vôtre, tel que vous l'avez imaginé, c'est-à-dire conforme au dernier paramètre d'un objectif SUPER : représenté. Toutefois, la question clé pour vérifier la spécificité d'un objectif est tout simplement : quoi ?

Vous allez effectivement vous poser une question comme : « Qu'est-ce que je veux ? Qu'est-ce que je désire précisément, spécifiquement ? »

Pour vérifier que votre objectif est contextualisé, il doit répondre à deux questions clés : où et quand. Vous vous demanderez : « Où, dans quels contextes de ma vie est-ce que je souhaite montrer avoir atteint mon objectif ? Dans quels domaines de vie est-ce que je veux avoir atteint mon objectif ? Quand est-ce que je veux l'avoir atteint ? » Et, le corollaire de ces questions : « Avant quelle date est-ce que je ne veux pas avoir atteint mon objectif ? Dans quels contextes de ma vie est-ce que je ne souhaite pas montrer que j'ai atteint mon objectif ? Dans quels domaines de vie est-ce que je ne désire pas démontrer que je l'ai réalisé ? Avant quelle date est-ce que je ne veux pas l'avoir atteint ? »

Le paramètre « spécifique et contextualisé » vous invite à nuancer votre réflexion. Proscrivez les mots qui renvoient à des « absolus, invariants » tels que « partout, toujours, jamais » car ils ne sont pas précis. Ils ne permettent pas de délimiter les champs d'expérience et d'action nécessaires pour fixer efficacement un objectif.

Uniquement pour soi : pour qui, par qui, avec qui ?

Bien que de prime abord ce paramètre semble évident, il est intéressant de vous y attarder quelques instants, car voici les questions auxquelles vous êtes amené à répondre pour le respecter : pour qui, par qui, avec qui ? Autrement dit, même s'il est important que votre objectif soit vraiment le vôtre, et réellement pour vous, vous ne vivez pas en autarcie, vous n'êtes pas seul au monde et ce questionnement le souligne. C'est *votre* objectif, certes, mais jusqu'à quel point sa réalisation dépend-elle de vous uniquement ?

En vous posant la question : « Pour qui je veux réaliser cet objectif ? », je vous invite à vérifier que c'est bien pour vous que vous souhaitez le réaliser : ce n'est ni pour votre partenaire de vie, votre patron, vos parents, ni pour votre image de marque personnelle ou professionnelle, c'est pour vous que vous voulez le réaliser, cet objectif et uniquement pour vous.

Et, dans la mesure où vous n'êtes pas tout seul, il est intéressant de considérer des partenaires, des alliés, sur qui vous pouvez compter, et avec lesquels vous devez compter aussi. Par exemple, si vous voulez acheter un logement, vous aurez probablement besoin d'un prêt bancaire. L'obtenir ne dépend pas uniquement de vous. Il dépend d'une multitude de paramètres que vous ne maîtrisez pas. Mais, si vous considérez chaque étape de l'obtention du prêt comme un objectif en soi, vous découvrirez rapidement où se trouve votre pouvoir d'influence et d'impact, et cela vous donnera les moyens de différencier ce qui ne dépend pas de vous, de ce qui ne dépend que de vous, même si d'autres sont concernés par votre objectif dans son ensemble. Posez-vous alors les questions : « Pour qui je veux réaliser mon objectif ? Par qui je veux que mon objectif soit réalisé ? Avec qui je veux réaliser mon objectif ? »

Positif : à la place de ce que vous ne voulez pas, que voulez-vous ?

Dites ce que vous voulez obtenir et non pas ce que vous ne voulez pas, ou ne voulez plus dans votre vie. Parfois, peut-être souvent, il vous est arrivé de vous trouver dans une situation où vous vous êtes entendu dire : « N'importe quoi sauf ça ! N'importe quoi sauf ce que je suis en train de vivre là ! » Le problème, c'est qu'avec un discours pareil, c'est exactement ce que vous risquez d'obtenir : n'importe quoi ! Et parce que vous n'êtes pas n'importe qui, vous ne méritez pas n'importe quoi ; vous méritez bien mieux que ce que le hasard pourrait vous apporter en choisissant à votre place. Mais contrairement au Père Noël, à qui vous pouvez toujours adresser vos vœux quelque part au pôle Nord, le hasard, lui, est sans domicile fixe : SDF depuis toujours.

Alors, quand vous vous entendez dire : « N'importez quoi sauf ça ! » ou « Ce que je ne veux plus c'est... » ou encore : « Ce que je veux éviter c'est... », posez-vous tout simplement des questions telles que : « Qu'est-ce que je veux à la place ? Si je n'avais pas ce que je veux éviter, qu'est-ce que j'aurais ? »

Bien entendu, il est tout à fait possible que vous ayez présenté un objectif formulé positivement en réponse à la première question :

« Qu'est-ce que vous voulez ? » Tant mieux. Les questions proposées ici le sont pour deux raisons : 1) pour les cas où votre objectif ne serait pas positif du premier coup, afin que vous puissiez disposer de moyens pour le transformer ; 2) pour les formulations dont vous n'êtes pas sûr, de l'ordre de : « Je veux arrêter de... » ou « Je veux éliminer... » telle habitude, par exemple. Ces questions vous fournissent les moyens de positiver votre objectif et faciliter son obtention.

Engageant et écologique : étudiez les pertes et profits

Dans un des derniers exercices, je vous ai invité à vérifier vos méthodes de motivation personnelles à travers l'évaluation de vos valeurs. Vous avez pu examiner les moyens utilisés habituellement pour vous motiver, pour vous mettre en route vers un objectif.

Afin d'examiner et valider votre engagement envers l'objectif donné, il importe de réfléchir aux peurs et aux attraits, à ce qui vous attire et à ce que vous redoutez, à ce que vous comptez obtenir et à ce que vous craignez d'avoir à abandonner, voire à renoncer. Vous avez, en somme, à étudier les pertes et profits escomptés par l'atteinte de votre objectif.

Pour cela, quelques questions vous faciliteront la tâche : « En atteignant mon objectif, qu'est-ce que je gagne ? Qu'est-ce que je perds ? » Vos réponses ne sont pas censées vous faire abandonner votre choix ; elles visent à vérifier ce à quoi vous devez être vigilant en poursuivant votre chemin, pour éviter des pièges ou des embuscades que vous vous serez vous-même tendus, sans vous en rendre compte. Ces questions permettent également de vérifier l'écologie de l'objectif que vous vous proposez, dans la mesure où les notions de gain et de perte touchent à tout ce qui vous concerne et recouvrent tous vos domaines de vie.

Une autre option, pour valider votre engagement et aiguiser votre motivation, consiste à évoquer votre méta-objectif, c'est-à-dire l'objectif de votre objectif. Vous pouvez vous poser une question comme : « Et lorsque j'aurai mon objectif (formulé positivement ou négativement dans un premier temps) qu'est-ce que cela me donnera ? » Si votre réponse est formulée négativement, soumettez cette nouvelle version de l'objectif à la question du méta-objectif, afin de mettre en relief l'objectif formulé positivement qui le sous-tend.

Réaliste, réalisable, représenté et reconnaissable par autrui : explorez la faisabilité et repérez le changement

Vous êtes la seule personne en mesure de décider si votre objectif est réaliste et réalisable. Néanmoins, la vérification de ce paramètre exige de l'honnêteté envers soi-même, du discernement et de la perspicacité, ainsi que du bon sens, car il s'agit d'évaluer vos contraintes de temps et le niveau actuel de vos compétences par rapport à votre objectif. La responsabilité vous revient toujours aussi de vous représenter votre objectif de manière suffisamment riche et détaillée, de décider comment votre entourage saura que vous l'avez atteint et de prévoir la manière dont on vous le fera savoir.

Prenons les deux premiers éléments : réaliste et réalisable. Dans la mesure où vous avez déjà répondu à quelle date vous voulez avoir atteint votre objectif, vous n'avez pas besoin de répéter cette information à cette étape. Pour vous aider à procéder à une étude de faisabilité personnelle, répondez à cette question-ci : « Compte tenu du temps et des moyens dont je dispose actuellement, est-ce que mon objectif est réaliste et réalisable ? » Ou, si vous préférez vous rappeler les délais que vous vous êtes donnés : « Compte tenu du temps et des moyens dont je dispose actuellement, est-ce que mon objectif est réaliste et réalisable pour telle date, dans tels délais ? »

Représentez votre objectif en vous servant de vos cinq sens : la vue, l'ouïe, le goût, l'odorat, le toucher. Plus vous avez une représentation riche et pleine de votre objectif, plus il devient réel pour vous, et plus il devient facile à obtenir. Bien sûr, vous pouvez trouver que certaines de ces questions sont plus faciles à traiter que d'autres. Cela est dû au fait que vous avez un canal sensoriel privilégié ; c'est celui pour lequel vous avez davantage de distinctions dans vos perceptions et votre vocabulaire, et, naturellement vous avez moins l'habitude de faire travailler les autres canaux sensoriels. Pour vérifier la manière dont vous vous représentez votre objectif et pour vous encourager à l'enrichir, voilà les questions à vous poser : « Comment saurai-je que j'ai obtenu mon objectif ? Qu'est-ce que je verrai ? Qu'est-ce que j'entendrai ? Qu'est-ce que je me dirai ? Qu'est-ce que je goûterai ? Qu'est-ce que je sentirai (pour l'odorat) ? Qu'est-ce que je sentirai (au niveau du toucher) ? Qu'est-ce que je ressentirai (en termes d'émotions) ? »

Pour reconnaître que ceux que vous avez désignés ont remarqué que vous avez atteint votre objectif, vous reprendrez les mêmes questions, à un détail près. Dans la mesure où votre tâche consiste à décider comment les autres sauront que vous avez atteint votre objectif, voilà d'abord la question que vous vous poserez : « Comment les autres sauront que j'ai obtenu mon objectif ? » Puis, vous vous demanderez : « Qu'est-ce qu'ils verront ? Qu'est-ce qu'ils entendront ? Qu'est-ce qu'ils se diront ? Qu'est-ce qu'ils goûteront ? Qu'est-ce qu'ils sentiront (pour l'odorat) ? Qu'est-ce qu'ils sentiront (au niveau du toucher) ? Qu'est-ce qu'ils ressentiront (en termes d'émotions) ? »

Vous disposez maintenant de tous les outils dont vous avez besoin pour vous fixer des objectifs SUPER Il ne vous reste qu'à les mettre en pratique, ce qui est l'objet de l'exercice qui suit.

Exercice 15 : Mettez vos objectifs par écrit

Des chercheurs en sciences humaines ont réalisé une expérience intéressante auprès d'étudiants américains, en invitant certains à mettre leurs objectifs par écrit. Ils ont choisi deux groupes pour cette expérience qui a duré quelques années, au-delà des quatre années d'université. Aux membres du premier, ils ont demandé de tenir un journal intime pendant leurs années d'études, un journal dans lequel inscrire leurs rêveries, leurs projets et leurs objectifs. Ils leur ont aussi demandé de venir à des entretiens réguliers mesurant leur adaptation à la vie sur le campus, sans chercher à savoir ce qu'ils avaient consigné dans leur journal, bien entendu. À l'issue de leurs études, ces entretiens permettaient de vérifier la faculté d'adaptation des étudiants à la vie en général. Au deuxième groupe, ils ont proposé uniquement des entretiens réguliers sur le même mode et pour les mêmes raisons, sans leur demander de tenir un journal.

À la fin de l'expérience, les chercheurs se sont aperçus que non seulement les étudiants qui avaient mis leurs objectifs par écrit, les avaient réalisés majoritairement, mais qu'en plus ils faisaient preuve d'une meilleure adaptation à la vie active et se disaient plus heureux que ceux de l'autre groupe.

Pour cette raison, je vous inviterai ultérieurement à écrire vos objectifs concernant vos différents domaines de vie. Maintenant, pour vous habituer à vous fixer des objectifs SUPER, cet exercice vous propose de mettre un de vos objectifs par écrit, en vous servant des questions qui vous faciliteront la tâche.

Installez-vous confortablement. Sur une nouvelle page de votre journal, inscrivez le nom et le numéro de cet exercice ainsi que la date du jour. Chaque fois que vous vous fixerez un objectif, notez la date à laquelle vous l'avez fait. Si cette date n'est pas celle à laquelle vous commencerez à réaliser votre objectif, il sera bon de noter aussi votre véritable date de départ. Ensuite notez votre date d'arrivée, date à laquelle vous voulez avoir accompli votre objectif, naturellement.

Alfred Korzybski, dont nous avons déjà parlé, a noté que le fait de dater un évènement lui donnait un sens, dans la mesure où la date fait partie du contexte où l'évènement a lieu. Il souligne : « Dans l'intérêt de la raison, datez, indexez. » Pour ce qui est des objectifs, disons plutôt : « Dans l'intérêt de la réalisation, datez, indexez. » Autrement dit, attribuez une date de début et une date de fin à votre objectif que vous désignerez de façon précise, bien entendu.

Alors, inscrivez maintenant votre objectif et les dates qui le contextualisent, dans votre journal. Sachez que, lorsque vous confronterez votre objectif aux paramètres d'un objectif SUPER, il se peut que vous soyez amené à changer sa formulation. Et c'est tant mieux, parce que c'est justement pour cette raison que vous vous servez des paramètres d'un objectif SUPER, pour vous assurer que le vôtre y correspond. Vous pouvez prendre tout le temps nécessaire pour répondre aux questions. Si vous ne trouvez pas de réponses dans l'immédiat, passez à la question suivante ; les informations recherchées viendront plus tard, au fur et à mesure de vos réflexions. Si vous n'avez pas trouvé de réponses à toutes les questions, rappelez-vous que cet exercice vous sert d'entraînement ; vous êtes en train d'apprendre un nouveau dispositif, vous acquerrez une nouvelle habitude qui avec le temps se mettra en place tout naturellement.

●●●

Alors, en reprenant votre objectif tel que vous l'avez couché sur le papier, posez-vous les questions qui permettent de le valider en tant qu'objectif SUPER :

S = Qu'est-ce que je veux ? Qu'est-ce que je désire précisément, spécifiquement ?

Où est-ce que je veux atteindre mon objectif ? Dans quels contextes de ma vie ? Est-ce que je souhaite faire en sorte de l'avoir atteint ? Dans quels domaines de vie est-ce que je désire démontrer que je l'ai réalisé ? Pour quand est-ce que je veux avoir atteint mon objectif ?

Et, le corollaire de ces questions-là : Où est-ce que je ne veux pas atteindre mon objectif ? Dans quels contextes est-ce que je ne souhaite pas faire en sorte de l'avoir atteint ? Dans quels domaines de vie est-ce que je ne désire pas démontrer que je l'ai réalisé ? Avant quelle date est-ce que je ne veux pas avoir atteint mon objectif ?

U = Pour qui est-ce que je veux réaliser mon objectif ? Par qui est-ce que je veux que cet objectif soit réalisé ? Avec qui je veux réaliser mon objectif ?

P = Qu'est-ce que je veux ? Qu'est-ce que je veux à la place de… ? Si je n'avais pas ce que je ne veux pas/plus, qu'est-ce que j'aurais ?

E = En réalisant mon objectif, qu'est-ce que je gagne ? Qu'est-ce que je perds ?

Méta-objectif : Et lorsque j'aurai réalisé mon objectif (qu'il soit formulé positivement ou négativement dans un premier temps) qu'est-ce que cela me donnera ?

R = Compte tenu du temps et des moyens dont je dispose actuellement, est-ce que mon objectif est réaliste et réalisable ?

Comment saurai-je que j'ai atteint mon objectif ? Qu'est-ce que je verrai ? Qu'est-ce que j'entendrai ? Qu'est-ce que je me dirai ? Qu'est-ce que je goûterai ? Qu'est-ce que je sentirai (pour l'odorat) ? Qu'est-ce que je sentirai (au niveau du toucher) ? Qu'est-ce que je ressentirai (en termes d'émotions) ?

Comment les autres sauront que j'ai atteint mon objectif ? Qu'est-ce qu'ils verront ? Qu'est-ce qu'ils entendront ? Qu'est-ce qu'ils se diront ? Qu'est-ce qu'ils goûteront ? Qu'est-ce qu'ils sentiront (pour l'odorat) ? Qu'est-ce qu'ils sentiront (au niveau du toucher) ? Qu'est-ce qu'ils ressentiront (en termes d'émotions) ?

Prenez tout le temps de mettre vos objectifs par écrit en vérifiant la manière dont ils correspondent aux critères d'un objectif SUPER.

Et prenez le temps également d'écrire dans votre journal tout ce qu'il est pertinent pour vous de noter sur cet exercice.

Dans ce chapitre, vous avez découvert le sens et l'importance de l'acronyme SUPER. En confrontant vos objectifs aux paramètres d'un objectif SUPER, vous vous créez de nouvelles opportunités de croissance et de partage. Dans la mesure où vous découvrez à qui l'objectif appartient réellement, pour quelles raisons vous voulez le réaliser, avec qui et avec quels moyens, vous êtes mieux à même d'encourager les échanges avec les partenaires qui jouent un rôle dans votre réussite. En fixant des objectifs qui permettent de vérifier votre point de départ et votre point d'arrivée, et vous fournissent également des moyens, en cours de route pour remarquer et valider vos progrès, vous vous facilitez considérablement leur réalisation. Dans la mesure où vous tenez compte de l'écologie interne et externe, vous réduisez la probabilité de conflits et encouragez la coopération.

Coucher vos objectifs sur le papier les rend plus réels, plus fermes, plus concrets. Ce geste vous permet de les revisiter, et cela, aussi bien pour les affiner que pour apprécier votre parcours, en vous félicitant de l'avoir accompli.

Votre Ligne du Temps vous fournit des moyens pratiques de séquencer et valider les étapes nécessaires dans la réalisation de vos objectifs. Avec votre Ligne, vous pouvez facilement les ordonner et coordonner à travers le temps. Dans le chapitre qui suit, vous apprendrez des techniques spécifiques pour fluidifier le cours du temps et mobiliser vos ressources. Elles simplifient la réalisation de vos objectifs, grâce au rééquilibrage de votre Ligne du Temps.

8

(RÉ)Équilibrer sa ligne du temps pour gagner en aisance, en assurance et en force

Trouver un équilibre dans sa vie entre pressions professionnelles, contraintes familiales, besoins personnels, obligations sociales, revendications des uns, réclamations des autres… n'est pas une tâche insurmontable, même si parfois il se peut que vous en ayez l'impression.

Quelques tactiques, quelques techniques simples seraient bienvenues, sans doute, pour faciliter ce tour d'équilibriste et vous aider à mettre de l'ordre dans votre vie.

Malgré le dicton américain: « *Time is money* » (« Le temps, c'est de l'argent »), vous reconnaissez une autre valeur au temps: votre temps, c'est votre vie.

Et si votre temps est déstructuré, désordonné, déséquilibré, cela se fait sentir partout ailleurs.

Dans ce chapitre, vous apprendrez la raison d'être des « R » du temps, vous verrez en quoi une Ligne du Temps équilibrée vous facilite la création de votre avenir, et vous saurez comment rééquilibrer la vôtre.

Vous découvrirez et mettrez en pratique les techniques spécifiques du modèle de la Ligne du Temps pour rééquilibrer votre Ligne et lever les obstacles à la réalisation de vos objectifs.

Équilibre : le maître mot

Qui peut prétendre n'avoir jamais voulu avoir une vie équilibrée ? En effet, nous recherchons fréquemment l'équilibre et pour cause. Il occupe une place clé dans la construction de votre avenir avec votre Ligne du Temps, puisqu'équilibrer les trois aires du temps (passé, présent et futur) encourage cet équilibre dans d'autres aspects de votre vie.

Que signifie « équilibre », au juste, lorsqu'il s'agit des aires du temps ?

Parmi les définitions du mot on trouve celle-ci, qui en représente le mieux sans doute le sens adéquat, dans ce contexte. « Équilibre : juste rapport, juste proportion entre des choses opposées ; état de stabilité ou d'harmonie qui en résulte. Accord, balance, harmonie, pondération. »

Les aires du temps ne s'opposent pas dans le sens conflictuel ou antagoniste du terme ; elles s'opposent, typiquement, littéralement, par la position de chacune dans l'espace de la Ligne du Temps. Celle-ci, rappelons-le, est une représentation plus ou moins linéaire de notre temporalité où figurent passé, présent et futur.

Comme vous avez pu le remarquer au cours de votre vie, il arrive que, chez certaines personnes, une des aires du temps ait davantage de « poids ». Vous avez sans doute déjà rencontré des personnes pour qui le passé avait davantage d'importance et d'impact sur leur vie que le présent ou le futur. Peut-être avez-vous compati dans un premier temps tout en pensant qu'elles se laissaient trop facilement affecter par les évènements d'un passé plus ou moins lointain au lieu de vivre aujourd'hui. Au fait, un bon traitement de souvenirs trop présents au présent est de les classer, et non de les ressasser.

Chez d'autres, en revanche, vous vous êtes aperçu que le futur recelait tellement d'attraits qu'ils leur donnaient l'impression de rêver leur vie au lieu de la vivre. Vous en avez probablement rencontré aussi qui vous donnaient le sentiment de vivre uniquement au présent, comme s'il leur manquait à la fois des racines plongées dans le passé et des projets pour le futur.

Dans ces différents cas de figure, la Ligne du Temps se trouve en déséquilibre puisque les aires du temps ne peuvent pas jouer le rôle qui leur revient naturellement. Dans l'exercice 9, invité à percevoir votre Ligne du Temps dans son ensemble pour découvrir sa configuration et son relief, vous avez pu prendre conscience de ses caractéristiques et apprécier la spécificité de son organisation. Il est intéressant maintenant d'approfondir votre connaissance de la Ligne du Temps en commençant par les « R » des aires du temps.

Associer passé, présent et avenir : à quoi servent-ils ?

Le passé, le présent et le futur ont chacun un rôle à jouer dans votre vie. Ces aires ont chacun un « R » en réponse à la question : À quoi servent-ils ? Pourquoi le passé, le présent, l'avenir ? Ces trois « R » sont Renseigner, Réaliser et Rêver. Nous allons voir à quelle aire appartient chacun d'eux.

Les trois R des aires du temps

Le passé sert à vous Renseigner.
Le présent sert à Réaliser.
L'avenir vous sert à Rêver.

Le passé sert à vous renseigner

Le passé sert à vous renseigner. Il vous fournit des renseignements à propos d'évènements vécus directement ou indirectement. Le passé est un historien, un gardien de musée, voire un tombeau. Il est là pour vous servir de répertoire d'informations, d'entrepôt de souvenirs, de mine de renseignements. Il n'est là ni pour vous alourdir, ni pour vous empêcher d'avancer, ni pour vous faire ressasser votre ancien ressenti périmé : des émotions vécues dans le temps, transformées en sentiments.

Les émotions n'ont pas leur place au passé, elles appartiennent au présent, à l'ici-maintenant. Vous vous rappelez avoir éprouvé telle ou telle émotion, c'est un souvenir. Si vous continuez à en pâtir, vous pouvez désensibiliser cette émotion grâce à un travail spécifique avec votre Ligne du Temps. Le passé est l'espace-temps des renseignements.

Le présent sert à réaliser

Le présent sert à réaliser. Il vous fournit un atelier, en quelque sorte, un métier à tisser sur lequel vous pouvez vous créer et vous recréer, vous construire et vous reconstruire, au travers de vos représentations de l'instant présent, du passé et de l'avenir. Maintes fois vous remettrez votre ouvrage sur le métier, car vous en êtes à la fois le maître tisserand et la tapisserie ; votre vie, c'est votre œuvre, votre chef d'œuvre, et vous en êtes le maître d'ouvrage.

Le présent vous fournit aussi la seule occasion possible de passer à l'action, car il vous fournit la scène où se joue votre vie ainsi que l'espace où agir. Le présent sert à réaliser. Toute action engagée pour mener vos objectifs s'entreprend, se fait, et se fête ici et maintenant.

Le présent, après tout, c'est là où vous vivez, là où vous passez votre temps.

Le lieu de stockage de vos souvenirs et la surface sur laquelle vous lancez vos projections vers l'avenir (vous les réaliserez le moment venu) sont deux espaces-temps qui n'appartiennent pas au présent, pas plus que leur contenu, souvenirs et projections, ne trouve sa place ici.

L'avenir sert à rêver

L'avenir sert à rêver. L'avenir vous fournit de quoi vous projeter dans le temps et dans l'espace. Comme nous l'avons déjà noté, l'homme est le seul animal à relier le temps ; les autres animaux relient uniquement l'espace, et, de ce fait, s'y trouvent liés, dans la mesure où leurs apprentissages se rattachent au territoire.

L'être humain a le loisir d'imaginer, de projeter, de rêver et de réaliser ses rêves. L'avenir n'est pas encore l'actuel, pourtant il est virtuel, potentiel, possible. Il reste à concevoir pleinement et à construire.

L'avenir vous sert à rêver, il peut servir à vous motiver aussi, quels que soient votre mode ou votre style de motivation : la carotte ou le bâton. Vous pouvez bâtir des projets pour l'avenir en vous disant : « Je ne veux pas répéter le passé », ou : « Je veux telle chose nouvelle à l'avenir. » Dans les deux cas, vous vous engagez dans une rêverie, puisque ce que vous imaginez n'est pas encore réalisé, à l'instant, présent. Bien sûr, tous vos rêves ne sont pas tous censés se réaliser. Il y a des rêves distrayants, divertissants, qui aident à faire passer le temps. Il y a aussi, bien sûr, des rêves qui vous distraient véritablement et vous détournent du chemin que vous vous êtes tracé. Il y a également des rêves motivants, qui vous donnent envie de les réaliser. Ce sont ces rêves-là qui vous serviront de fondation pour bâtir votre projet de vie et construire votre avenir.

L'avenir vous sert alors à rêver, mais il n'y a qu'un espace-temps dans lequel entreprendre les actions qui vous permettent de réaliser vos rêves : le présent. Et pour passer à l'action à l'instant présent, vous avez besoin de ressources.

Les ressources sont partout

Les ressources, c'est *tout* ce qui vous aide à progresser, à atteindre votre objectif et elles sont partout.

On trouve des ressources dans les trois aires du temps : ce que vous avez vécu, ce que vous vivez, ce que vous vivrez, tout peut fournir des ressources et tout peut servir de ressource. C'est le regard que vous portez sur un évènement qui en crée la compréhension et le sens que vous en concevez. Et c'est le sens que vous donnez à ce que vous vivez qui détermine le statut de vos expériences: bonnes ou mauvaises, aidantes ou non aidantes, ce qui, en retour, vous amène à les qualifier de ressources ou de limitations. C'est le sens que vous faites de votre vécu qui détermine son devenir: étayant ou limitant, soutenant ou entravant. C'est vous qui décidez. Et si vous avez le sentiment de décider trop souvent que vos expériences vous limitent plus qu'elles ne vous aident, vous pouvez transformer les décisions limitantes et rééquilibrer votre Ligne du Temps, pour vous aider à changer votre regard, à apercevoir et apprécier vos ressources là où elles se trouvent: partout.

La devise des aires du temps pourrait être: *Un espace-temps pour chaque chose et chaque chose dans son espace-temps*. Pour honorer pleinement cette devise, il est nécessaire de savoir rééquilibrer sa Ligne du Temps, dans la mesure où la restauration de l'équilibre de la Ligne permet de remettre les évènements dans leur ordre naturel: avant, pendant, après.

Le passé est avant le présent, le présent c'est maintenant, tout de suite et le futur, c'est après. C'est aussi simple que cela. Mais, si c'est simple à dire, ce n'est pas si simple à faire. Pour cette raison, je vous proposerai par la suite des techniques qui vous fournissent des connaissances complémentaires pour vous aider dans cette démarche.

Remettre les « R » du temps à leur juste place sert à rééquilibrer votre Ligne, facilite le flux du temps et vous permet plus aisément de construire votre avenir. Car si votre Ligne du Temps est chargée d'obstacles, si le flux du temps est obstrué par des émotions anciennes habituelles et limitantes, s'il est entravé par des décisions de vie non aidantes ou par des peurs infondées, la tâche de construire l'avenir que vous désirez devient très difficile, voire impossible.

Vous devez décharger votre Ligne de tout ce qui l'embarrasse: des émotions anciennes qui n'ont plus d'actualité, des inquiétudes infondées de l'avenir, des décisions de vie périmées. En débarrassant votre Ligne de ce qui faisait barrage, vous libérez l'énergie emprisonnée par des chaînes d'associations d'idées anciennes et d'évènements passés. En vous en délivrant, vous vous défaites de ce qui faisait obstacle à votre progrès. Vous dégagez l'énergie bloquée dans les trois aires du temps, ce qui vous permet de l'investir au présent dans la réalisation de vos objectifs. L'application des techniques spécifiques de changement qui se servent de votre Ligne du Temps vous permettra de lever les obstacles qui vous ont, jusqu'à présent, empêchés d'avancer.

Se libérer des associations de pensée limitantes et utiliser la force des émotions en sa faveur

Lorsque la Ligne du Temps est équilibrée, les aires du temps peuvent jouer leur rôle : renseigner, réaliser, rêver. Si la Ligne est déséquilibrée par un trop plein d'émotions entreposées dans le passé, par des décisions limitantes dont vous n'avez pu extraire et stocker les apprentissages, ou par des inquiétudes concernant des évènements à venir ; si la Ligne manque de fluidité, si le flux du temps est entravé, saisissez l'occasion de la rééquilibrer et donnez-vous une base solide sur laquelle construire votre avenir. Les techniques spécifiques que je vous inviterai à expérimenter visent à restaurer l'équilibre de votre Ligne du Temps. Elles s'adressent tantôt au passé, tantôt au futur, de façon à vous permettre de remettre de la souplesse dans votre Ligne et de l'aisance dans votre vie.

Afin d'apprécier pleinement ces techniques et de réaliser les exercices qui en sont issus, il est intéressant de noter les bases théoriques qui fondent ce type de travail.

Réexaminez vos automatismes pour rompre leurs chaînes

Le passé sert à vous renseigner. Ce vaste réservoir d'expériences, vécues réellement ou de façon vicariante, existe pour vous fournir des informations et des renseignements qui vous permettent de gérer au mieux la situation où vous vous trouvez. Certaines de ces informations font appel à des raccourcis de raisonnement, nommés *associations*. Ces raccourcis visent à vous simplifier la vie et à vous faire gagner du temps de réaction.

Les associations regroupent des apprentissages stockés dans votre mémoire selon des lois et principes spécifiques. Connus depuis Aristote, ces lois et principes expliquent les processus par lesquels se créent des chaînes associatives. On en dénombre trois : la ressemblance (la similitude), la contiguïté (le rapprochement dans l'espace, dans le temps), le contraste (la différence notoire). Il semblerait que ces processus soient universels.

En revanche, si les principes et processus d'association sont les mêmes pour tous les membres de l'espèce *Homo sapiens*, on ne saurait affirmer la même chose à propos de leur contenu. Autant les procédés mis en œuvre pour créer des associations sont généralisés, autant les associations elles-mêmes sont spécifiques, individuelles, uniques.

C'est pour préserver votre unicité que les techniques spécifiques de changement s'intéressent au processus et non au contenu de vos associations, de vos souvenirs. Comme disait Milton Erickson à ses patients : « Vous pouvez changer sans savoir et savoir sans changer. » L'insight n'est pas une condition *sine qua non* du changement ; vous n'avez pas besoin de connaître le contenu détaillé de vos souvenirs pour pouvoir en extraire des renseignements utiles et des apprentissages aidants. Grâce aux exercices réalisés avec votre Ligne du Temps, vous vous rendrez rapidement compte que, tout en ignorant le contenu des souvenirs organisés sous forme de chaînes associatives, vous pourrez lever les obstacles à réalisation de vos objectifs.

Pour (ré)équilibrer votre Ligne du Temps et construire votre avenir, les techniques que vous apprendrez dans ce chapitre, respectent les lois et principes qui sous-tendent les processus par lesquels se créent des associations. En effet, ces techniques utilisent les mêmes processus qui ont servi à créer les chaînes associatives au départ, et mettent en œuvre ce qui vous est familier, donc plus facile à assimiler à votre expérience.

Les techniques de changement vous permettent de « décréer » d'anciennes associations pour en créer de nouvelles, qui soutiennent, au lieu de saboter vos objectifs. En « décréant » ces associations, vous « décréez » le sens que vous avez attribué aux évènements, pour en recréer un nouveau, cohérent avec la personne que vous êtes en train de devenir. En changeant le sens attribué à un évènement, vous changez non seulement votre réaction à l'évènement tel qu'inscrit au passé, mais également vos attentes et vos réactions anticipées par rapport à des évènements analogues à venir car, sans pour autant chercher à reproduire le passé à l'identique, vous projetez toutefois, naturellement, une partie de votre vécu sur le futur, pour trouver un sens et donner une direction à votre vie.

Dans une chaîne associative, les souvenirs s'organisent en « familles » ; ils se regroupent par ressemblance (les contenus sont semblables, les thèmes analogues, la teneur émotionnelle la même, etc.), par contiguïté (les lieux sont proches, les époques concernées sont rapprochées), et par contraste. La chaîne associative n'est pas constituée de façon rigide et permanente, elle ne se met pas en place une fois pour toutes ; au contraire, de nouveaux évènements s'y rajoutent au fur et à mesure, au fil du temps. Et, parce que la chaîne associative peut s'allonger, parce qu'elle peut s'enrichir de nouvelles associations qui viennent s'y ajouter, il est possible également d'en enlever, ce qui permet à la chaîne de se défaire.

Tout se passe comme si les associations de la chaîne étaient rattachées les unes aux autres comme des perles reliées par un fil (voir la figure 6). Et, tout comme le nœud dans le fil d'un collier maintient les perles à leur place et « fait » que le collier garde son caractère de collier, son caractère d'ensemble, le fil conducteur, créé par la ressemblance, la contiguïté et le contraste entre les évènements de la chaîne associative, retient ceux-ci et les maintient enchaînés ensemble. De la même façon, le geste de défaire le nœud dans un collier de perles permet à chacune des perles de retrouver sa spécificité et d'exprimer son caractère unique. Enlever un maillon de la chaîne associative, permet de rompre la chaîne et libérer les associations.

Comme vous le remarquerez en faisant les exercices proposés, pour défaire le nœud, il suffit de reconsidérer le premier évènement de la chaîne associative, l'évènement le plus ancien, d'un nouveau point de vue, d'un autre moment dans le temps. Reconsidérer l'évènement le change et en transforme le sens. Ce changement fait aussi, par similitude, par contiguïté ou par contraste, transformer tous les autres évènements qui lui étaient associés à travers le temps.

Les techniques qui vous permettent de rééquilibrer votre Ligne du Temps, de vous ressourcer et de programmer un évènement futur, vous permettent, soit de rompre les chaînes d'associations négatives pour libérer de l'énergie et créer de nouvelles associations positives, soit de créer des associations positives, tout simplement. Elles traitent tantôt des évènements du passé tantôt du futur. Toutes visent à vous aider à construire l'avenir que vous désirez.

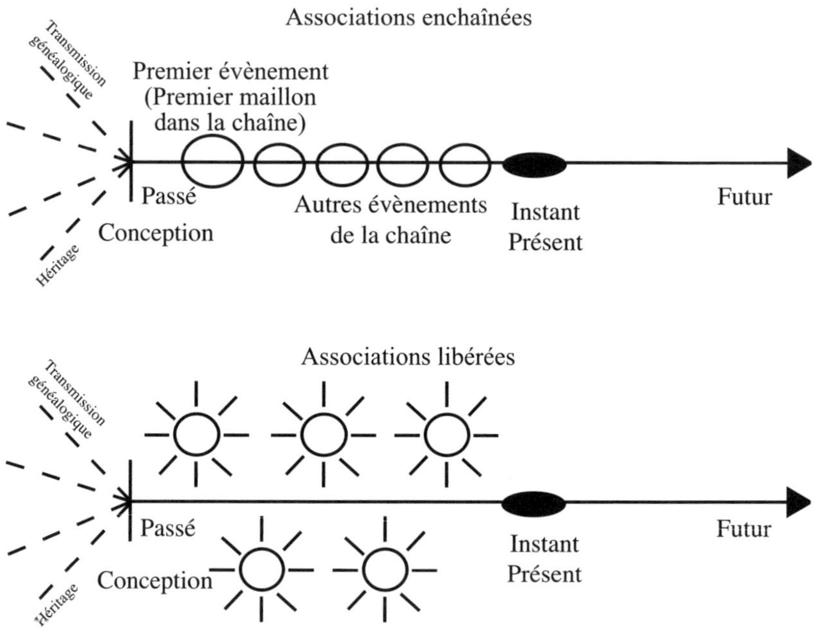

Figure 6 : Déchaînez vos associations : reconsidérer le premier évènement rompt la chaîne et libère les associations

Désensibilisez une émotion et transformer ses émotions

La première technique, la désensibilisation d'une émotion, vous servira à rééquilibrer la partie de votre Ligne qui représente votre passé, en la « nettoyant » des émotions vécues à un moment donné, et que vous continuez à ressasser et à vous resservir au présent. (Dans la mesure où le terme *émotion* s'utilise largement là où il serait plus exact de parler de *sentiment*, nous avons préféré adopter également ce terme, pour rendre nos propos plus proches de la vie courante, quitte à souligner la différence au cours de nos explications.)

On dit que la vengeance est un plat qui se mange froid. Pour apprécier l'idée sur laquelle se fonde la technique, il est intéressant d'accepter comme hypothèse de travail le point de vue selon lequel toute émotion peut se consommer « chaude » ou « froide », selon l'aire du temps où elle se trouve.

Cette technique vous propose de considérer la notion que tout ce que vous nommez « émotion », qui n'est pas liée à votre vécu de l'instant présent, n'est pas une émotion digne de ce nom. Certains vous diront même que ce n'est pas une émotion du tout, mais un sentiment.

Distinguons alors émotion et sentiment pour montrer comment les émotions font partie du présent, alors que les sentiments appartiennent potentiellement aux trois aires du temps : le passé, le présent, le futur.

Dans un article intitulé « Les émotions de A à Z[10] », voici les caractéristiques des émotions proposées : « Les émotions sont dépendantes de leur relation au temps. L'émotion doit avoir un début, une fin et une durée limitée, mais suffisante pour qu'une certaine qualité lui soit reconnue [...], les émotions varient en quantité [...], elles comportent des aspects corporels nombreux [...], ont une cause et un objet : elles se produisent dans certaines situations à propos d'une chose, d'une personne, ou encore d'une idée [...]. »

Tandis que l'étymologie du mot « émotion » relève de « mouvoir, faire sortir hors de », le mot « sentiment » renvoie à « sentir, sensation ». Dans le *Dictionnaire de la langue philosophique*, Paul Foulquier souligne la spécificité de ce terme lorsqu'il propose : « même en tant qu'état affectif, le sentiment est intentionnel et, en ce sens, cognitif ».

Le langage courant ne considère pas les émotions comme intentionnelles, en partie sans doute à cause de leur grande intensité ; les sentiments, en revanche, peuvent être provoqués consciemment, volontairement. Une émotion est fulgurante, fugace, furtive ; un sentiment est assez stable, tenace, durable.

10. *Sciences Humaines*, n° 68, janvier 1997.

Vos émotions jouent un rôle important dans votre équilibre général. En tant que mécanisme de feed-back, elles vous fournissent des informations sur le statut de vos objectifs et de vos valeurs, ce qui fait partie de leur raison d'être, de leur utilité. Elles vous invitent à agir, elles vous incitent à prendre des mesures en fonction des informations reçues et des objectifs recherchés. Vos émotions font appel à l'action, et, rappelez-vous, l'action appartient au présent. Si vous continuez à ressentir une émotion au-delà de son utilité, au-delà des limites raisonnables de sa fonction d'appel, ce n'est pas une émotion ; c'est un sentiment. Et si ce ressenti vous bloque, s'il vous entrave, s'il vous gêne, alors que vous avez pris les actions adéquates pour traiter la situation génératrice de l'émotion initiale, cette technique vous aidera à retrouver une tonalité émotionnelle appropriée. Ainsi dans l'ici-maintenant, vous serez libre de ressentir toute la gamme d'émotions qui lui appartiennent.

Cette technique appelle quelques remarques. Comme vous pouvez le constater en regardant la figure 7, dans l'exercice qui suit je vous invite à réaliser un voyage au-dessus de votre Ligne du Temps. En examinant cette figure, vous pouvez vous apercevoir que d'autres Lignes du Temps viennent rejoindre la vôtre au moment de votre conception comme vous l'avez déjà remarqué en voyageant au-dessus de votre Ligne du Temps dans l'exercice 9. En fait, ces Lignes représentent symboliquement les personnes qui vous ont entourées réellement et virtuellement, dans la mesure où, à ce moment-là, elles pouvaient être présentes dans la mémoire, et éventuellement dans le discours des membres de votre famille et de ceux qui ont pris soin de vous. Vous avez sans doute été influencé par les traditions respectées pendant votre enfance, par les mythes familiaux, par les souvenirs collectifs de vos groupes d'appartenance, etc. Ces Lignes du Temps symbolisent les personnes porteuses de ces influences qui ont eu un impact sur votre vie. C'est ce que signifient les notions d'héritage et de transmission généalogique. Vous pouvez avoir reçu une émotion, une injonction, une décision, une croyance, etc., d'un parent (transmission généalogique ou héritage) ou de quelqu'un d'extérieur à votre famille (héritage). Vous n'avez sans doute pas payé des droits de succession à l'époque, mais, aujourd'hui, en vous trouvant limité par ce que vous avez reçu, vous pouvez vous demander dans quelle mesure ce cadeau n'était pas empoissonné.

Qu'à cela ne tienne, les techniques spécifiques de changement avec la Ligne du Temps s'organisent de façon à vous permettre de lever ces obstacles facilement et de conserver ce qui est positif dans votre héritage, dans ce que l'on vous a transmis. Car, l'héritage, la transmission ont été faits pour vous aider et non pour vous entraver. C'est avec le temps, avec les changements qui ont eu lieu dans le monde et dans votre vie, que votre héritage de départ s'avère inadéquat à la date d'aujourd'hui.

Pour que la réalisation de cet exercice soit plus facile, il est intéressant de trouver un moyen de vous concentrer pleinement sur votre expérience, sans avoir à regarder les instructions au fur et à mesure. En effet, dans les exercices qui relèvent de techniques spécifiques, le rééquilibrage de votre Ligne du Temps, je vous inviterai à vous installer confortablement pour vous laisser rêver un peu, en vous libérant des contraintes de la pensée rationnelle, linéaire, quotidienne. Pour avoir l'esprit libre et dégagé, je vous invite, soit à vous faire lire les exercices par un(e) ami(e) et à vous concentrer ainsi tranquillement sur l'expérience à l'écoute des suggestions, soit à enregistrer les textes, pour réaliser ensuite les exercices à votre rythme et selon votre convenance.

Dans la mesure où les instructions écrites permettent de traiter les différents cas de figure en réponse aux instructions, vous découvrirez qu'elles n'ont pas toutes la même pertinence concernant votre expérience personnelle. Lorsque vous serez davantage habitué à voyager au-dessus de votre Ligne du Temps pour effectuer ce type d'exercice, vous saurez comment vous donner les instructions correspondant à votre vécu, à votre expérience.

Vous pourrez répéter cet exercice autant de fois que vous le souhaitez, ainsi que tous les autres exercices d'initiation aux techniques spécifiques. Vous pourrez reprendre cet exercice avec autant d'émotions que possible. Chaque fois que vous le reproduirez, vous découvrirez à quel point sa pratique s'avère de plus en plus simple et rapide. Il importe cependant, dans cette phase d'initiation, de commencer par désensibiliser une émotion dont la charge affective est faible. Ensuite, pour rééquilibrer votre Ligne du Temps, je vous proposerai de recommencer ce travail pour chacune des émotions majeures, dans l'ordre suivant : colère, tristesse, peur, culpabilité et pour toute autre émotion limitant votre fonctionnement, quels que soit les noms que vous leur attribuez.

Avant de vous engager dans ce travail, je vous rappelle le pourquoi de cette technique. Vous allez désensibiliser des émotions qui ne sont plus d'actualité dans votre vie présente. Dans la mesure où elles ne jouent plus leur rôle d'évaluation et d'appel à l'action, certaines de vos émotions sont devenues des sentiments, des sentiments qui vous empêchent de ressentir librement et autrement. Désensibiliser une émotion ne veut pas dire la supprimer, au contraire. Ce que la désensibilisation vous procure, c'est la capacité à ressentir l'émotion de manière appropriée et dans les circonstances adéquates.

Prenons un exemple, celui de la tristesse. Bien sûr, personne ne veut être triste tout le temps, mais qui aurait envie de se priver de la possibilité de ressentir et d'exprimer cette émotion en cas de perte, de déception, de chagrin ? La vie serait bien triste justement, si vous ne pouviez plus partager la peine de vos amis : cela voudrait dire que vous ne pourriez pas partager leurs joies non plus. Si vous vous privez de la capacité de ressentir *une* émotion, vous ne pourrez plus pleinement ressentir les autres non plus.

La désensibilisation n'a pas pour but de vous prémunir de tout ressenti, mais de vous aider à éprouver des émotions authentiques, c'est-à-dire justes dans leur expression et adaptées aux circonstances.

Exemple

Comment choisir l'émotion à désensibiliser ? Vaste question, n'est-ce pas ? Que l'émotion soit récente ou ancienne, sa persistance en est son facteur clé, et même si vous n'arrivez pas à mettre un nom précis sur votre vécu émotionnel, si vous pouvez l'identifier, le reconnaître, cela suffit pour la traiter. Pour faciliter l'apprentissage de la technique qui suit, je vous invite à opter pour une émotion familière, récurrente que vous connaissez bien et qui vaille la peine de la désensibiliser. Toutefois, mieux vaut éviter une émotion que vous estimez vraiment pénible, problématique et susceptible de vous submerger car il se peut que la cause d'une réaction de ce calibre relève plutôt d'une décision. Si c'est ce type d'émotion qui se dessine, mettez-la de côté pour l'instant ; patientez encore un peu ; vous apprendrez à transformer une décision limitante dans peu de temps. Vous pouvez néanmoins traiter une émotion récente qui vous a surpris par son intensité ou par l'importance que prend son souvenir dans votre esprit ; cette technique vous aidera à remettre cette expérience à sa place.
Voici un exemple de la désensibilisation d'une émotion.

Céline a pris un nouveau poste à responsabilité depuis 6 mois environ. Cela fait un bon moment qu'elle l'ambitionnait et elle n'a pas raté l'occasion de proposer sa candidature, aussitôt acceptée. Mais, alors que d'habitude elle a le sentiment de « gérer », de faire face tant bien que mal aux exigences de sa profession, son mari, ses deux enfants, sa vie… Depuis deux trois mois, un sentiment tout aussi désagréable que familier la hante. Elle a l'impression d'être « sous pression ». Certes, elle a été amenée à accepter récemment des challenges nouveaux, supplémentaires, autant au sein de sa famille puisque son mari voyage plus souvent pour son travail, qu'au niveau de l'école de ses enfants en tant que délégué des parents-élèves, et que dans sa paroisse pour enseigner le catéchisme, mais cela ne lui suffit pas comme explication ; d'après elle, il devait y avoir autre chose.
Flottant au-dessus de sa Ligne du Temps, le premier évènement surgit : sa rentrée en sixième, l'année où elle a dû assurer et assumer « tout, toute seule », sa mère hospitalisée pour une grossesse à risque, son père absent ayant accepté une mission à l'étranger, sa grand-mère maternelle est chargée de faire tourner la maisonnée et, se souvient Céline, de faire les achats de fournitures scolaires. Hélas, « Elle n'a rien compris et j'ai tout pris en charge. » dit Céline soudain. Déçue, désolée, isolée, esseulée, débordée, dépassée, … la jeune fille fit face aux exigences à cet instant-là et pensait en avoir fait son affaire, mais il y a de quoi se sentir « sous pression » lorsque de nouvelles attentes importantes se présenteront bien ultérieurement. Rappelons-nous : les émotions sont reliées au temps. Flotter un quart d'heure avant que ce premier évènement n'ait eu lieu a permis à Céline de reconsidérer l'évènement sous un nouvel angle neutralisant ainsi l'émotion de l'époque et libérant le souvenir de l'émotion périmée.

Exercice 16 : Désensibilisez une émotion

Vous avez peut-être déjà choisi l'émotion mineure grâce à laquelle apprendre cette démarche ; si tel n'est pas le cas, décidez-en maintenant. Bientôt, lorsque vous serez plus à l'aise avec cette technique et plus habitué à l'employer, vous désensibiliserez la colère, la tristesse, la peur, la culpabilité et toutes les autres émotions que vous jugerez nécessaires.

Contentez-vous pour l'instant de donner un nom à l'émotion que vous avez choisie. Appelez-la « l'émotion », tout simplement, cela vous guidera dans l'exercice. Notez la dans votre journal avec la date du jour. Au besoin, établissez la liste des émotions, y compris celles de base, que vous désirez désensibiliser au fur et à mesure de vos avancées afin de constater votre parcours et vos progrès. Sachez que plus vous reproduirez l'exercice, plus la pratique vous paraîtra aisée.

●●●

●●●

Jetez donc un coup d'œil à la figure 7, vous y trouverez des points de repère concernant ces instructions et aurez un aperçu de votre prochain voyage.

Et maintenant, installez-vous confortablement, et laissez revenir à votre esprit l'organisation de votre Ligne du Temps, puis, en la retrouvant de nouveau, marquez l'instant présent d'une couleur, d'une image, d'un son, d'une sonorité, d'une sensation même, laissez-vous ensuite vous détacher de votre Ligne et flotter au-dessus d'elle à une distance qui vous convient, qui vous est confortable. Et vous pouvez simplement vous demander, et laisser répondre cette autre partie de votre esprit qui sait répondre : « Quel est le tout petit premier évènement, aussi minime soit-il, qui est la cause de cette émotion, qui, lorsque je l'aurai traité, fera non seulement disparaître le problème posé par cette émotion, mais transformera également tout évènement semblable au cours de ma vie ? » Et tout en vous laissant flotter au-dessus de votre Ligne du Temps, demandez-vous : « Si je le savais, est-ce que l'évènement a eu lieu avant, pendant ou après ma naissance ? » Et vous pouvez rester curieux et disponible dans l'attente de la réponse afin de l'accueillir pleinement, tranquillement... Et si la réponse qui vous vient, c'est « après. » Posez-vous la question : « À quel âge ? » Vous pouvez laisser venir la réponse et si elle ne vient pas rapidement, facilement, alors vous pouvez simplement la deviner, en laissant répondre votre intuition.

Et si la réponse est : « Avant la naissance », demandez : « Est-ce que le premier l'évènement a eu lieu pendant la vie intra-utérine ou avant ? » tout en en restant à l'écoute de ce qui vous sera proposé. Et si la réponse à cette question est : « Pendant la vie intra-utérine », continuez ce dialogue avec vous-même : « Quel mois ? » Vous pouvez laisser venir la réponse et si elle ne vient pas rapidement, facilement, alors vous pouvez simplement la deviner, en laissant répondre votre intuition. Si la réponse est : « Avant », demandez-vous : « Est-ce que le premier l'évènement relève d'un héritage ou d'une transmission généalogique ? » Et quelle que soit la réponse, vous pouvez demander : « De qui ? » En laissant simplement répondre la partie de vous qui sait. Sans chercher à identifier l'évènement volontairement, consciemment, vous pouvez tranquillement vous laisser le découvrir, et recevoir les informations qu'il vous fournit.

Et tout en continuant à flotter au-dessus de votre Ligne du Temps, en flottant vers le passé, au-dessus de votre passé pour vous retrouver juste au-dessus du premier évènement qui, lorsque vous l'aurez traité, fera non seulement disparaître le problème posé mais transformera également tout évènement semblable au cours de votre vie... peut-être en flottant au-dessus de votre Ligne vers le passé, vous découvrirez que vous flottez au-dessus de la Ligne du Temps d'un de vos parents ou de vos grands-parents, ou encore de leurs amis ou des personnes qui ont eu une influence sur votre vie, sans les connaître directement, sans les avoir jamais rencontrées...

●●●

●●●

Et lorsque vous vous retrouverez juste au-dessus du premier évènement, aussi minime soit-il, aussi mineur soit-il, vous pouvez vous arrêter juste au-dessus quelques instants, au-dessus de votre Ligne du Temps et prêter attention à ce que vous allez faire ensuite. Car, dans quelques instants vous allez descendre dans votre Ligne, vous allez descendre dans l'évènement, juste le temps nécessaire pour que vous puissiez faire une chose importante, dans quelques instants vous allez descendre dans l'évènement, juste le temps nécessaire pour remarquer quelle émotion est là, dans l'évènement, et revenir aussi vite au-dessus de l'évènement de nouveau, au-dessus de votre Ligne du Temps à une distance qui vous est confortable.

Et maintenant vous pouvez descendre dans l'évènement, juste le temps nécessaire pour remarquer quelle émotion est là, dans l'évènement, et revenir aussi vite au-dessus de l'évènement de nouveau, au-dessus de votre Ligne du Temps. Et vous n'avez pas besoin de nommer l'émotion présente dans l'évènement, simplement la remarquer puisque vous savez déjà que les émotions changent avec le temps, les émotions se transforment, s'évaporent, disparaissent.

Et dans quelques instants, vous allez faire quelque chose qui peut vous surprendre, qui peut vous étonner. Vous allez de nouveau flotter vers le passé au-dessus de votre Ligne du Temps et vous retrouver un quart d'heure, 15 minutes, avant que l'évènement n'ait eu lieu, avant qu'il n'ait existé, et, de là-bas, vous allez regarder vers l'instant présent et répondre à une nouvelle question.

Et maintenant, vous flottez de nouveau au-dessus de votre Ligne du Temps vers le passé, vous vous retrouvez un quart d'heure, 15 minutes, avant que l'évènement n'ait eu lieu, avant qu'il n'ait existé, et, de là-bas, vous regardez vers l'instant présent : où se trouve l'émotion ? a-t-elle disparu ?

Car c'est une chose curieuse, n'est-ce pas, de remarquer comment une émotion disparaît avec le temps, même avant qu'elle n'ait pu exister, avant que l'évènement qui l'a fait naître n'ait eu lieu ?

Certaines personnes ont besoin de vérifier de nouveau que l'émotion a disparu. Et elle a disparu n'est-ce pas ? Sinon, flottez encore plus haut, plus loin au-dessus de votre Ligne pour regarder de nouveau vers l'instant présent, et constater : l'émotion a-t-elle disparu ? Et, sinon, il peut arriver que cette émotion ait des apprentissages à vous transmettre, des apprentissages qui risquent de se perdre si l'émotion disparaissait trop vite, alors simplement, stockez, gardez, maintenez ces apprentissages dans l'endroit que vous avez réservé aux apprentissages. Et vous n'avez pas besoin de les connaître consciemment, ces apprentissages, car vous pouvez avoir appris et continué à apprendre inconsciemment. Alors stockez les apprentissages positifs qui vous concernent directement à propos de votre avenir, les apprentissages que vous avez faits à partir de cet évènement et regardez de nouveau vers l'instant présent pour remarquer que l'émotion a disparu.

●●●

●●●

Et, tout en continuant à flotter au-dessus de votre Ligne, au moins un quart d'heure avant que l'évènement dont l'émotion a disparu, vous pouvez recevoir la suite des instructions, vous pouvez vous rendre disponible pour ce qui va suivre. Car, dans quelques instants, vous allez de nouveau descendre dans votre Ligne du Temps, dans quelques instants vous allez descendre de nouveau dans l'évènement pour remarquer ce qui est différent maintenant, ce qui a changé, et revenir de nouveau au-dessus de votre Ligne.

Et maintenant, vous descendez dans l'évènement, vous descendez dans votre Ligne du Temps, juste le temps nécessaire pour remarquer le changement, juste le temps de vérifier la transformation : qu'est-ce qui est différent ? qu'est-ce qui a changé ? Et revenez de nouveau au-dessus de votre Ligne du Temps.

Et dans quelques instants vous allez flotter au-dessus de votre Ligne du Temps en allant vers l'instant présent, mais seulement aussi rapidement que tous les évènements depuis celui-là et jusqu'au présent se réévaluent et se réorganisent en fonction des changements que vous avez effectués, des transformations que vous avez faites, de manière à ce qu'ils soient cohérents et congruents avec les apprentissages que vous êtes en train de faire, au fur et à mesure que vous flottez au-dessus de votre Ligne du Temps pour vous retrouver juste au-dessus de l'instant présent.

Et maintenant, flottez au-dessus de votre Ligne du Temps en allant vers l'instant présent, mais seulement aussi rapidement que tous les évènements depuis celui-là et jusqu'au présent se réévaluent et se réorganisent en fonction des changements que vous avez effectués, des transformations que vous avez faites, de manière à ce qu'ils soient cohérents et congruents avec les apprentissages que vous êtes en train de faire au fur et à mesure que vous flottez au-dessus de votre Ligne du Temps pour vous retrouver juste au-dessus de l'instant présent.

Et lorsque vous vous trouvez de nouveau au-dessus de l'instant présent, vous pouvez flotter au-dessus de votre avenir en vous posant de nouvelles questions : « Quand aurai-je la prochaine occasion de vérifier ce changement ? Quelle sera la prochaine opportunité qui me permettra de valider les transformations que j'ai faites ? Quel évènement futur, s'il avait eu lieu auparavant, aurait eu tendance à me faire ressentir l'émotion et qui maintenant suscitera une autre réponse, une nouvelle réaction, une réponse différente ? »

Et maintenant, tout en continuant à flotter au-dessus de votre Ligne du Temps, vous pouvez revenir pour vous retrouver de nouveau juste au-dessus de l'instant présent, et, lorsque vous y serez, descendez de nouveau dans votre Ligne du Temps pour revenir pleinement ici et maintenant.

Vous pouvez vous accorder quelques instants pour prendre des notes sur votre expérience pendant cet exercice. Notez tout ce qui vous semble pertinent dans les changements que vous êtes en train d'effectuer et tout ce qui peut vous aider à construire votre avenir.

Vous avez maintenant appris comment désensibiliser une émotion. Vous avez été invité à en choisir une qui possédait une charge affective relativement faible, de façon à pouvoir vous concentrer sur l'apprentissage de la technique. Afin de rééquilibrer votre Ligne du Temps et vous aider à construire votre avenir, vous pouvez désensibiliser toutes les émotions majeures : colère, tristesse, peur, culpabilité dans cet ordre, et, naturellement, toute émotion qui vous limite dans votre fonctionnement, quel que soit le nom que vous lui attribuez. Désensibilisez les émotions majeures d'abord, puis, si en vous fixant des objectifs d'avenir, vous rencontrez des obstacles, vous pourrez désensibiliser les émotions concernées à ce moment-là.

D'autres types d'obstacles existent également : des décisions limitantes et des inquiétudes. Pour lever ces obstacles et rééquilibrer votre Ligne du Temps, vous allez apprendre à faire face aux inquiétudes en traquant les soucis de la vie quotidienne. Plus loin, dans ce chapitre, vous apprendrez aussi à transformer les décisions qui vous limitent dans la réalisation de vos objectifs et entravent votre trajectoire.

Appréhendez l'appréhension et traquez les tracas de la vie quotidienne

L'appréhension est un malfaiteur, un mauvais sujet. Elle vole votre tranquillité d'esprit et fait effraction dans votre quiétude. Vous êtes obligé de faire la loi vous-même dans ce cas, en prenant la situation en main, car vous êtes la seule personne capable d'appréhender ce criminel sadique, ce tueur de rêves en série qui vous terrorise dans vos projets et vous fait trembler devant vos objectifs.

Que vous l'appeliez appréhension, angoisse, anxiété, inquiétude, trac, peu importe, car, dans tous les cas vous êtes en train d'évoquer l'ennemi public numéro 1, celui qui mine votre détermination, sape votre énergie et vous arrête en plein élan.

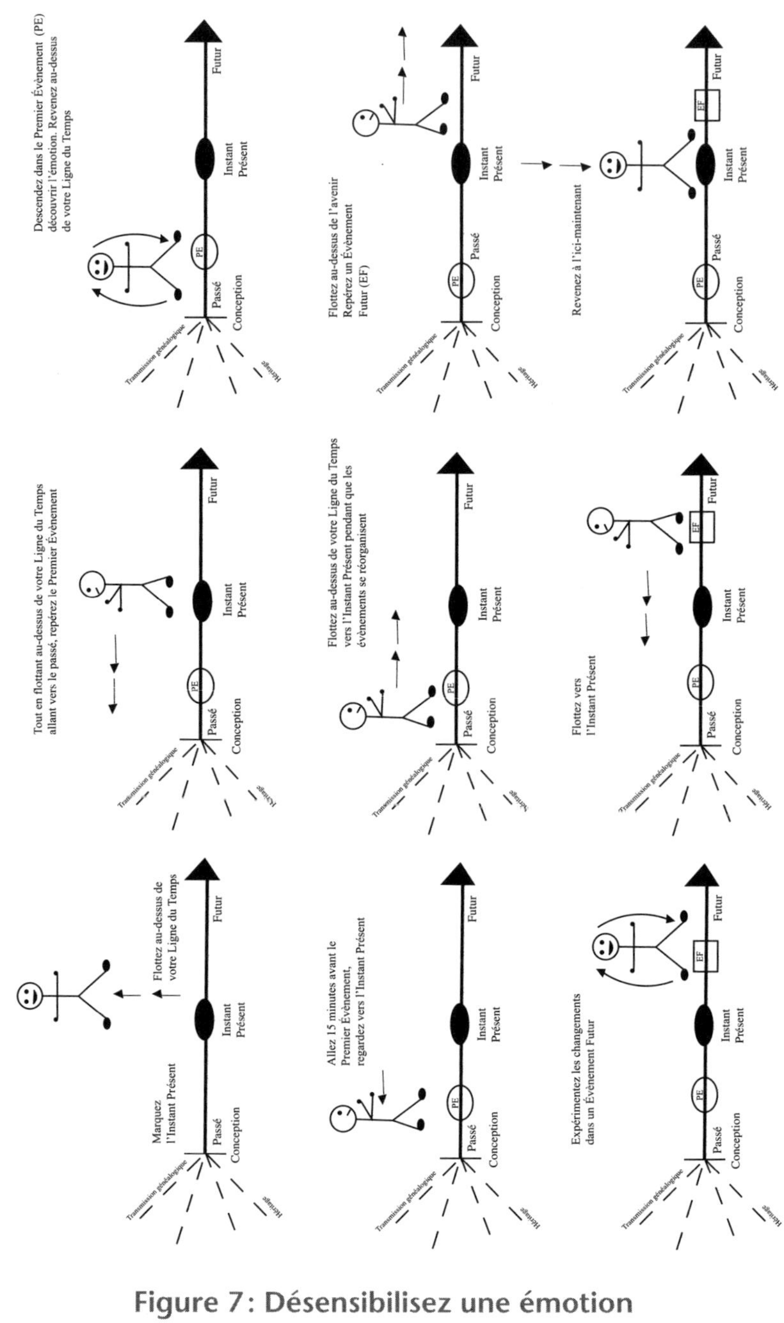

Figure 7 : Désensibilisez une émotion

À l'inverse de la technique que vous venez d'apprendre, qui a pour objet des évènements du passé, cette nouvelle technique permet d'intervenir sur les émotions liées aux évènements à venir.

Appréhender s'entend ici dans les deux sens du terme: saisir par la pensée et par le corps. En effet, il s'agit d'appréhender votre appréhension aussi bien pour la comprendre que pour l'arrêter

Pour ce faire, vous aurez l'occasion de flotter au-dessus de votre Ligne du Temps au-dessus de votre futur, ce qui vous aidera non seulement à rééquilibrer votre Ligne, mais également à vous entraîner à parcourir aisément cette aire du temps-là. Ceci est l'essence même de la dernière technique de changement proposée dans ce livre: « Programmer un évènement futur »; elle consiste à planifier l'arrivée d'un évènement particulier, pour ensuite le placer au bon endroit, au bon moment, dans votre Ligne du Temps.

Pour être en mesure d'appréhender l'appréhension, vous devez dès maintenant adopter l'idée clé suivante: quels que soient vos doutes ou vos certitudes quant à vos capacités, quelle que soit votre conception du possible et de l'impossible, vous avez toujours raison.

Vous rappelez-vous la prophétie qui se réalise? Quoi que vous croyiez, vous ferez en sorte que cela se produise, et même sans effort particulier de votre part.

Cette proposition se révèle exacte dans l'ordre de vos croyances, comme dans l'ordre de vos prévisions car, que vous le sachiez ou non, que vous en ayez conscience ou pas, vous prévoyez et vous prédisez votre avenir: tout simplement il suffit d'y penser. C'est vrai. Il vous suffit de penser à votre avenir, d'y réfléchir pour commencer à le construire. De plus, il suffit de ne pas y réfléchir pour qu'il se construise tout seul, sans que vous ayez votre mot à dire! Alors, il est sage de vous donner les moyens de vous procurer les outils avec lesquels vous créerez un projet qui vous permette de dessiner des plans, à partir desquels vous construirez la vie dont vous rêvez.

Parmi les outils qui aident à construire votre avenir se trouve une technique qui permet de transformer vos prévisions négatives à propos d'un évènement donné[11]. La technique précédente sert à reconsidérer

11. Si vous avez tendance à vous bâtir des scénarios catastrophes de manière générale, une autre technique « transformer une décision limitante », que vous apprendrez prochainement pour rééquilibrer votre Ligne du Temps, vous fournira l'outil approprié pour vous aider à changer cette habitude.

la teneur émotionnelle d'un évènement ancien, en expérimentant un espace-temps avant que l'évènement et, de ce fait, l'émotion n'aient eu lieu : « appréhender l'appréhension » vous permet d'expérimenter les retombées positives d'un évènement futur, comme s'il avait déjà eu lieu. En vous retrouvant dans un espace-temps postérieur à l'évènement redouté dont l'issue s'avère satisfaisante, finalement, il ne vous reste qu'à regarder en arrière, remarquer le chemin parcouru et vous féliciter des résultats obtenus. La question se pose, alors : pourquoi attendre ? pourquoi attendre de faire l'expérience dans le réel, alors que vous pouvez commencer à savourer votre réussite dès maintenant en l'anticipant positivement ?

Cette question est d'autant plus importante que vous savez déjà comment votre pensée, le contenu de vos représentations et votre manière de faire, ont un impact sur vos actions et les résultats que vous obtenez. Pour vous entraîner à imaginer positivement des évènements futurs et vous aider à traquer les tracas pour les éliminer, je vous invite à recourir largement à cette technique.

Cette technique appelle à son tour quelques remarques. D'abord, elle permet de traiter vos inquiétudes par rapport à un évènement à venir dans un futur relativement proche. Pour certaines personnes, l'entretien annuel d'évaluation fournira l'occasion d'apprendre à se servir de cette technique ; pour d'autres, c'est la rencontre avec l'instituteur ou le professeur principal de leurs enfants qui leur permettra de découvrir comment gérer positivement le stress ; pour d'autres encore, c'est le déjeuner, remis sans cesse, faute de courage, avec les futurs beaux-parents...

Dans tous les cas, son apprentissage suppose de choisir un évènement suffisamment stressant pour qu'une intervention sur votre réaction anticipée en vaille la peine. Mais attention, cet évènement ne doit surtout pas être à ce point stressant qu'il vous bouleverse, rien que d'y penser. Choisissez plutôt un évènement unique qui vous procure actuellement un sentiment d'anticipation négative, dont vous souhaitez vous dégager.

Il est intéressant que cet évènement soit effectivement unique, et ne fasse partie ni d'une série d'évènements problématiques, ni d'une habitude bien ancrée comme celle de vous inquiéter pour un rien, par exemple. Vous aurez l'occasion d'expérimenter prochainement une autre technique : la transformation d'une décision limitante, préconisée pour venir à bout de ce type de situation.

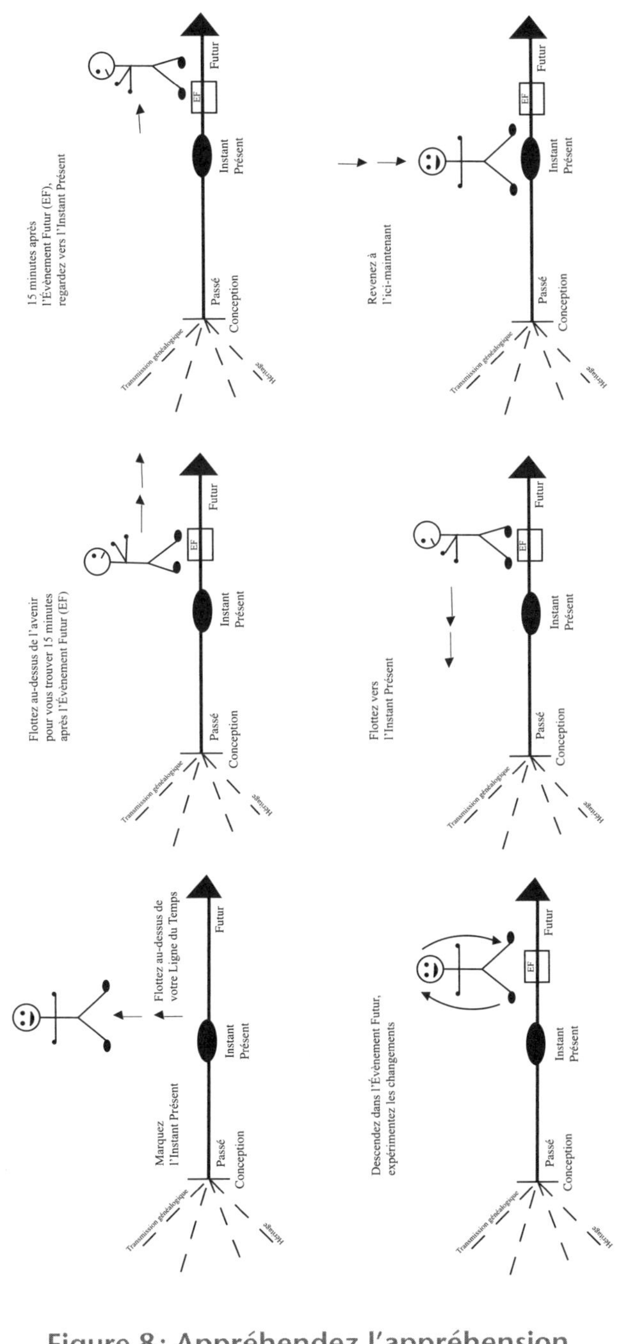

Figure 8 : Appréhendez l'appréhension

À nouveau, pour réaliser l'exercice suivant, je vous encourage à trouver un moyen de porter toute votre attention sur votre expérience. Vous pouvez lire les instructions de l'exercice avant de commencer, bien sûr, et regarder la figure 8 qui illustre la technique. Vous pouvez également demander à quelqu'un de vous lire les instructions, ou enregistrer le texte que vous écouterez ultérieurement en passant à l'exercice.

Exemple

Quelles sont les caractéristiques d'un évènement que l'on est susceptible d'anticiper avec appréhension ? Typiquement, on a l'impression que ce sera un mauvais moment à passer, mais que notre présence est requise ; c'est un passage obligatoire, quelque chose auquel on ne peut pas échapper, que l'on ne peut pas éviter, pour lequel prétexter un empêchement n'est pas envisageable, etc.

Attention : il s'agit de faire face à l'évènement, le traverser et d'en sortir indemne, intègre, en estimant que l'expérience s'est passée d'une façon satisfaisante pour nous. Il s'agit de passer un examen ou un concours par exemple, non de s'imaginer reçu major de la promotion. Appréhender l'appréhension pour prendre son bien-être émotionnel en main, oui, se prendre pour Perrette[12] en se racontant des fables, non. Voici un exemple de la mise en œuvre de cette technique.

Sophie est une jeune femme tout aussi charmante qu'intelligente. Elle arrive dans mon cabinet au début de sa deuxième année de classe préparatoire. Elle stresse ; son esprit est trop lent, elle ne travaille pas assez vite ; les autres ont davantage le sens de la répartie, etc... Que ce soit pour la lecture, la mémorisation, la réflexion, la rédaction... elle cherche des moyens pour améliorer ses performances et en découvre. À la fin de l'année, la voici qui se présente à une série de concours. Maintenant son stress porte sur les entretiens de motivation qu'elle sera amenée à passer, ayant réussi tous les concours auxquels elle s'est présentée. Flotter au-dessus de sa Ligne du Temps l'amuse, se trouver un quart d'heure après que tel ou tel entretien a eu lieu de façon satisfaisante pour elle, lui plaît ; remarquer comment les évènements s'organisent pour supporter et soutenir les changements qu'elle a mis en place lui va comme un gant. Elle se prend au jeu à tous les niveaux et m'informe à la séance suivante qu'elle est reçue partout et qu'il ne lui reste qu'à choisir son école.

Dans la mesure où les instructions écrites permettent de traiter les différents cas de figure en réponse aux instructions techniques, vous

12. Voir *La laitière et le pot au lait* de Jean de la Fontaine.

découvrirez que toutes ne s'appliquent pas de la même manière à votre expérience. Lorsque vous aurez effectué ce type d'exercice plusieurs fois, vous remarquerez facilement quelles instructions sont importantes pour vous, selon votre expérience.

Exercice 17 : Appréhendez l'appréhension

Sans doute avez-vous déjà choisi l'évènement dans le proche futur, que vous anticipez, pour l'instant, négativement. Vous savez que vous pouvez le vivre autrement, dans la mesure où vous aurez un impact positif sur son issue. Vérifiez simplement avoir choisi un évènement unique et assurez-vous qu'il aura bien lieu, afin de vous faciliter l'apprentissage de cette démarche. Par la suite, lorsque vous serez plus habitué à traquer les tracas et à les éliminer, vous verrez rapidement si cette technique est la meilleure pour venir à bout d'une inquiétude, ou s'il y a une décision limitante à transformer pour lever les obstacles sur la route de l'avenir désiré.

Prenez le temps de noter l'évènement choisi, ainsi que la date du jour dans votre journal. Vous pouvez refaire cet exercice autant de fois que vous le voulez en vous servant d'autant d'expériences que nécessaires. Vous habituer à appréhender l'appréhension a un effet préventif à long terme, dans la mesure où, plus vous pratiquerez cette technique, plus elle vous paraîtra simple, et vous découvrirez également que plus vous créez automatiquement de nouvelles réponses, mieux vous mettrez naturellement en place de nouvelles habitudes. Vous apprendrez à anticiper des évènements divers, non pas avec crainte mais avec curiosité, non pas avec réticence, mais avec élan.

Peut-être voulez-vous regarder de nouveau la figure 8 pour vous donner des points de repère par rapport aux instructions données. Vous le pouvez, bien sûr, afin d'avoir un aperçu du voyage que vous allez maintenant entreprendre.

Installez-vous confortablement en laissant revenir à votre esprit l'organisation de votre Ligne du Temps, et, en la découvrant de nouveau, vous pouvez marquer l'instant présent d'une couleur, d'une image, d'un son, d'une sonorité, d'une sensation, pour vous laisser ensuite vous détacher de votre Ligne et flotter au-dessus d'elle à une distance qui vous convient, qui est confortable pour vous. Et vous pouvez simplement flotter au-dessus de votre Ligne du Temps en allant vers l'avenir en sachant que, dans quelques instants, vous aurez l'occasion de faire quelque chose d'inhabituel, quelque chose d'innovant, quelque chose qui va avoir un impact important et positif sur votre vie.

●●●

Dans quelques instants, vous allez vous retrouver juste au-dessus de l'évènement que vous avez choisi, juste au-dessus de l'évènement qui, lorsque vous l'aurez reconsidéré depuis un autre point de vue, transformera non seulement positivement votre réaction actuelle mais métamorphosera également toute réaction analogue dans l'avenir. Car, dans quelques instants, lorsque vous vous trouverez juste au-dessus de l'évènement que vous avez choisi, vous allez vous laisser flotter encore plus loin au-dessus de votre Ligne du Temps vers le futur, vous allez vous laisser vous retrouver un quart d'heure, 15 minutes, plus tard que le moment où cet évènement aura eu lieu de manière satisfaisante pour vous, vous allez vous positionner un quart d'heure, 15 minutes, après que cet évènement s'est conclu d'une façon pleinement satisfaisante pour vous.

Puis, de là-bas, vous allez regarder vers l'instant présent et répondre à une question.

Et maintenant, vous pouvez tout simplement flotter au-dessus de votre Ligne du Temps en allant vers l'avenir afin de vous retrouver juste au-dessus de l'évènement que vous avez choisi et qui vous sert de point de repère, cet évènement que vous avez choisi et qui, lorsque vous l'aurez reconsidéré depuis un autre point de vue transformera non seulement positivement votre réaction actuelle, mais métamorphosera également toute réaction analogue à venir. Et en flottant au-dessus de votre Ligne du futur, vous pouvez vous trouver juste au-dessus de l'évènement qui ne vous sert actuellement que de point de repère sur votre Ligne… et vous laisser flotter encore plus loin au-dessus de votre Ligne du Temps en allant vers le futur pour vous retrouver un quart d'heure, 15 minutes plus tard que le moment où cet évènement aura eu lieu de manière satisfaisante pour vous, un quart d'heure, 15 minutes, après que cet évènement s'est conclu d'une façon qui vous satisfait pleinement.

Et de là-bas, tournez-vous et regardez vers l'instant présent pour répondre à une question : où se trouve l'émotion ? A-t-elle disparu ? Certaines personnes aiment vérifier de nouveau que l'ancienne émotion d'appréhension a disparu : et elle a disparu n'est-ce pas ? Sinon, flottez encore plus haut, plus loin au-dessus de votre Ligne du futur pour regarder vers l'instant présent de nouveau et constater : l'émotion a disparu, n'est-ce pas ?

Et il est vrai que des personnes qui se servent de l'inquiétude pour se motiver, ont besoin de se créer des soucis mineurs afin de s'encourager à prendre des décisions et à engager des actions adéquates pour pallier toute éventuelle difficulté, tout inconvénient possible. Alors, si l'émotion n'a pas encore disparu, peut-être y a-t-il une partie de vous qui maintient encore cette émotion pour l'instant afin de vous aider à vous motiver et à faire le nécessaire pour vous préparer à vivre cet évènement ?

•••

Dans la mesure où cette technique est déjà une manière pour vous de vous y préparer et que cette partie de votre personnalité découvre d'autres moyens encore plus efficaces et encore plus faciles pour vous motiver et vous encourager à prendre soin de vous, veut-elle bien, maintenant, laisser disparaître l'émotion qui avait été reliée à cet évènement ? Et elle a disparu, n'est-ce pas ?

Et, tout en continuant à flotter au-dessus de votre Ligne du futur, un quart d'heure, soit 15 minutes, après que cet évènement a eu lieu de façon satisfaisante pour vous, vous pouvez vous rendre disponible pour la suite des instructions concernant ce qui va suivre. Car, dans quelques instants, vous allez descendre dans votre Ligne du Temps, dans quelques instants vous allez descendre dans cet évènement pour remarquer quelle émotion est là, maintenant, vous allez descendre dans cet évènement pour remarquer la nouvelle émotion qui a pris la place de l'ancienne, et revenir aussitôt au-dessus de votre Ligne de nouveau.

Et maintenant, vous descendez dans cet évènement, vous descendez dans votre Ligne du Temps juste le temps nécessaire pour remarquer le changement, juste le temps pour vérifier la transformation, juste le temps pour constater la nouvelle émotion qui s'y trouve : peut-être est-ce du courage ou de la curiosité ou de l'acceptation ou de l'ouverture d'esprit… Et revenez de nouveau au-dessus de votre Ligne du Temps.

Puis, dans quelques instants vous allez flotter au-dessus de votre Ligne du Temps en revenant du futur vers l'instant présent, mais seulement aussi rapidement que tous les évènements depuis celui-là et jusqu'au présent se réévaluent et se réorganisent en fonction des changements que vous avez effectués, des transformations que vous avez faites, de manière à ce qu'ils soient cohérents et congruents avec les apprentissages que vous êtes en train de faire au fur et à mesure que vous flottez au-dessus de votre Ligne du Temps pour vous retrouver juste au-dessus de l'instant présent.

Et maintenant, flottez au-dessus de votre Ligne du Temps en revenant du futur vers l'instant présent, en même temps que se réorganisent et se coordonnent tous les évènements depuis celui-là et jusqu'au présent, en fonction des changements et transformations réalisées, de façon à ce qu'ils soient cohérents et congruents avec votre nouvelle manière d'anticiper cet évènement là et tous les autres évènements analogues à venir. De manière à ce que tous ces évènements soient en phase avec vos valeurs et vos objectifs, qu'ils supportent et soutiennent vos projets au fur et à mesure que vous flottez au-dessus de votre Ligne du Temps pour vous retrouver juste au-dessus de l'instant présent. Et lorsque vous vous retrouvez de nouveau juste au-dessus de l'instant présent vous pouvez descendre de nouveau dans votre Ligne du Temps et revenir pleinement ici – maintenant.

Vous pouvez prendre des notes sur votre expérience pendant cet exercice. Notez tout ce qui vous semble pertinent dans les changements que vous êtes en train d'effectuer et tout ce qui peut vous servir à construire votre avenir.

•••

•••

Vous pouvez naturellement noter aussi d'autres évènements à venir auxquels vous préparer afin de profiter pleinement de l'issue favorable et des retombées positives.

Vous avez maintenant appris comment appréhender l'appréhension et traquer les tracas de votre vie quotidienne. Pour vous simplifier l'apprentissage de cette technique je vous ai invité à choisir un évènement unique, qui ne fasse ni partie d'une série d'évènements problématiques, ni d'une habitude bien ancrée comme celle de vous inquiéter pour un oui, pour un non, pour rien.

La technique de transformation d'une décision limitante que vous allez expérimenter maintenant, règle magistralement ce type de difficulté pour rééquilibrer votre Ligne du Temps.

Ne plus saborder ses projets mais prendre des décisions bonnes pour soi

Afin d'apprécier pleinement la richesse et l'étendue de cette technique de transformation de décision limitante, je vous propose, au moins à titre expérimental, de vous rappeler la chose suivante : que vous vous croyiez capable ou incapable, que vous considériez une chose possible ou impossible, vous avez raison, en ce qui vous concerne en tout cas.

Vous vous rappelez la prophétie qui se réalise, n'est-ce pas ? Quelle que soit votre croyance, vous ferez en sorte que les évènements se déroulent de la manière que vous avez prévue, sans que vous ayez à vous en préoccuper outre mesure, pour mettre en place l'issue que vous avez prédite. Pour cette raison, vous avez tout intérêt à organiser vos croyances, en transformant vos décisions, pour étayer vos objectifs. C'est ce que cette technique vous permet de faire.

Pour faciliter la compréhension et l'apprentissage de cette démarche, il est intéressant de distinguer les décisions des croyances en évoquant ce qui les rapproche et ce qui les différencie.

Dans notre enseignement de la PNL et dans l'un de nos ouvrages, nous définissons le mot « croyance » de cette manière : *des certitudes personnelles dont on ne peut fournir ni preuve matérielle ni justification rationnelle valable pour tous ; des affirmations sur nous-mêmes, les autres, le monde, leurs interactions et relations de causalité.* Et le terme « décision » ainsi : *des règles de conduite dans la vie. En relation avec nos croyances, les décisions résultent des choix que nous avons faits consciemment ou inconsciemment, principalement pendant l'enfance, en réaction à un stress important*[13].

Vos croyances sont personnelles. Érigées *a priori*, sans expérience directe, à partir de ce que l'on vous a dit, de ce que vous avez lu, etc., ou créé a posteriori, à partir d'une ou plusieurs expériences vécues, elles vous amènent à des conclusions singulières. Vous avez dû faire sens de ce que vous étiez en train de vivre. Bon gré mal gré, vous avez été amené à prendre des décisions à propos de vous-mêmes, des autres, du monde environnant, à propos des interactions entre ces diverses entités et les relations de causalité qui les relient entre elles. Vous avez dû décider de ce qui était bon ou mauvais, agréable ou désagréable, possible ou impossible. Vous avez été conduit à vous considérer comme plus ou moins digne, méritant, valeureux, intelligent ou débrouillard. Vous avez dû choisir la manière de vous comporter en toutes circonstances, que vous ayez eu des modèles ou pas. Vous avez fait ce que vous avez pu avec les moyens du bord ; vous avez créé des hypothèses et tiré des conclusions tout à fait personnelles ; comment faire autrement, n'est-ce pas ? car, à défaut de savoir, on croit.

Si l'on vous demande pourquoi vous faites ce que vous faites, pourquoi acheter telle marque de lessive, pourquoi voter pour telle tendance, pourquoi regarder tel programme à la télévision, ou écouter telle émission à la radio, pourquoi avoir épousé telle femme ou tel homme : vous ne pouvez guère que répondre : « ça me semblait une bonne idée à ce moment-là. » Vous avez fait ce que vous avez fait parce que vous croyiez obtenir ce que vous recherchiez. Et de prime abord il est difficile de considérer ce genre d'explications comme forcément, naturellement, obligatoirement logique, rationnel, réfléchi, cohérent et valable, à moins

13. Documents pédagogiques du DÔJÔ de 1990 à 2018 ; *9 bonnes façons de construire sa vie adulte*, op. cit.

de partager les mêmes croyances que votre interlocuteur, et encore ! Vous ne pouvez pas justifier ce qui fait sens pour vous de façon convaincante, et qui convienne à tout le monde. Vous devez vous contenter d'être suffisamment convaincu vous-même et tant que vos croyances vous conviennent en vous aidant à donner du sens à votre vécu, à vous mouvoir dans le monde et à entretenir de bonnes relations avec les autres et avec vous-même, tout va pour le mieux.

Mais, en fonction de vos croyances, en raison de vos certitudes personnelles, vous avez pris des décisions[14] qui, elles, sont liées à vos croyances et répondent à la question fondamentale : « Que faire ? Que faire lorsqu'on est comme ceci ou comme cela ? Que faire lorsqu'on est dans un monde qui est ainsi ? Que faire lorsqu'on est entouré de gens qui sont comme ils sont ? » En effet, alors que vos décisions fournissent une réponse à la question : « que faire ? » et vos valeurs à la question « Pour quoi le faire ? », vos croyances répondent à la question « pourquoi ? », spécifiquement : « Pourquoi suis-je ceci ou cela ? Pourquoi les autres sont ainsi ? Pourquoi le monde alentour est comme il est ? »

Vos croyances vous servent de principes organisateurs, de fil d'Ariane dans le labyrinthe de votre vie ; vos décisions vous fournissent des plans d'action particuliers, des plans d'action que vous avez bâtis, sans le savoir, en réaction à votre vécu et en fonction de vos croyances et de vos valeurs. Tout se passe comme si vous vous disiez : « Puisque, c'est comme ça (en annonçant telle croyance), je décide telle action. »

De cette façon, vous avez sans doute pris des décisions qui, selon les circonstances, vous encourageaient à agir de telle manière, à ressentir ou à ne pas ressentir telle émotion, à avoir telle pensée, à promouvoir telle opinion, à développer telle capacité, à adopter telle attitude ou endosser tel rôle. Vous avez eu l'occasion de prendre toutes sortes de décisions pour vous adapter à votre vie familiale, vous aider à vous faire des alliés et des amis à l'école, vous permettre de grandir, plus ou

14. Certains croient que la décision précède la croyance dans la mesure où on décide de croire. En ce qui nous concerne, nous estimons que ce type de décision est d'une autre nature et à un autre niveau d'abstraction que le type de décision dont il s'agit ici. Nous décidons, en conséquence, en ce qui nous concerne, que les décisions résultent des croyances.

moins harmonieusement, dans une société en pleine évolution, dans un monde en pleine mutation. Et vous avez dû prendre ces décisions rapidement et sous stress, sans avoir de recul, sans disposer de beaucoup d'informations pour vous faciliter la tâche. Vous avez dû vous orienter un peu à l'aveuglette en vous adaptant tant bien que mal aux exigences de votre environnement et de votre entourage, sans avoir eu la possibilité de réfléchir sur l'impact que ces décisions auraient sur votre vie future, et leurs conséquences. Vous avez fait de votre mieux, et vous êtes toujours là, preuve que vous ne vous en êtes pas trop mal sorti, mais…

Bien que certaines de vos décisions d'antan continuent sans aucun doute à vous aider, d'autres vous gênent dans votre développement, vous entravent dans la réalisation de vos objectifs et de la mise en œuvre de vos projets. C'est pour vous permettre de réviser ces décisions non aidantes, limitantes, que la technique de transformation d'une décision limitante a été créée pour vous donner les moyens de faire une mise à jour de vos décisions, et de remplacer les anciennes qui vous empêchent de réaliser vos objectifs par de nouvelles qui vous soutiennent dans votre démarche.

Vous remarquerez en regardant la figure 9 que, dans l'exercice qui suit, lorsque vous flotterez au-dessus de votre Ligne du Temps ; il y a des Lignes du Temps qui viennent rejoindre la vôtre au moment de votre conception.

Vous le savez déjà, ces Lignes représentent symboliquement les personnes qui vous ont entourées réellement ou virtuellement et qui ont eu une influence sur votre vie.

Peut-être avez-vous hérité d'une décision qui n'est plus d'actualité ; il se peut que quelqu'un de votre famille vous en ait transmis une qui ne vous convienne plus. En plus du fait de rééquilibrer votre Ligne du temps, c'est une bonne raison de faire cet exercice.

Et, pour vous en faciliter la réalisation, il est intéressant de pouvoir vous concentrer pleinement sur votre expérience sans avoir à regarder les instructions au cours de l'exercice, car je vous inviterai à vous installer confortablement pour laisser votre esprit en roue libre. Peut-être allez-vous demander à quelqu'un de vous lire les instructions, à moins d'enregistrer le texte pour faire l'exercice en étant votre propre guide.

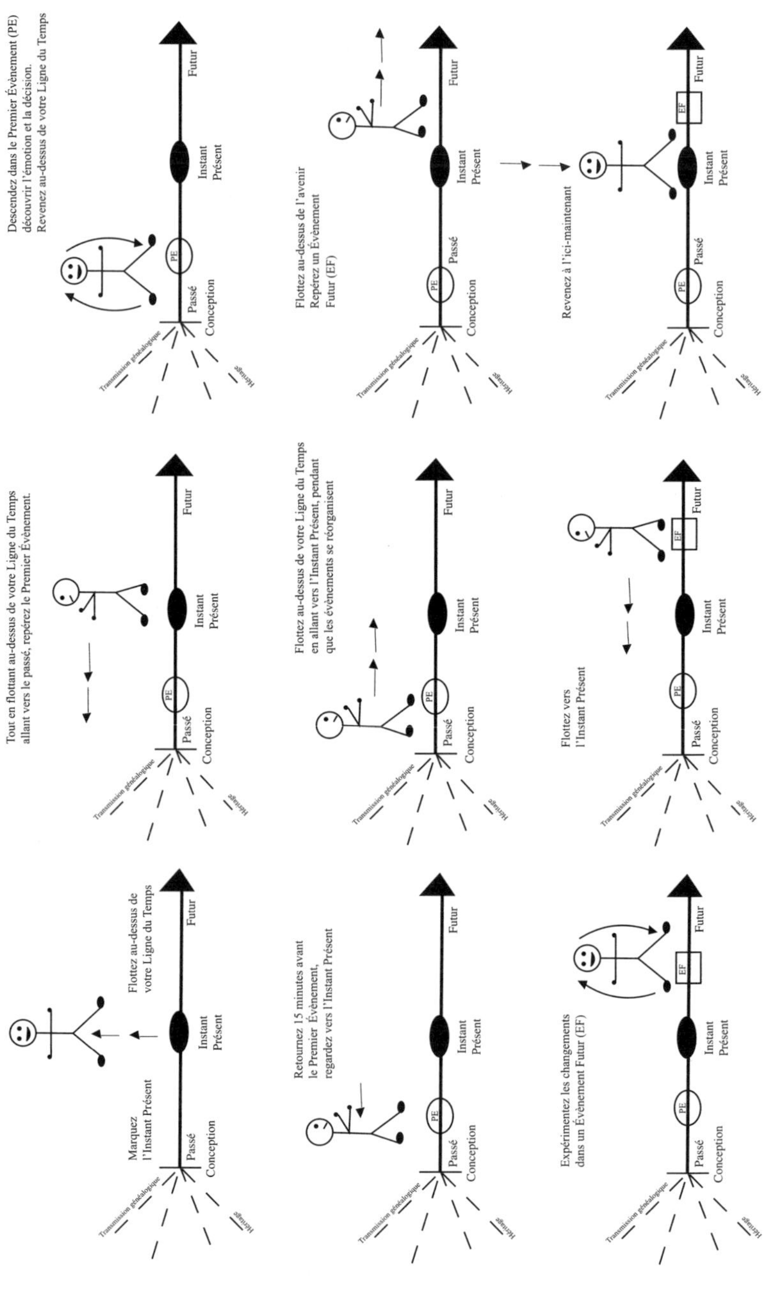

Figure 9 : Transformez une décision limitante

Puisque les instructions écrites permettent de traiter des différents cas de figure, il se peut qu'elles n'aient pas toutes la même pertinence par rapport à votre expérience. En devenant de plus en plus habitué à voyager au-dessus de votre Ligne du Temps vous découvrirez quelles instructions vous donner en fonction de votre vécu.

Comme tous les autres exercices initiant aux techniques spécifiques, vous pouvez répéter cet exercice autant de fois que vous le voudrez, pour transformer autant de décisions que vous désirerez. Chaque fois que vous le réitérerez, vous le trouverez plus facile et plus rapide. Vous découvrirez également que vous n'avez pas besoin de connaître d'emblée la décision limitante, vous pouvez simplement prendre comme point de départ une situation gênante répétitive qui vous donne le sentiment d'avoir pris une décision sur la meilleure manière d'agir et de réagir dans une telle situation. Néanmoins, pour la première fois, afin de vous initier à cet exercice et vous habituer à ce type de démarche, vous êtes invité à transformer une décision que vous connaissez et dont vous reconnaissez l'impact sur votre vie. Après cette initiation, pour rééquilibrer votre Ligne du Temps, je vous proposerai de vérifier si, en vous fixant des objectifs, vous rencontrez des décisions limitantes concernant leur réalisation. Dans ce cas, il vaut mieux recommencer l'exercice afin de traiter chacune des décisions qui risqueraient, autrement, d'inhiber votre progrès.

Avant de vous engager dans ce travail, je vais vous rappeler pourquoi utiliser cette technique. Vous allez transformer des décisions qui ne vous aident plus dans votre vie actuelle, même si elles ont été d'un secours considérable à un moment donné. Par exemple, dans votre famille d'origine vous étiez le « modérateur » qui donnait la parole à tout le monde en cherchant à dégager un consensus, alors qu'aujourd'hui, dans votre travail, votre hiérarchie s'attend à ce que vous preniez des décisions tout seul et que vous les fassiez respecter. En plus, c'est à vous que revient la tâche de trancher, sans négocier, dans des situations conflictuelles ! Ou peut-être étiez-vous le « justicier » qui faisait la loi chez vous, défenseur de la veuve et de l'orphelin envers et contre tous, parfois en dépit de tout bon sens. Aujourd'hui, par rapport à vos enfants, vous commencez enfin à entendre et à comprendre les reproches que vous adresse votre femme. Elle trouve que vous manquez de tolérance à leur égard, que vous levez la voix trop vite et les punissez trop facilement pour des broutilles. Vous commencez même à croire possible d'écouter leurs arguments jusqu'au bout, lorsqu'ils vous expliquent tous les deux que c'est forcément la faute de l'autre s'ils se chamaillent.

Vous avez pris des décisions sur la manière de vous conduire à un moment de votre vie où les rôles que vous aviez à jouer étaient fort différents. Dans la mesure où elles ne vous facilitent plus la vie, ne répondent plus de façon appropriée à la question : « Que faire ? », elles vous empêchent de considérer d'autres options et stratégies d'action. Lorsque vous transformez une décision limitante, vous êtes, en fait, en train de vous « redécider » : vous prenez une nouvelle décision qui, en phase avec vos valeurs, vous soutient dans vos objectifs et projets, au lieu de vous saborder.

Exemple

Une décision limitante nous limite, nous entrave, nous empêche dans la réalisation de nos objectifs, de nos projets. Mais, comme un poisson dans l'eau, nous avons tendance à ignorer cet élément fondateur de notre expérience jusqu'au jour où surgit un obstacle à notre réalisation. Effectivement, une décision limitante ne se fait remarquer que lorsque nous nous trouvons gênés dans notre élan ou arrêté dans notre progression. Quand la mise en œuvre d'un objectif est sabordée ou limitée, après avoir vérifié qu'il répond aux critères SUPER, vérifions si une décision limitante en est la cause.

Barbara souhaitait mieux parler Italien. Elle avait suivi quelques cours à l'université aux États-Unis, puis, après son arrivée à Paris, l'avait laissé tomber. Bien que ce soit la langue maternelle de son père, personne de la famille ne parlait Italien à la maison ni ne l'avait encouragée dans cette voie. Elle entreprit des cours pour adultes avec un succès mitigé. Bien qu'ayant apparemment de la facilité pour la langue, sa compréhension à l'oral et à l'écrit étant bonne, elle n'arrivait pas à parler. « C'est comme si, » me disait-elle, « m'exprimer dans cette langue m'était interdit. »

Flotter au-dessus la Ligne du Temps, découvrir quel était le premier évènement qui était la cause de cet empêchement nous réserva des surprises. Avant la naissance, avant la conception, une transmission généalogique en était la cause. Impliqué injustement dans une sombre histoire, craignant à la fois des poursuites de la justice et de la Mafia, un oncle paternel dut quitter le village natal sans laisser de traces. Le futur père de Barbara, entendant que la rumeur publique l'impliquait également décampa aussitôt et finit par immigrer en Amérique, coupant tous les ponts avec ce qui le reliait à sa famille, à son pays d'origine et à sa langue maternelle. Ayant mis au jour ce premier évènement, Barbara découvrit des sentiments de peur, d'injustice et de trahison. Prendre position au-dessus de sa Ligne du Temps 15 minutes avant que cet évènement n'ait existé, regarder vers l'instant présent a tout changé. Les émotions neutralisées, la décision : « Je ne peux pas dire ce que je sais ; je n'ose pas parler » est devenu « Je peux m'exprimer. ». Cette expérience a démêlé des histoires de famille, levé l'interdit et délié sa langue.

Exercice 18 : Transformez une décision limitante

Vous avez peut-être déjà choisi la décision de transformer, une décision dont vous connaissez l'existence et l'impact dans votre vie. Choisissez une décision que vous avez bien cernée pour apprendre cette démarche et faciliter votre apprentissage. Ensuite, lorsque vous serez plus habitué à travailler avec cette technique, vous transformerez d'autres décisions, celles qui vous ont empêché, jusqu'à présent, de construire l'avenir que vous désirez.

Prenez note de la décision que vous transformerez, maintenant, et marquez la date du jour dans votre journal. Vous pouvez même faire une liste des décisions que vous désirez transformer, en sachant qu'il est possible d'expérimenter la situation, ô combien fréquente, qui consiste à découvrir que, lorsque vous avez transformé une décision limitante, d'autres décisions changent aussi en s'alignant positivement avec celle-ci, sans que vous ayez à faire quoi que ce soit de particulier. Vous pouvez simplement constater le changement dans différents domaines de votre vie et noter votre parcours et votre progrès. Plus vous vous exercerez à cette pratique, plus elle deviendra facile.

Peut-être voulez-vous regarder de nouveau la figure 9 pour vous donner des points de repère par rapport aux instructions. Vous aurez un aperçu du voyage que vous allez maintenant entreprendre.

Installez-vous confortablement en laissant revenir à votre esprit l'organisation de votre Ligne du Temps, et en la découvrant de nouveau, marquez l'instant présent d'une couleur, d'une image, d'un son, d'une sonorité, d'une sensation, pour vous laisser ensuite vous détacher de votre Ligne et flotter au-dessus d'elle à une distance qui vous convient, qui est confortable pour vous. Et vous pouvez simplement vous interroger, et laisser cette autre partie de votre esprit qui sait répondre : « Quel est le tout petit évènement, aussi minime soit-il, qui est la cause de cette décision, et qui, lorsque je l'aurai traité, fera non seulement disparaître le problème posé par cette décision mais transformera également tout évènement semblable au cours de ma vie ? »

Et tout en vous laissant flotter au-dessus de votre Ligne du Temps, demandez-vous : « Si je le savais, est-ce que l'évènement a eu lieu avant, pendant ou après ma naissance ? » Et tout en étant curieux de découvrir la réponse qui vous sera fournie, vous pouvez rester disponible afin de l'accueillir pleinement, tranquillement…

Et si la réponse, qui vous vient, est : « Après », posez-vous la question : « À quel âge ? » Vous pouvez tranquillement laisser venir la réponse sans la chercher de manière volontaire, et, si elle ne vient pas spontanément, tout de suite, vous pouvez simplement la deviner, en laissant répondre votre intuition.

Et si la réponse est : « Avant la naissance », demandez : « Est-ce que l'évènement a eu lieu pendant la vie intra-utérine ou avant ? », tout en en restant à l'écoute de ce qui vous sera proposé. Et si la réponse à cette question est : « Pendant la vie intra-utérine », continuez ce dialogue avec vous-même : « Quel mois ? » Vous pouvez laisser venir la réponse et si elle ne vient pas rapidement, facilement, alors vous pouvez simplement la deviner, en laissant répondre votre intuition. Si la réponse est : « Avant », demandez-vous : « Est-ce que l'évènement qui a eu lieu relève d'une transmission ou d'un héritage généalogique ? » Et quelle que soit la réponse, vous pouvez demander : « De qui ? » En laissant simplement répondre la partie de vous qui sait, sans chercher à identifier l'évènement volontairement, consciemment, vous pouvez tranquillement vous laisser le découvrir et recevoir les informations que vous vous fournissez.

Et tout en continuant à flotter au-dessus de votre Ligne du Temps, en flottant vers le passé, au-dessus de votre passé pour vous retrouver juste au-dessus du premier évènement qui, lorsque vous l'aurez traité, fera non seulement disparaître le problème posé mais transformera également tout évènement semblable au cours de votre vie… peut-être en flottant au-dessus de votre Ligne vers le passé, vous découvrirez que vous flottez au-dessus de la Ligne du Temps d'un de vos parents ou de vos grands parents, ou encore de leurs amis ou des personnes qui ont eu une influence sur votre vie sans que vous les connaissiez directement, sans que vous les ayez jamais rencontrées… Et lorsque vous vous retrouverez juste au-dessus du premier évènement, aussi minime soit-il, aussi mineur soit-il, vous pouvez vous arrêter juste au-dessus quelques instants, au-dessus de votre Ligne du Temps pour prêter attention à ce que vous allez faire ensuite. Car, dans quelques instants vous allez descendre dans votre Ligne, vous allez descendre dans l'évènement juste le temps nécessaire pour que vous puissiez faire une chose importante, dans quelques instants vous allez descendre rapidement dans l'évènement juste le temps nécessaire pour remarquer deux choses.

Vous allez descendre rapidement dans l'évènement juste le temps nécessaire pour remarquer quelle est l'émotion et quelle est la décision qui sont présentes dans le premier évènement, avant de remonter aussi vite pour vous retrouver de nouveau au-dessus de l'évènement, à une distance qui vous est confortable, au-dessus de votre Ligne du Temps.

Et maintenant vous pouvez descendre dans l'évènement juste le temps nécessaire pour remarquer quelle décision et quelle émotion sont présentes dans l'évènement avant de remonter aussi vite pour vous retrouver de nouveau au-dessus de l'évènement, au-dessus de votre Ligne du Temps. Et vous n'avez pas besoin de nommer l'émotion dans l'évènement d'une manière très précise, vous pouvez simplement la remarquer et noter quelle est la décision que vous avez prise à ce moment-là, la décision qui se transformera facilement en une décision nouvelle, aidante dans pas longtemps... puisque vous savez déjà que les décisions, tout comme les émotions, changent avec le temps, les décisions comme les émotions se transforment, s'estompent, s'évaporent, disparaissent.

Et dans quelques instants, vous allez faire quelque chose qui peut vous surprendre, qui peut vous étonner. Vous allez de nouveau flotter vers le passé au-dessus de votre Ligne du Temps pour vous retrouver un quart d'heure, 15 minutes, avant que l'évènement n'ait eu lieu, avant qu'il n'ait existé, et, de là-bas, vous allez regarder vers l'instant présent et répondre à une nouvelle question.

Et maintenant, de nouveau vous flottez au-dessus de votre Ligne du Temps vers le passé, vous vous retrouvez un quart d'heure, 15 minutes, avant que l'évènement n'ait eu lieu, avant qu'il n'ait existé, et, de là-bas, vous regardez vers l'instant présent : Où se trouve la décision ? A-t-elle disparu ?

C'est une chose curieuse, n'est-ce pas, de remarquer comment une décision, et l'émotion qui l'accompagnait disparaissent avec le temps, même avant qu'elles n'aient existé. N'est-ce pas surprenant de constater comment une décision et une émotion peuvent disparaître avant même que l'évènement qui les a provoquées n'ait eu lieu ?

Et certaines personnes ont besoin de vérifier de nouveau que la décision a disparu : Et elle a disparu n'est-ce pas ? Et les émotions avec, bien sûr ? Sinon, flottez encore plus haut, plus loin au-dessus de votre Ligne pour regarder vers l'instant présent de nouveau et constater : la décision a disparu ? Sinon, il peut arriver que cette décision ait des apprentissages à vous transmettre avant de se transformer, des apprentissages qui risqueraient de se perdre si la décision disparaissait trop vite, alors simplement, stockez, gardez, maintenez ces apprentissages dans l'endroit que vous avez réservé aux apprentissages.

Et vous n'avez pas besoin d'avoir spécifiquement conscience de ces apprentissages, car vous avez sans doute déjà appris, et vous pourrez continuer à apprendre inconsciemment. Alors stockez les apprentissages positifs qui vous concernent directement et qui ont trait à votre avenir, stockez simplement les apprentissages que vous avez faits à partir de cet évènement, grâce à cette décision et regardez de nouveau vers l'instant présent pour remarquer que la décision a disparu.

Et, tout en continuant à flotter au-dessus de votre Ligne, au moins un quart d'heure avant que l'évènement n'ait eu lieu et dont la décision a disparu, vous pouvez accueillir maintenant la suite des instructions et vous rendre disponible pour ce qui va suivre. Car, dans quelques instants, vous allez de nouveau descendre dans votre Ligne du Temps, dans quelques instants vous allez descendre de nouveau dans l'évènement pour remarquer ce qui est différent maintenant, vous allez descendre de nouveau dans l'évènement pour remarquer la nouvelle décision aidante que vous avez prise à la place de l'ancienne décision limitante, pour revenir de nouveau ensuite au-dessus de votre Ligne du Temps.

Et maintenant, vous descendez dans l'évènement, vous descendez dans votre Ligne du Temps juste le temps nécessaire pour remarquer le changement, juste le temps de vérifier la transformation : qu'est-ce qui est différent ? qu'est-ce qui a changé ? quelle est la nouvelle décision aidante ? Et revenez de nouveau, au-dessus de votre Ligne du Temps.

Et dans quelques instants vous allez flotter au-dessus de votre Ligne du Temps en allant vers l'instant présent, mais seulement aussi rapidement que tous les évènements depuis celui-là et jusqu'au présent se réévaluent et se réorganisent, en fonction des changements que vous avez effectués et des transformations que vous avez faites. En remarquant comment les évènements deviennent cohérents et congruents avec les apprentissages que vous êtes en train de faire, au fur et à mesure que vous flottez au-dessus de votre Ligne du Temps pour vous retrouver juste au-dessus de l'instant présent.

Et maintenant, flottez au-dessus de votre Ligne du Temps en allant vers l'instant présent, encore aussi rapidement que tous les évènements depuis celui-là et jusqu'au présent se réévaluent et se réorganisent en fonction des changements que vous avez effectués, des transformations que vous avez faites. Flottez au-dessus de votre Ligne du Temps en revenant vers l'instant présent, seulement aussi rapidement que se réévaluent et se réorganisent tous les évènements depuis celui-là et jusqu'au présent de manière à ce qu'ils soient cohérents et congruents avec la nouvelle décision que vous avez prise, pour qu'ils soient en phase avec vos valeurs et vos objectifs, de façon à ce qu'ils supportent et soutiennent vos projets au fur et à mesure que vous flottez au-dessus de votre Ligne du Temps pour vous retrouver juste au-dessus de l'instant présent.

Et lorsque vous vous trouvez de nouveau au-dessus de l'instant présent, vous pouvez flotter au-dessus de votre avenir en vous posant de nouvelles questions : « Quand aurais-je la prochaine occasion de vérifier ce changement ? Quelle sera la prochaine opportunité que j'aurai de valider les transformations que j'ai faites ? Quel évènement futur, s'il avait eu lieu auparavant, aurait eu tendance à me faire agir au travers de l'ancienne décision non aidante, et qui, maintenant, suscitera une réponse, une réaction nouvelle qui soit en cohérence avec la nouvelle décision ? »

Et maintenant, tout en continuant à flotter au-dessus de votre Ligne du Temps, vous pouvez revenir pour vous retrouver de nouveau juste au-dessus de l'instant présent, et, lorsque vous y serez, descendrez de nouveau dans votre Ligne du Temps, revenez pleinement ici-maintenant.

Vous pouvez prendre quelques instants pour noter ce que vous avez remarqué de votre expérience pendant cet exercice. Notez surtout la nouvelle décision prise. Elle est par nature aidante et libératrice. Elle tient compte des apprentissages faits pendant l'expérience initiale et stockés, naturellement, dans le lieu réservé aux apprentissages. Prenez note également de tout ce qui vous semble important, par rapport aux changements que vous êtes en train d'accomplir et tout ce qui peut vous aider à construire votre avenir.

Vous avez maintenant appris comment transformer une décision limitante, et comment une nouvelle décision aidante vient naturellement prendre sa place. Je vous ai invité à choisir une décision que vous connaissiez déjà de façon à ce que vous puissiez vous concentrer sur votre apprentissage de la technique. Afin de rééquilibrer votre Ligne du Temps et vous faciliter la création de votre avenir, vous pouvez transformer toutes les décisions qui vous empêchent de jouir pleinement de votre vie. Celles-ci peuvent toucher à la santé, à la prospérité, au bonheur, à l'amour... que vous méritez. Vous pouvez transformer les décisions limitantes qui vous gênent dans votre fonctionnement et vous mettent à l'étroit dans votre vie.

Dans la mesure où vos décisions sont largement inconscientes, c'est en fixant et en réalisant vos objectifs que vous êtes susceptibles de rencontrer des obstacles relevant de décisions limitantes. Ne vous découragez pas. Au contraire, réjouissez-vous ! Si vous n'aviez pas eu envie de changer le cours de votre vie, vous n'auriez pas eu la possibilité d'obtenir des informations aussi précises sur ce qui vous en avait empêché jusque-là. Profitez de ce moment pour vous donner un coup de main, saisissez l'opportunité de pratiquer cette technique, et toutes les autres, autant de fois qu'elles s'avèrent adéquates. Ces techniques ont été mises au point pour vous aider à construire votre avenir tel que vous l'avez rêvé. Mettez-les à votre service, apprenez à vous en servir pour découvrir leur puissance et saisissez les opportunités de croissance et d'épanouissement qu'elles vous offrent.

Une nouvelle opportunité s'offre sous la forme d'une autre technique spécifique, différente de celles que vous avez apprises et pratiquées jusque-là. Au début de ce chapitre, nous avons noté que pour passer à l'action, vous aviez besoin de ressources et que vos ressources sont partout, dans toutes les aires du temps Passé, Présent, Futur. Des ressources restent à votre disposition en permanence il faut juste aller les chercher. Pour faciliter leur mise en valeur, et en profiter pleinement, il est intéressant de découvrir l'existence et le fonctionnement de leur source.

La source de toutes ressources

Parmi les conquistadores du Nouveau Monde figurait un Andalou nommé Ponce de Léon. Parti à la recherche d'Eldorado, le pays de l'or, c'est la fontaine de jouvence qu'il crut découvrir en Floride. Selon la tradition, la fontaine de jouvence est issue de la source qui jaillit au pied de l'Arbre de vie, au centre du Paradis. Par ses eaux toujours changeantes, elle confère, non pas l'immortalité mais un perpétuel rajeunissement. Qui y boit s'affranchit des limites de la condition temporelle et obtient donc, par une jeunesse toujours renouvelée, la longévité.

Grâce à votre Ligne du Temps, vous avez découvert comment vous affranchir des contraintes temporelles : il vous suffit de flotter au-dessus. Bien que flotter au-dessus de votre Ligne du Temps ne vous garantisse pas la jeunesse éternelle, vous avez découvert les bienfaits de la démarche. En effet, n'est-ce pas détendant, rafraîchissant et ressourçant de se trouver détaché de toute obligation ponctuelle, dégagé de toute contrainte temporelle, libre enfin de prendre du recul en dehors et au-dessus de la mêlée ?

Fort de ces expériences, que se passerait-il alors, si vous possédiez, non pas une fontaine de jouvence à domicile, mais une source de ressources où puiser en quantité de quoi fixer, atteindre et savourer vos objectifs ?

Vous allez probablement répondre que votre vie serait différente, transformée, ou peut-être la même mais en mieux.

Pour trouver la source de ressources, rien de plus simple : elle existe déjà en vous ; elle fait partie de vous. Et pour y accéder, vous savez ce que vous devez faire ; simplement à flotter au-dessus de votre Ligne du Temps pour aller la rejoindre et boire ses eaux jusqu'à plus soif, vous ressourçant pleinement à la source des ressources.

En flottant au-dessus de votre Ligne du Temps pendant le vol de reconnaissance (Exercice 9), vous avez expérimenté des ressources universelles. Vous avez apprécié la possibilité de suspendre le temps, de prendre du recul, d'expérimenter la souplesse des repères « espace-temps ». Les ressources sont partout, dans toutes les aires du temps, même avant que la construction du temps et de l'espace.

Comme pour les autres exercices qui se servent de votre Ligne du Temps, il est adéquat de trouver le moyen de vous rendre pleinement disponible à l'expérience que vous allez faire.

Je vous invite à lire les instructions et à regarder la figure 10 avant de commencer, soit en vous faisant aider par quelqu'un d'autre qui vous lit l'exercice, soit en l'enregistrant pour le réaliser à votre rythme et à votre convenance.

Exercice 19 : Ressourcez-vous à la source des ressources

La source de ressources appartient aussi à la catégorie des ressources universelles. Elle se trouve hors du temps, en dehors de l'espace, avant même que ni l'espace ni le temps n'aient été créés, construits, conçus.

Si vous pratiquez l'auto-hypnose, la méditation ou le mindfulness, sans doute avez-vous remarqué des similitudes entre ces expériences et des états de conscience modifiée qu'induit la suspension de repères spatio-temporels lorsque vous flottez au-dessus de votre Ligne du Temps.

La source de ressources est disponible 24 heures sur 24, 7 jours sur 7 ; n'hésitez pas à vous désaltérer de ses eaux.

●●●

Installez-vous confortablement de nouveau en laissant revenir à votre esprit l'organisation spécifique de votre Ligne du Temps, et, en la redécouvrant, marquez l'instant présent de la manière qui vous convient : d'une couleur, d'une image, d'un son, d'une sonorité, d'une sensation... Ensuite laissez-vous flotter au-dessus de votre Ligne à une distance commode, à une distance confortable. Et vous pouvez tout simplement vous laisser flotter au-dessus du passé, en vous laissant aller loin au-dessus du passé et plus loin encore en passant au-dessus de votre naissance, puis au-dessus de votre conception, ensuite au-dessus des Lignes du Temps qui ont influé sur votre propre Ligne, sur votre vie... en continuant à flotter encore plus loin de façon à ce que vous vous trouviez à un temps avant le temps, dans un espace avant l'espace, dans l'espace avant le temps, aux temps avant l'espace pour vous retrouver avant même que ni l'espace ni le temps n'aient été créés, construits, conçus. Vous vous trouvez hors du temps, en dehors de l'espace simplement, souplement, agréablement flottant plaisamment sans le moindre gène, sans le moindre souci.

Et depuis cet espace-temps, ce temps-espace qui n'en est pas un, où tout et son contraire coexistent en même temps, vous pourrez constater que tout est en devenir, tout est encore potentiel et déjà possible, car toutes les ressources sont disponibles ici, dans cette source de ressources. Alors, explorez-la... plongez-vous dedans pour vous baigner, vous imprégner, vous ressourcer à la source de ressources où toute expression de toute ressource est présente bien que n'ayant pas encore pris forme, n'étant pas encore formalisée. Et chaque fois que vous aurez besoin, ou chaque fois que vous aurez envie, vous savez comment revenir à la source de ressources ; vous savez comment évoquer votre Ligne du Temps, marquer l'instant présent et flotter au-dessus du passé très loin, très, très loin pour rejoindre la source des ressources, bénéficier de ses eaux salutaires, profiter de cette ambiance, de cet environnement propice et favorable à votre développement, à votre épanouissement... Et en vous laissant de nouveau flotter au-dessus de votre Ligne du Temps, vous pouvez observer comment vous percevez votre Ligne depuis cette perspective nouvelle, depuis la perspective de la source de ressources pour remarquer et apprécier comment votre Ligne est alignée naturellement depuis ce point de vue, de tout point de vue pour revenir tranquillement, lentement ou rapidement à votre rythme juste à l'instant présent, l'ici maintenant.

Dans cet exercice, vous vous êtes servi de vos compétences de voyageur atemporel, pour vous affranchir des limites du temps et accéder à des moyens pour vous ressourcer à la source des ressources.

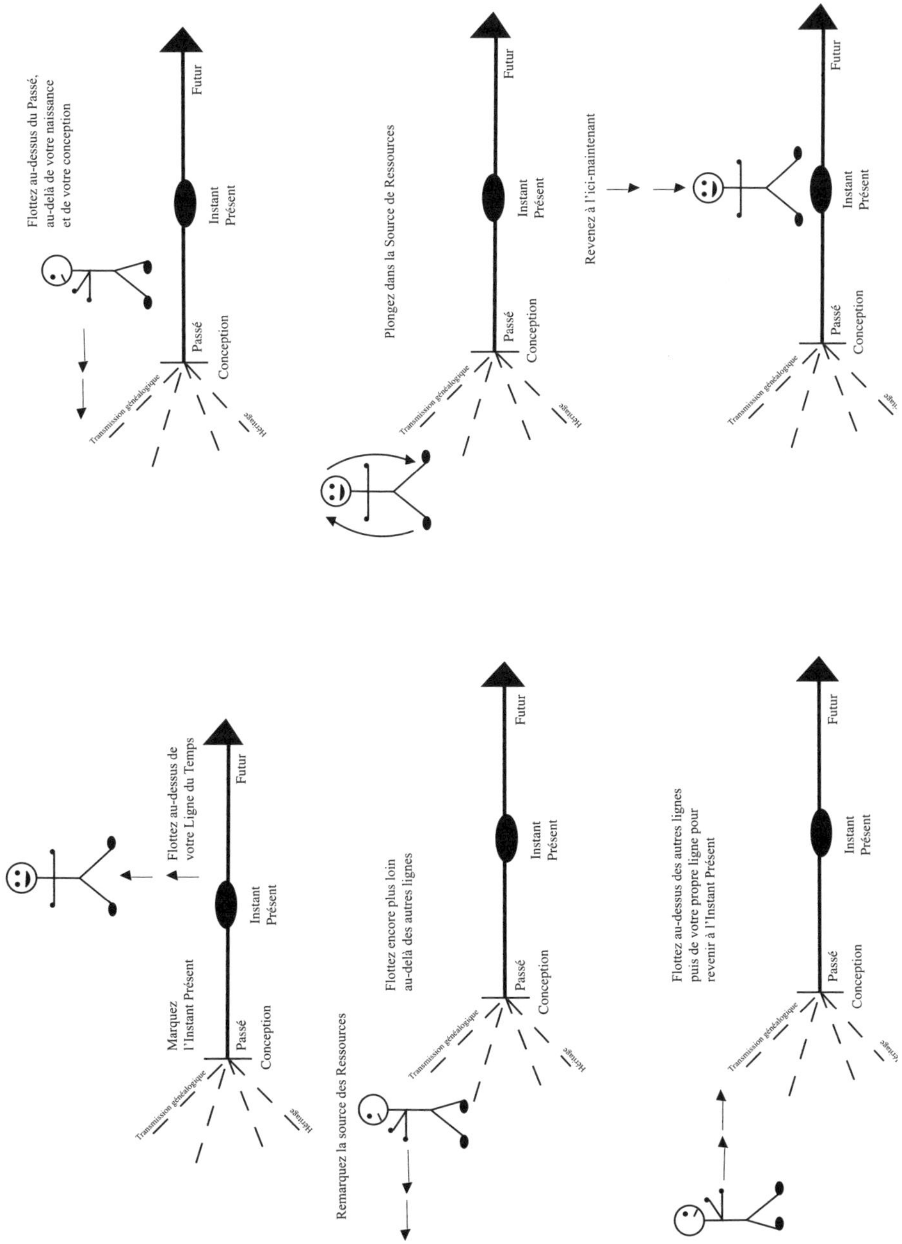

Figure 10 : Ressourcez-vous à la source des ressources

Chaque fois que vous vous rendrez à la source de ressources, vous découvrirez à quel point c'est facile et naturel pour vous de la retrouver et de bénéficier de ses qualités. Ses ressources, vos ressources sont inépuisables. Allez-y vous rassasier, vous ressourcer, vous renouveler.

La source de ressources est disponible en permanence pour vous en vous.

Au fur et à mesure des exercices de ce chapitre, vous avez réorganisé votre Ligne du Temps, et, de ce fait, votre vie. En plus des transformations que vous pouvez remarquer dans votre vécu, vous avez sans doute perçu des changements dans l'organisation et dans l'aspect de votre Ligne elle-même.

Dans le prochain chapitre, je vous invite à constater ces changements de manière plus formelle et à expérimenter la puissance d'une autre ressource universelle : l'alignement. Vous aurez de nouveau l'occasion de constater que le temps est relatif et comment les ressources se renforcent avec le temps. Les ressources sont partout, y compris dans l'avenir.

9

Cohérence : aligner sa ligne du temps pour davantage de discernement

Vous avez sans doute déjà vécu des situations où vous avez cru prendre une décision ferme pour une direction précise et vous vous êtes retrouvé en train d'agir dans le sens contraire à votre choix, avec le sentiment d'être partagé, divisé. Dans ce cas, vous étiez probablement simplement en train d'éprouver de l'ambivalence par rapport à un choix ou à un engagement que vous aviez pris. Étant amené à réfléchir davantage, vous vous êtes questionné quant à l'adéquation de ce choix. Vos réponses se sont embrouillées.

Disons, pour donner un nom à votre situation, pour désigner l'état où vous vous êtes trouvé à ce moment-là, que vous n'étiez pas aligné, pas congruent, pas en phase avec vous-même. La langue française réserve de belles images à ce type de situation : on est « à côté de la plaque », on « marche à côté de ses pompes » on « n'a pas les yeux en face des trous », on « n'est pas dans son assiette », etc. Ce sont autant de façons d'évoquer ce manque de coordination où il y a un déficit de coopération entre nous et nous-même.

L'alignement renvoie à la congruence, à la cohérence entre nos pensées, nos émotions et nos comportements ; elle relève de la correspondance entre nos désirs, nos paroles et nos actes, entre nos valeurs et nos objectifs, entre nous et nous-même, entre nous et le monde autour.

Lorsque vous êtes aligné par rapport à l'obtention d'un objectif, par exemple, vous avez le sentiment que rien ne peut vous arrêter ; vous êtes imbattable, infaillible, sûr de vous et de ce que vous entreprenez. C'est comme si toutes les parties de votre personnalité, tous les aspects de votre être étaient en accord, et c'est vrai, ils le sont ! Lorsque vous êtes aligné, vous êtes en accord avec vous-même, vous êtes en phase avec votre vécu, vous êtes unifié.

Lorsque vous êtes aligné, votre pensée devient comme un laser, dans lequel chaque faisceau lumineux est synchronisé avec les autres, vibrant au même rythme, suivant la même trajectoire et orienté vers le même but. Votre pensée est alors ramassée, compacte et concentrée. En revanche lorsque vous ne l'êtes pas, votre pensée est diffuse, comme la lumière d'une ampoule électrique ordinaire qui éclaire mais ne possède, ni les caractéristiques, ni la puissance de la lumière du laser, capable de pénétrer les profondeurs de l'espace et de couper l'acier.

Dans ce chapitre, vous découvrirez en quoi l'alignement est un atout de votre efficacité et un allié puissant de votre engagement. Vous voyagerez de nouveau au-dessus de votre Ligne du Temps, pour vérifier l'équilibre des aires du temps, et la fluidité du passage du temps et d'énergie dans votre Ligne. Vous explorerez les objectifs fixés pour chacun de vos domaines de vie. Vous les passerez au crible des paramètres d'un objectif SUPER afin de faire le point sur leur degré de réalisation pour vous rendre compte des obstacles qui vous ont empêché, jusqu'à présent, d'aller jusqu'au bout de vos projets.

Alignez passé, présent et avenir

Au chapitre précédent, vous avez appris à rééquilibrer votre Ligne du Temps, vous vous êtes servi des techniques de changement pour lever des obstacles qui entravaient l'obtention de vos objectifs. Vous avez été guidé pour désensibiliser une émotion, appréhender de l'appréhension, transformer une décision limitante et vous ressourcer à la source des ressources. Vous avez rééquilibré votre Ligne du Temps et vous y parviendrez encore à l'avenir puisque la vie est en évolution permanente.

Afin de valider le nouvel équilibre de votre Ligne du Temps et de constater à quel point le flux du temps et de l'énergie a été facilité par les changements effectués, je vous invite, maintenant, à observer de nouveau la configuration et les caractéristiques de votre Ligne du Temps.

Ne soyez pas étonné si la disposition, l'organisation dans l'espace de votre Ligne n'est pas forcément droite et linéaire. Elle n'a pas besoin de l'être. C'est comme la plomberie, tous les tuyaux ne sont pas droits et cela n'empêche pas l'eau de circuler. L'eau arrive à destination, guidée et canalisée par un support offert : le tuyau. Dans votre Ligne du Temps, le support proposé pour canaliser l'énergie, c'est votre Ligne. Quelle qu'en soit la configuration, il importe simplement que l'énergie, comme le temps, puisse passer.

Exercice 20 : Vérifiez le passage du temps

Vous avez maintenant l'habitude de vous repérer sur le territoire de votre Ligne du Temps. Vous êtes en passe de devenir un voyageur temporel chevronné. Au cours de l'exercice suivant, je vous invite à vérifier le passage du temps, c'est-à-dire à contrôler la façon dont le temps et l'énergie circulent dans les aires du temps. Organisez-vous de manière à profiter aussi pleinement que possible de cette expérience en vous faisant aider de quelqu'un qui vous lira les instructions ou enregistrez-les vous-même pour les écouter et les exécuter à votre convenance.

Installez-vous confortablement. Vous savez déjà repérer et marquer l'instant présent d'une couleur, d'une image, d'un son, ou d'une sonorité, d'une sensation. Puis, laissez-vous simplement vous détacher de votre Ligne du Temps pour flotter au-dessus d'elle. Vous pouvez tranquillement vous laisser flotter au-dessus de votre Ligne du Temps, libre et libéré de toutes contraintes temporelles, vous êtes dégagé et détaché de votre Ligne, hors du temps... Et vous pouvez flotter plus haut pour vous retrouver à une distance de votre Ligne confortable pour vous... Et lorsque vous vous trouverez à la distance qui vous convient, à une distance confortable, vous pouvez vous laisser flotter au-dessus de votre Ligne du Temps vers le passé, simplement flottant confortablement au-dessus de votre Ligne allant vers le passé... sans avoir à vous préoccuper du contenu des souvenirs, sans avoir besoin de réfléchir aux évènements... simplement en flottant au-dessus de votre Ligne du Temps vers le passé. Et vous pouvez remarquer tranquillement les divers aspects de votre Ligne du Temps. Vous pouvez remarquer s'il y a de la couleur, s'il y a des différences de relief, de coloration ou de luminosité dans votre Ligne, ou s'il y a une certaine homogénéité, une certaine cohérence, une certaine harmonie qui se dégage de votre Ligne du Temps... Et vous pouvez prendre note de ce que vous observez tout en continuant à flotter confortablement, tranquillement au-dessus de votre Ligne du Temps vers le passé, pour que vous vous trouviez juste au-dessus de votre naissance puis au-dessus de votre conception. Et depuis cette perspective, vous pouvez contempler quelques instants la façon dont votre Ligne s'étire, la manière dont les aires du temps s'organisent et se coordonnent... dans cette Ligne, qui se trouve, qui s'étend, qui s'étale maintenant devant vous. Puis, afin de continuer à remarquer les particularités de votre Ligne du Temps, vous pouvez flotter au-dessus de votre Ligne pour revenir lentement, tranquillement, facilement au-dessus de l'instant présent, juste pour vous repérer de nouveau, avant de vous laisser flotter au-dessus de votre Ligne vers le futur cette fois-ci en remarquant de nouveau les nuances de couleur, les éventuelles différences de relief, de coloration ou de luminosité dans votre Ligne. Et s'il y a des différences de relief, de coloration, de luminosité, vous pouvez en prendre note, vous pouvez simplement remarquer comment est votre Ligne en dessous de vous, tout en continuant à flotter confortablement, tranquillement au-dessus de votre Ligne du Temps vers le futur... Et peut-être avez-vous remarqué que vous pouvez flotter au-dessus de votre Ligne pour aller très loin vers l'avenir, bien plus loin que le bout de la Ligne, jusqu'à la fin du temps. Et, que vous alliez au bout de votre Ligne ou que vous soyez allé jusqu'à la fin du temps, vous pouvez maintenant continuer à flotter au-dessus de votre Ligne du Temps, pour revenir à votre rythme vers l'instant présent tranquillement, sans hâte, sans précipitation, aussi rapidement qu'il est bon pour vous de flotter au-dessus de votre avenir, pour

●●●

vous retrouver de nouveau au-dessus de l'instant présent..., en remarquant la cohérence de votre Ligne du Temps, la manière dont les aires du temps se coordonnent depuis le passé jusqu'au futur et du futur jusqu'au passé.

Et maintenant que vous avez fait un nouveau voyage au-dessus de votre Ligne du Temps, que vous avez acquis une nouvelle perspective sur les aires du temps, que vous avez remarqué la manière dont votre Ligne s'organise d'un autre point de vue..., vous pouvez tout simplement et tout naturellement vous retrouver de nouveau juste au-dessus de l'instant présent, vous réinstaller dans l'instant présent et revenir pleinement ici, maintenant.

Vous pouvez reprendre votre journal de bord et noter les expériences et les apprentissages faits pendant l'exercice, ainsi que vos observations sur ce voyage au-dessus de votre Ligne du Temps. Il se peut qu'elle ait changé de configuration, qu'elle reflète votre nouvelle façon d'être dans le monde. Peut-être découvrez-vous que le dessin réalisé lors de l'exercice 7 ne correspond plus à votre Ligne du Temps. Dans ce cas, vous trouverez utile également de redessiner votre Ligne en datant votre nouveau dessin, bien entendu.

L'alignement est un atout important à différents niveaux. Vous venez de vérifier l'alignement des aires du temps et je vous invite maintenant à vérifier l'alignement de vos objectifs dans vos divers domaines de vie. Ceci va vous permettre de prendre des décisions par rapport à vos engagements.

Alignez vos objectifs dans chaque domaine de vie

Nous avons tous des objectifs dont la réalisation concerne et engage même d'autres personnes. D'ailleurs, comment faire autrement, sauf à vivre en autarcie, tel un ermite coupé du monde ? Quand bien même, vous le savez depuis le chapitre 7, un objectif SUPER est « uniquement pour soi », il nous faut « faire avec » les autres et parfois pour réaliser notre objectif, il faut aussi « faire » avec leur concours, ce qui exige d'apprendre à vivre ensemble.

Ce qui est, en fait, une bonne chose, car cela vous incite non seulement à vérifier vos compétences en matière de motivation, à aiguiser vos aptitudes à gérer vos besoins, ainsi que ceux de votre entourage à valider vos capacités d'affirmation, de coopération et de négociation, mais cela vous invite fortement à réfléchir aussi à vos objectifs et à vos projets dans tous vos domaines de vie.

Cette réflexion va vous amener à vous trouver des partenaires volontaires, des coéquipiers disponibles, des auxiliaires valables, des collaborateurs compétents qui vous aideront à atteindre vos objectifs et à réaliser vos projets. Dans la langue anglaise, il existe une expression populaire qui reflète bien l'intérêt du partenariat: *It takes two to tango* (« Il faut être deux pour un tango »). Et, il y a un certain nombre d'autres projets pour lesquels il est nécessaire d'être au moins deux !

Des adjoints potentiels, des partenaires possibles, existent déjà sans doute autour de vous. Votre tâche consiste à les découvrir et à les aider à vous aider. Pour cela, il est intéressant d'explorer vos objectifs dans chacun de vos domaines de vie.

Les domaines de vie, rappelons-nous c'est là où vous passez votre temps, et où vous dépensez votre énergie. Ils sont, eux, au nombre de cinq :
1. le domaine personnel ;
2. le domaine du couple ;
3. le domaine de la famille ;
4. le domaine professionnel ;
5. le domaine social.

Vos objectifs, eux, sont potentiellement innombrables.

Vous pouvez disposer d'autant d'objectifs que vous le voulez pour chacun de vos domaines de vie ; les réaliser ensuite, sera une question de timing et de temps. Une question aussi de hiérarchie et d'évaluation, car certains « objectifs » sont plutôt « méta-objectifs » : ces derniers vous motivent et vous donnent de l'énergie pour enclencher et atteindre les objectifs opérationnels, conformes aux paramètres d'un objectif SUPER.

Dans l'exercice 22, je vous invite à faire le point sur vos objectifs dans vos différents domaines de vie en les passant au crible des paramètres d'un objectif SUPER. De cette façon, vous réévaluerez vos objectifs pour saisir ce qui vous a empêché de les atteindre jusqu'ici.

L'exercice 23, vous offre l'occasion de remarquer vos systèmes de soutien, vos réseaux d'étayage tout ce qui peut vous épauler dans votre démarche. En effet, son but est de vous permettre de valider, au sein de votre entourage et des systèmes auxquels vous participez, ce qui sera en mesure de jouer un rôle de supporter dans vos projets, en vous servant d'adjoint, d'auxiliaire ou de partenaire de votre réussite.

Vérifier ce qui nous sépare de la réalisation de nos objectifs permet d'en prendre conscience, ce qui nous encourage à orienter nos réflexions vers la prise de décisions. « Que faire des objectifs que je n'ai pas encore atteints ? Faut-il les poursuivre, les modifier ou les abandonner ? » Répondre à ces questions permet de définir notre engagement par rapport à nos objectifs.

Bien entendu, avant de réfléchir au degré de réalisation de vos objectifs et des partenaires de réussite, avant d'établir un « état des lieux » en quelque sorte, vous devez faire l'inventaire de vos objectifs actuels. C'est le but de l'exercice 21.

Faire l'inventaire de vos objectifs vous permet, dans un premier temps, d'en prendre conscience. Car, vous n'avez sans doute pas formulé tous vos souhaits et vos désirs, ne serait-ce qu'à haute voix, et, encore moins par écrit en tant qu'objectifs. Vous pouvez saisir l'occasion de mettre par écrit ce que vous voulez réaliser, obtenir, faire perdurer dans tous vos domaines de vie.

Dans un deuxième temps, grâce à l'exercice 22, cet inventaire vous aidera à étudier vos objectifs de manière plus approfondie, et mettre au jour les enjeux qui accompagnent leur réalisation. Ainsi vous mettrez en exergue :

1. les objectifs que vous poursuivez actuellement pour réaliser vos projets ;
2. ceux qui, par contraste, manquent à votre inventaire et doivent être traités pour réaliser vos projets ;
3. ceux qui pourraient s'annuler mutuellement, dans la mesure où ils sont contradictoires.

Dans l'atteinte de vos objectifs, vos domaines de vie sont comparables aux départements d'une grande entreprise. Quiconque a déjà travaillé dans ce genre d'endroit sait l'importance pour lui, non seulement des objectifs de son propre département, mais aussi de ceux des autres départements de la firme, car ceux d'un département donné peuvent naturellement en engager un autre ; ils peuvent aussi aller à l'encontre de ceux du département voisin. Le conflit le plus classique est celui qui oppose les départements de recherche et le département du marketing. Le marketing est assez souvent accusé de vendre la peau de l'ours avant que la recherche n'ait pu l'inventer. Il y a pléthore d'autres exemples dans le monde de l'entreprise, et, peut-être autant dans votre vie.

Par exemple, dans votre domaine de vie familial, vous pouvez avoir l'objectif de faire un enfant, et, en même temps, lié à votre domaine de vie de couple, vous avez celui de profiter pleinement de la vie à deux, en faisant des voyages et en vivant une vie de bohème, libre d'engagements et de contraintes. Naturellement, bien qu'aussi valables l'un que l'autre, ils ne sont pas, *a priori*, réalisables dans le même espace-temps et « s'annuleraient », en quelque sorte mutuellement s'il fallait les mettre en place ensemble. Il est possible, bien sûr, de les poursuivre l'un après l'autre, ce qui correspond au schéma le plus classique d'un jeune couple : ils profitent d'être ensemble un certain temps avant l'arrivée du premier bébé. Un autre exemple fréquent : vous avez envie de créer un foyer et fonder une famille mais, pour le moment, vous êtes sans partenaire. Trouver une âme sœur qui partage votre désir est un préalable à la réalisation de votre objectif. Et il y en aura d'autres dans la quête de votre future moitié. Encore un exemple courant : vous voulez changer de profession, il vous manque les connaissances requises à l'exercice du nouveau métier que vous désirez exercer mais votre travail actuel prend « tout » votre temps. En faisant l'inventaire des objectifs liés à ce projet, vous pourrez découvrir ce qui vous manque pour le réaliser. Vous pourrez alors décider des moyens à mettre en œuvre et la séquence dans laquelle réaliser les étapes du projet.

L'exercice suivant vous invite à faire un inventaire de vos objectifs avec honnêteté et bienveillance. Il vous permet de vérifier que tous vos domaines de vie sont représentés, quoique pas obligatoirement à part égale. Qu'ils soient tous présents est fondamental pour votre équilibre ; la part de chacun des domaines, en revanche, est évolutive, elle dépend de ce qui se passe dans votre vie au moment où vous choisissez de faire votre inventaire. Elle dépend aussi de vos valeurs et des moyens que vous comptez mettre en œuvre pour les satisfaire.

Tableau 1 : Inventoriez vos objectifs

Quels sont mes objectifs pour chacun de mes domaines de vie ?				
Domaine personnel	Domaine du couple	Domaine de la famille	Domaine professionnel	Domaine social

Exercice 21 : Faites l'inventaire de vos objectifs dans vos cinq domaines de vie

Avoir des objectifs dans chacun de vos domaines de vie est signe d'équilibre, un des éléments clés de la création d'un « règlement intérieur » en vue d'un fonctionnement harmonieux ; il importe d'avoir des envies et des objectifs dans tous vos domaines de vie.

Dans cet exercice, je vous invite à vérifier que vous en avez dans tous les aspects de votre vécu. Pour l'instant, notez simplement ceux que vous connaissez. Bien sûr, si vous vous rendez compte qu'il y a un ou deux domaines de vie où vous manquez d'objectifs, demandez-vous quelles valeurs vous devez satisfaire dans ces domaines-là. Rappelez-vous, il est tout à fait possible de vous accorder comme objectif : « de la continuité », « de la poursuite », « de la maintenance », « de ce qui vous va » ; il est légitime de désirer que ce qui vous convient puisse durer. On dit bien : « Si ce que vous faites ne marche pas, faites autre chose », pour vous inviter à développer votre flexibilité. Et pour vous inciter à développer de la persévérance, on pourrait dire également : « Si ce que vous faites marche, continuez, répétez-le, recommencez encore et encore ! »

●●●

●●●

Installez-vous confortablement. Ouvrez votre journal à une page vierge. Notez le numéro et le nom de l'exercice, ainsi que la date du jour, comme vous avez pris l'habitude de le faire. Faites un tableau avec cinq colonnes, une colonne par domaine de vie puis notez vos objectifs pour chacun des domaines: personnel, couple, famille, professionnel, social. Pour cela, il est commode de créer cinq colonnes, une colonne pour chaque domaine de vie. Ensuite, posez-vous la question en en répondant spontanément: « Quels sont mes objectifs dans mon domaine personnel? Qu'est-ce que je veux pour moi? Quels sont mes objectifs dans le domaine du couple? Qu'est-ce que je veux pour mon couple? Qu'est-ce que je veux pour nous? Quels sont mes objectifs dans le domaine de la famille? Qu'est-ce que je veux pour ma famille? Qu'est-ce que je veux pour nous en tant que famille et qu'est-ce que je veux pour les autres membres de la famille? Quels sont mes objectifs dans le domaine professionnel? Qu'est-ce que je veux dans mon travail, pour mes collègues, pour mon métier? Qu'est-ce que je veux pour mon entreprise? Quels sont mes objectifs pour le domaine social? Qu'est-ce que je veux pour moi en tant que citoyen dans la cité? Qu'est-ce que je veux pour les autres citoyens? Qu'est-ce que je veux pour la cité? Qu'est-ce que je veux pour nous tous? »

Prenez le temps de noter vos réponses. Si vous trouvez que certaines de vos réponses renvoient à plusieurs domaines, trouvez un moyen de vous le signaler car cela vous montre les liens entre vos divers domaines de vie.

Un inventaire représente un constat, un bilan, il rend compte de la situation actuelle. Si, pendant cet exercice, vous ne trouvez pas d'objectifs du tout dans certains domaines de vie, vous pouvez vous demander s'il y a une décision limitante à l'œuvre qui vous empêche de vous en proposer. Si tel est le cas, vous pouvez la transformer afin de vous donner davantage de choix.

Vous pouvez reprendre cet exercice pour le réaliser plusieurs fois; vous pouvez aussi le recommencer pour intégrer de nouvelles informations. Dans la mesure où il vous aide à créer une carte de vos objectifs et saisir leurs liens entre eux, il représente un outil puissant pour votre développement.

Toutefois, ayant mené à bien cet exercice vous n'allez pas en rester là. Maintenant que vous avez fait votre inventaire d'objectifs, je vous propose de faire le point sur leur degré de réalisation et de vérifier ce qui vous aide ou vous entrave, pour aller jusqu'au bout de vos choix de vos envies, de vos projets.

Faites le point sur le degré de réalisation de vos objectifs : super ou pas super ?

Faire le point sur le degré de réalisation de vos objectifs permet de vérifier deux choses fondamentales :

1. ce qui vous empêche de mener vos objectifs jusqu'au bout ;
2. ce qui vous aide dans votre démarche.

Nous traiterons les empêchements d'abord et explorerons ensuite vos systèmes de soutien, les partenaires de votre réussite.

De manière générale, dans la mesure où vous avez aligné les aires du temps de votre Ligne du Temps, deux phénomènes peuvent entraver vos objectifs. Soit, les objectifs que vous avez fixés ne sont pas si SUPER que cela (ils ne correspondent pas aux paramètres d'un objectif SUPER), ou bien, ils ne sont pas en fait des objectifs mais des *méta-objectifs*.

Comme nous l'avons souligné, vous avez à la fois des objectifs et des méta-objectifs. Les premiers sont opérationnels, ils vous permettent d'avancer et d'atteindre des buts mesurables et objectivables. Ils s'évaluent assez aisément grâce aux paramètres d'un objectif SUPER. Les méta-objectifs, en revanche, ne se mesurent pas à ces paramètres car ils appartiennent à une autre classe d'objectifs et relèvent d'un autre type de logique.

Vos objectifs opérationnels renvoient à ce qui est observable : vos comportements, alors que vos méta-objectifs renvoient à ce qui ne s'observe pas de façon directe, à ce qui doit s'inférer[15] à travers vos comportements : vos valeurs. De ce fait, un méta-objectif ne s'obtient pas ; il se laisse seulement approcher, même si vous pouvez vous en approcher suffisamment pour votre satisfaction.

15. En sémantique générale, les inférences sont des décisions sur les significations de nos observations. Elles se font, en fonction de notre modèle du monde, à partir de ce que nous avons observé. Les comportements, par exemple, s'observent, ils s'appréhendent de nos cinq sens. Les valeurs doivent s'inférer en revanche, dans la mesure où elles ne peuvent pas être saisies directement par nos organes sensoriels. Chacun de nous doit décider « pour quoi », c'est-à-dire en fonction de quelle valeur, au service de quel idéal, tel comportement est agi.

Prenons la métaphore du voyage : la finalité du voyage, c'est d'arriver au bout, d'atteindre la destination, de réaliser l'objectif. Dans le cas d'un méta-objectif, le but n'est pas identique, car le voyage n'a pas de fin ; il n'y a pas de destination, pas de finalité autre que le voyage lui-même.

Lorsque vous évaluez vos objectifs pour savoir s'ils sont aussi SUPER que ça, vous êtes en train de vérifier, forcément, si ce sont des objectifs tout court. Et si vous avez confondu méta-objectifs et objectifs opérationnels, c'est le bon moment de vous en rendre compte. Vous pourrez laisser vos méta-objectifs jouer leur rôle de motivation pendant que vous vous fixez de vrais objectifs opérationnels atteignables.

Pour illustrer la différence entre un objectif et un méta-objectif, prenons un exemple courant « apprendre l'anglais ». Votre méta-objectif sera, de toute façon, hautement subjectif, et, dans ce cas, il pourrait être : « Je veux apprendre l'anglais pour me donner une bonne image de moi-même », ou « pour m'épanouir », ou encore « pour me prouver que je suis capable de m'exprimer même dans une langue étrangère, moi, qui manquait toujours de vocabulaire quand on jouait au Scrabble en famille », ou n'importe quelle autre raison qui fait sens pour vous et vous permet de satisfaire vos valeurs. Vous pouvez également découvrir des chaînes de méta-objectifs, dans lesquelles le fait d'atteindre un objectif permet de réaliser un objectif au service d'un autre méta-objectif, et ainsi de suite.

Par exemple : écrire ce livre (mon objectif) me permet de partager mon savoir sur ce sujet (mon méta-objectif), ce qui enrichit mon environnement intellectuel, social, etc. (le méta-objectif du méta-objectif) ce qui permet de changer le monde actuel et en laisser un meilleur (le méta-objectif du méta-objectif du méta-objectif). Les moyens ne manquent pas de laisser un monde meilleur ; la question est : « Par où commencer ? » Et la réponse d'une simplicité désarmante : en commençant au commencement, c'est-à-dire en transformant un méta-objectif en une série d'objectifs opérationnels, réalisables quotidiennement.

Pour transformer un méta-objectif, être heureux, par exemple, en objectif, vous pouvez vous demander soit, comment vous savez que vous êtes heureux, soit ce qui vous rend heureux. En répondant à ce type de questions, vous obtiendrez des distinctions et ébaucherez une série de moyens à décliner sous forme d'objectifs, vous permettant de satisfaire votre quête. En effet, en respectant les paramètres d'un objectif SUPER, vous saurez mettre au jour un objectif désirable avec les moyens pour l'atteindre.

Dans l'exercice qui suit, vous pourrez vérifier si les objectifs que vous vous êtes proposés pour chacun de vos domaines de vie correspondent effectivement aux paramètres d'un objectif SUPER.

Tableau 2: Mes objectifs sont-ils vraiment SUPER ? Sont-ils en bonne voie de réalisation ?

Domaine de vie	Objectifs commencés et en bonne voie de réalisation	Objectifs commencés et abandonnés en cours de route	Objectifs commencés qui à ce jour restent inachevés	Objectifs non encore commencés
S				
U				
P				
E				
R				

Exercice 22 : Faites le point sur vos objectifs : sont-ils si SUPER que cela ?

Dans l'exercice précédent, je vous ai invité à vérifier si vous aviez des objectifs pour tous les aspects de votre vécu, dans tous vos domaines de vie. Si ce n'était pas le cas, vous en avez probablement fixés entre temps. Cet exercice vous propose de contrôler le statut de vos objectifs en cours. Vous prendrez acte de leur degré de réalisation et validerez la correspondance entre votre formulation et les paramètres d'un objectif SUPER, afin de répondre aux questions : « Si je n'arrive pas au bout de mes objectifs, qu'est-ce qui m'en empêche ? Sont-ils si SUPER que cela ? »

Installez-vous confortablement. Ouvrez votre journal à une page vierge. Inscrivez le numéro et le nom de cet exercice, ainsi que la date du jour, comme vous avez pris l'habitude de le faire. Vous allez maintenant reprendre les objectifs de vos divers domaines de vie mis au jour dans l'exercice 21.

●●●

•••

Pour cet exercice, il est commode de recopier vos objectifs de l'exercice précédent en les groupant par Domaine de Vie. Ensuite, en vous servant d'un tableau par domaine, vous y reporterez vos objectifs en fonction du statut que vous leur reconnaissez et de vos observations sur leur correspondance aux paramètres d'un objectif SUPER. Identifiez les objectifs 1) ceux qui sont commencés en bonne voie de réalisation; 2) commencés et abandonnés en cours de route; 3) commencés ceux qui, à ce jour, restent inachevés; 4) que vous n'avez pas réussi à commencer.

Pour chacun de ces objectifs, demandez-vous s'il est SUPER: *S*pécifique et contextualisé, *U*niquement pour vous, *P*ositif, *É*cologique et engageant, *R*éaliste, réalisable, représenté et reconnaissable par autrui. Vous pouvez vous référer au chapitre 7 pour vous rappeler ces critères.

Prenez le temps de noter vos réponses, remarques et réflexions. Elles vous aideront à identifier des partenaires potentiels de votre réussite, à valider votre engagement, par rapport à vos objectifs et à décider quelles actions engager par la suite.

Faites le point sur les partenaires de votre réussite : de quelle couleur est votre parachute ?

Aux États-Unis, pendant un temps, un manuel-guide était édité chaque année, pour donner des pistes aux jeunes diplômés cherchant à se positionner sur le marché du travail. Son titre était évocateur: *De quelle couleur est votre parachute?* Cette question invite, en effet, à réfléchir non seulement au «Plan B», des stratégies de repli au cas où…, elle souligne le fait que tout le monde peut bénéficier d'une aide, d'un soutien, d'un étayage quelconque pour réaliser ses objectifs.

Cette aide peut se présenter de diverses manières et sous différentes formes plus ou moins instituées, voire institutionnalisées: mentors, coachs, parrains, tuteurs, professeurs, amis, parents, confidents, conseils, formateurs, consultant en bilan de compétences, «out-placeurs»… et que sais-je encore! Bien sûr, cette aide ne se présente pas nécessairement sous les traits d'une personne; elle peut prendre la forme de livres, d'articles, de stages, de groupes d'échanges ou d'entraide. Vous pouvez découvrir des associations professionnelles, des regroupements religieux, des services municipaux… comme autant de supporters.

Tout ce qui vous aide à avancer et à atteindre vos objectifs est une ressource, et tout ce qui vous soutient dans vos projets et vous aide à progresser, représente un partenaire de réussite dans un système de soutien, et, de ce fait, fait partie de votre parachute !

Dans l'exercice qui suit, je vous invite à noter les divers partenaires de réussite dans chacun de vos domaines de vie. Il n'est pas nécessaire d'avoir déjà fait appel à ces partenaires pour les compter parmi vos ressources. Vous allez faire maintenant l'inventaire de vos systèmes de soutien, que vous vous en soyez déjà servi ou pas. Vous n'avez pas besoin d'avoir testé votre parachute : vous avez confiance *a priori*.

En revanche, si vous avez déjà eu l'occasion de valider la puissance de votre réseau de partenaires, si parmi les personnes, les livres, etc., qui composent ce réseau, certains vous ont été particulièrement utiles et aidants, peut-être aurez-vous envie de les coder pour vous en rappeler. Noter leurs noms en couleur, placer un astérisque à côté ou les désigner de n'importe quel autre signe pour vous rappeler l'aide précieuse et le soutien important qu'ils vous ont apporté ; car vous pourrez, *a priori*, compter encore sur eux.

Tableau 3 : Valider vos systèmes de soutien et vos partenaires de réussite

Qui sont les partenaires de ma réussite dans chacun de mes domaines de vie ?				
Domaine personnel	Domaine de couple	Domaine de la famille	Domaine professionnel	Domaine social

Exercice 23 : Faites le point sur les partenaires de votre réussite : de quelle couleur est votre parachute ?

Qui sont vos fans ? vos supporters ? À qui faire appel en cas de besoin, de nécessité ? Sur qui pouvez-vous compter ? Qui sait vous dire « oui », un vrai « oui », et « non », un vrai non ? Qui vous soutient ? Qui vous défie ? Qui vous invite à vous dépasser ? À repousser vos limites ? Qui vous oblige à réfléchir, au lieu de foncer tête baissée ? Qui ne vous laisse pas bluffer ? Et qui ne vous laisse pas tomber ? Voilà quelques-unes des questions à vous poser pour vous aider à faire le point sur vos partenaires de réussite.

Installez-vous confortablement. En prenant à nouveau votre journal, notez le numéro et le nom de cet exercice, ainsi que la date du jour, comme vous avez pris l'habitude de le faire. Vous allez prendre note maintenant de vos partenaires de réussite dans chacun de vos domaines de vie : personnel, du couple, de la famille, professionnel, social. Pour cela, tracez cinq colonnes sur une feuille de votre cahier, une colonne pour chaque domaine de vie. Mettez le nom d'un domaine en haut de chaque colonne, bien sûr, puis, posez-vous simplement la question, en vous laissant répondre spontanément : « Qui sont mes partenaires de réussite dans mon domaine personnel ? Et qui d'autre ? Et qui d'autre encore ? De mon couple ? Et qui d'autre ? Et qui d'autre encore ? De ma famille ? Et qui d'autre ? Et qui d'autre encore ? Dans mon domaine professionnel ? Et qui d'autre ? Et qui d'autre encore ? Dans mon domaine social ? Et qui d'autre ? Et qui d'autre encore ? »

Prenez le temps de noter vos réponses. Prenez acte des partenaires qui vous ont déjà apporté une aide importante et, si vous trouvez les mêmes partenaires dans plusieurs domaines, trouvez un moyen de vous le signaler également.

Vous pouvez reprendre l'inventaire de vos objectifs réalisés dans l'exercice 21 et, grâce à lui, prendre note maintenant de vos attentes de soutien spécifique, de l'aide particulière pour la réalisation de vos objectifs. Notez les partenaires auprès desquels vous comptez trouver l'aide et le soutien dont vous avez besoin, ainsi que la manière de les obtenir. Ceci vous encourage à entamer une réflexion sur l'engagement que vous avez envers vous-même par rapport à vos objectifs. Ce sera le thème du prochain chapitre.

Dans ce chapitre, vous avez exploré les objectifs que vous vous êtes déjà fixés dans chacun de vos domaines de vie afin de remarquer et mesurer les obstacles rencontrés. Je vous ai proposé également, à la suite du dernier exercice, de commencer à considérer ce que vous souhaitez faire des objectifs commencés et non encore atteints, des objectifs commencés et abandonnés, des objectifs commencés et qui stagnent, ainsi que des objectifs que vous n'arrivez pas à commencer, alors que vous en avez accepté la responsabilité.

Le prochain chapitre vous aidera à décider de l'engagement à prendre par rapport à vos objectifs. L'engagement est la dernière clé du « règlement intérieur » d'un fonctionnement harmonieux. Vous vous approchez rapidement de la troisième partie de ce livre où vous apprendrez à mettre en pratique les principes de base qui vous permettront de réorganiser votre vie et construire votre avenir.

10

Vivre à 100% : s'engager, une attitude salutaire et bénéfique

Combien d'entre vous ont déjà douté de pouvoir réaliser tous leurs objectifs et de faire aboutir leurs projets ? Tous, sans doute, selon l'objectif ou le projet en question. Et d'où vient la difficulté ? Du manque de temps, de la motivation, de l'engagement ? À nouveau, selon l'objectif, vous pouvez probablement répondre « oui » pour les trois paramètres, mais heureusement, pas tous en même temps !

La gestion du temps représente une compétence que vous pouvez acquérir, un savoir-vivre que vous pouvez apprendre. Vous avez déjà eu l'occasion de remarquer votre mode de motivation ainsi que les valeurs que vous poursuivez et celles qui vous poursuivent : quid de l'engagement ? Vous savez comment démarrer des projets, vous avez pointé comment vous motiver pour les entreprendre, mais que dire de votre motivation dans le long terme, que devient votre engagement ?

Comment réagissez-vous quand les actions menées pour atteindre vos objectifs ne donnent pas les résultats escomptés ? Pis encore, quand celles-ci ne sont pas rentables, que vos efforts ne sont pas récompensés à leur juste valeur, que le retour sur investissement tarde terriblement... Comment faites-vous pour tenir et continuer malgré tout ? Et que dire de l'abandon ? Savez-vous abandonner la course, renoncer à votre quête, lâcher prise, arrêter, lorsque tout vous indique que c'est la meilleure solution ?

Si un des paramètres d'un objectif SUPER est Engageant, ce n'est pas par hasard. En effet, un objectif engageant est attractif et motivant. Il donne envie de l'atteindre et incite à faire ce qu'il faut pour l'obtenir. Il nous encourage à faire preuve de volonté pour faire aboutir nos projets. Un objectif engageant invite aussi à réfléchir sur notre degré d'engagement. Ce terme est riche de significations.

En effet, deux aspects de l'engagement se proposent à nous : d'une part la conduite d'engagement, d'autre part l'acte d'engagement.

La conduite d'engagement consiste à assumer activement un choix. S'opposant aux attitudes de retrait, d'indifférence et de non-participation, elle est plutôt un style d'existence, une façon d'être par rapport à soi-même, aux autres et au monde. La conduite d'engagement doit, bien entendu, se traduire en actes, mais n'en présuppose aucun d'emblée en particulier. Votre libre arbitre trouve ici toute sa place.

Dans une conduite d'engagement, on distingue trois composantes : implication, responsabilité, rapport à l'avenir. En ce qui concerne vos objectifs, naturellement reliés à un avenir plus ou moins proche, c'est en adoptant une attitude d'engagement que vous reconnaissez votre implication et votre responsabilité dans l'aboutissement de votre projet, et assumez pleinement les conséquences qui en découlent.

Quelques mots clés relèvent de la conduite d'engagement. Ils valent que l'on s'y attarde, dans la mesure où l'engagement représente le dernier point du « règlement intérieur » d'un fonctionnement harmonieux, et renvoie de ce fait aux autres points déjà traités. La conduite d'engagement est une conduite « active » : vous prenez en charge votre démarche sans attendre d'être sollicité, vous vous donnez le signal de départ. Vous reconnaissez votre part de responsabilité dans l'aboutissement de votre objectif, ainsi que votre implication tout à fait personnelle et individuelle, ce qui nous ramène à un des aspects importants de l'acte d'engagement.

En ce qui concerne l'acte d'engagement en effet, il s'agit d'une décision d'un ordre particulier; elle touche à l'être même de celui qui décide, elle engage son identité. S'engager, c'est se reconnaître et se positionner en tant qu'être libre de choisir, libre d'imprimer son destin. En agissant pour réaliser vos objectifs, en engageant des actions pour faire aboutir vos projets, vous vous engagez en tant que personne. Vous misez également sur votre avenir, car en prenant une position de leader dans votre vie, vous êtes, à l'instant, et vous serez, à l'avenir, une valeur sûre.

La volonté qui est la source de l'engagement est la volonté reliée à vos valeurs, à vos idéaux. Vous avez déjà mis au jour vos valeurs et réfléchi à votre style de motivation, vous avez fait le point sur vos objectifs, ceux qui avancent, ceux qui n'avancent guère, ceux que vous avez arrêtés et ceux que vous n'arrivez pas à démarrer. Le moment est venu de vérifier et de valider votre engagement par rapport à vos objectifs, et décider de leur place dans la construction de votre avenir.

Faites le point sur vos engagements par rapport à vos objectifs

Vous avez exploré les objectifs poursuivis dans tous vos domaines de vie. La réalisation de ces objectifs implique naturellement la présence et le soutien d'autres personnes. Vous avez eu l'occasion de faire le point sur la nature de vos objectifs et leur degré de réalisation, ainsi que sur le nombre et les qualités des partenaires de votre réussite. En faisant le point sur le degré de réalisation de vos objectifs, je vous ai invité à réfléchir aux décisions à prendre par rapport à vos engagements.

Dans la mesure où l'acte d'engagement est, en soi, une prise de décision, je vous propose maintenant de prendre position, de vérifier votre engagement par rapport à vos objectifs. Comme nous l'avons déjà souligné, l'acte d'engagement renvoie à notre identité en tant que personne, adoptant une ligne de conduite spécifique dans un but déterminé. Autrement dit, chaque engagement pris envers autrui nous rappelle que c'est, en fait, envers nous-même que nous sommes engagé.

En réalisant l'exercice 24, vous serez invité à mettre en valeur cet engagement envers vous-même, par le biais de vos objectifs. Pour l'instant, décidez ce que vous choisissez d'en faire. Lesquels allez-vous faire aboutir, réévaluer, remettre à plus tard, abandonner ?

Décidez ce que vous allez faire maintenant de vos objectifs

La prise de conscience mène à la prise de décision et la prise de décision mène à l'action. Cet enchaînement de la réflexion à l'action a été constaté maintes fois. Les expériences que vous avez déjà vécues lorsque vous avez eu un « insight » vous ont, sans doute, étonné aussi bien par leur simplicité que par leur puissance.

Les exercices du chapitre précédent sur l'alignement vous ont permis de faire le point sur vos objectifs de divers points de vue. L'occasion vous a été offerte de constater l'inscription et l'étendue de vos objectifs dans vos domaines de vie pour vous permettre de prendre conscience également de leur « statut », de leur degré de réalisation.

Vous avez pris acte des objectifs à atteindre que :
- vous avez commencés et qui sont en bonne voie de réalisation ;
- vous avez commencés et abandonnés ;
- vous avez commencés et qui restent inachevés ;
- vous n'avez pas réussi à commencer.

Dans l'exercice suivant, vous serez invité à exploiter les informations réunies pour prendre des décisions par rapport à vos objectifs. De manière à mettre en exergue les étapes de la prise de décision, vous allez, pour l'instant, évoquer et réfléchir aux objectifs qui sont les vôtres actuellement, pour vous aider à décider quelle position vous souhaitez prendre par rapport à leur réalisation.

Exercice 24 : Faites le point sur vos engagements

Installez-vous confortablement. Ouvrez votre journal à une nouvelle page. Notez le numéro et le nom de cet exercice, ainsi que la date du jour, comme vous avez pris l'habitude de le faire. Vous allez maintenant reprendre les objectifs évalués au cours de l'exercice 22. Comme pour cet exercice-là, créez deux colonnes sur votre page. Dans la première colonne, vous pouvez grouper vos objectifs par thème en réunissant ceux que 1) vous avez commencés et qui sont en bonne voie de réalisation ; 2) vous avez commencés et abandonnés ; 3) vous avez commencés et qui restent, à ce jour, inachevés ; 4) vous n'avez pas réussi à commencer.

Pour chacun de vos objectifs, prenez le temps de choisir comment les traiter. Lesquels choisissez-vous de terminer, de reprendre, de réévaluer, d'abandonner, de différer, de démarrer ? Vous savez déjà que pour faciliter leur réalisation, vos objectifs doivent répondre aux critères d'un objectif SUPER. Pour tous les objectifs que vous décidez de poursuivre maintenant, vérifiez s'ils correspondent à ces paramètres. Cela facilitera la réussite. Choisissez également les actions à entreprendre qui permettront de faire aboutir les objectifs que vous décidez de poursuivre. Inscrivez les objectifs retenus dans votre cahier dans l'ordre de leur réalisation, *a priori*, en marquant aussi la date à laquelle vous les entreprendrez et la date à laquelle vous comptez les achever, ce qui est déjà une ébauche d'engagement.

Vous pouvez trouver utile de reprendre vos objectifs ponctuellement et vérifier la séquence dans laquelle les réaliser afin de les inscrire dans votre Ligne du Temps. Il est intéressant aussi de réfléchir à la hiérarchie de vos objectifs, dans la mesure où probablement la réalisation de certains entre eux vous tient plus à cœur que d'autres. C'est en prêtant attention à vos valeurs et à vos méta-objectifs, que vous trouverez facilement la raison de votre hiérarchie.

Créez de nouveaux réflexes

Les réflexes, ce sont nos automatismes, nos réactions quasi instinctives qui nous guident dans la vie sans que nous ayons à y réfléchir. Ils permettent d'économiser de l'énergie et aident à accomplir des tâches banales et répétitives, qui ne demandent pas une implication intellectuelle importante. Tout se passe comme si notre capacité à réfléchir se mettait en veilleuse.

En fait, c'est bien ce qui se passe, et pour cause. Sans doute vous êtes vous déjà trouvé dans certaines situations, où « trop » réfléchir vous a joué des tours. Au contraire, dans d'autres circonstances, vous avez regretté après coup d'avoir agi « sans réfléchir ». Par conséquent, apprendre à créer de nouveaux réflexes « réfléchis » et choisis en connaissance de cause, voilà qui est intéressant.

Les nouveaux réflexes que vous vous encouragez à adopter vous permettront de vous engager dans la réalisation de vos objectifs.

Bien sûr, ces réflexes ne seront opérationnels que si les objectifs que vous vous êtes fixés, correspondent aux paramètres d'un objectif SUPER. Passons en revue ce qui permet de créer de nouveaux réflexes d'engagement envers vos objectifs, en examinant les conditions qui favorisent l'engagement.

Équipez-vous de techniques et de tactiques d'engagement personnel

Il existe des astuces qui encouragent la prise d'engagement. En les lisant, certains d'entre vous risquent d'y voir des combines relevant de la manipulation, d'autres y percevront plutôt des techniques d'influence ou de persuasion ; mises au service de votre réussite, elles vous aideront à réaliser vos objectifs.

N'oublions pas qu'un engagement est pris d'abord envers soi-même. Quand les moyens mis en œuvre aident à avancer dans la direction fixée et selon une ligne de conduite choisie, peut-on parler de manipulation ? Ne s'agit-il pas plutôt pour chacun, avec ses outils, d'agir en accord avec soi, d'influencer positivement le cours de sa propre vie, d'incarner un modèle de congruence, de responsabilité, d'autodiscipline et d'engagement non seulement pour soi-même mais aussi pour les autres ?

Examinons quelques astuces de l'engagement mises en exergue par des chercheurs en psychologie sociale : ils soulignent que l'engagement lie l'individu à ses actes. Vus sous cet angle deux aspects de la notion d'engagement méritent d'être soulignés : 1) seuls nos actes nous engagent et, 2) il est possible de s'engager à des degrés divers. Nos actes peuvent même ne pas nous lier à un engagement pris si nous avons été contraints d'agir.

Voici des facteurs facilitant l'engagement

- faire un geste, donner sa parole, etc., sous le regard d'autrui, ou après avoir décliné son identité ;
- amener quelqu'un à répéter plusieurs fois le même acte (phénomène d'habituation) ou au contraire à ne le réaliser qu'une seule fois (phénomène d'innovation) ;
- donner le sentiment à celui qui doit s'engager qu'il peut, ou qu'il ne peut pas, revenir sur l'acte qu'il est sur le point de poser ;
- juxtaposer des actes « coûteux » avec d'autres qui le sont moins ;
- accompagner l'acte, que celui qui doit s'engager s'apprête à réaliser, d'un sentiment de liberté à des degrés divers ;
- s'engager librement renforce le choix.

Pour vous aider à découvrir les moyens dont vous vous êtes servi vous-mêmes pour vous engager, ou que d'autres ont utilisé pour vous faire vous engager, reprenons ces facteurs dans l'ordre.

Faire un geste, donner sa parole, etc., sous le regard d'autrui ou après avoir décliné son identité

Avez-vous informé des amis, des membres de votre famille ou des collègues d'une décision ou d'un projet que vous désirez mettre en place dans le but de vous aider à « tenir », d'aller plus facilement jusqu'au bout de vos résolutions ?

Ce faisant, vous avez levé votre anonymat et invité les autres à témoigner de votre engagement. Combien d'entre vous, par exemple, préféreraient lambiner au lit le samedi plutôt que de courir seul en survêtement ? Combien, parmi vous cependant, se lèveraient vaillamment à l'idée que quelqu'un(e) passerait les chercher comme convenu pour le footing ?

Amener celui qui doit s'engager à répéter plusieurs fois le même acte (phénomène d'habituation) ou, au contraire, à ne le réaliser qu'une seule fois (phénomène d'innovation)

Vous avez certainement été amenés à adopter de nouvelles habitudes, à mettre en place de nouveaux comportements. Dans un premier temps ces nouveaux gestes demandaient de la réflexion, semblaient contraints et forcés, manquaient tout simplement de spontanéité; ils n'étaient pas naturels.

Puis petit à petit, agir de la sorte vous est devenu seconde nature; plus besoin de vous poser de questions ou de prêter attention à ce que vous faites, vous avez créé des automatismes. C'est ainsi.

Prendre un comprimé de vitamines tous les matins, vous brosser les dents pendant trois minutes chrono, descendre à une nouvelle station de métro ou à un autre étage de votre immeuble lorsque vous avez déménagé, en sont des exemples. Peut-être vous a-t-il fallu répéter souvent le nouveau comportement avant de le connaître par cœur et de l'inscrire dans votre répertoire courant, usuel. Peut-être aussi avez-vous eu l'occasion d'entendre quelqu'un vous dire: «Je te montre une fois. À toi de faire après.» Vous êtes-vous dit alors que vous pouviez réussir du premier coup? Probablement, parce que c'était nouveau, que cela vous changeait, et vous vous êtes senti engagé dans la réalisation du geste en question.

Donner le sentiment à celui qui doit s'engager qu'il peut, ou qu'il ne peut pas, revenir sur l'acte qu'il est sur le point de poser

Avez-vous déjà été sur le point de signer un contrat lorsque votre vendeur vous rappelait le délai légal pendant lequel résilier la vente? Si vous vous êtes dit qu'il n'était sûrement pas question de changer d'avis, cette parole n'a fait que renforcer votre engagement et illustre le premier cas de figure où changer d'avis est permis.

Et si votre décision de persévérer dans votre choix initial d'acheter des billets d'avion ni remboursables ni modifiables par exemple, a été attisée parce que vous avez lu toutes les clauses du contrat avant de le signer et vérifié que vous ne vouliez vraiment pas prendre une assurance vous permettant de vous faire rembourser en cas d'annulation de dernière minute... alors vous reconnaissez avoir expérimenté la deuxième situation où changer d'avis est proscrit.

Juxtaposer des actes « coûteux » avec ceux qui le sont moins

Si, lorsqu'on a sollicité votre candidature au bureau d'une association qui se réunit une fois par mois, vous avez refusé, puis, par la suite, vous avez répondu favorablement à une nouvelle invitation, celle de participer à une réunion trimestrielle pour coller des enveloppes et contribuer à leur expédition, ... vous avez opté pour l'action qui vous semblait la moins coûteuse, la moins prenante des deux, vous avez été alors sensible à ce facteur-là.

Faire accompagner l'acte que celui qui doit s'engager s'apprête à réaliser, du sentiment de liberté à des degrés divers

Au restaurant, votre hôte vous tend la carte ouverte à la page où se trouvent deux menus. Tout en vous faisant remarquer qu'il apprécie les mets qui s'y trouvent, il vous invite à prendre ce que vous désirez dans l'un ou l'autre de ces menus ou même de prendre des plats à la carte. Son choix est fait : il prendra le menu le moins cher (ou le plus cher) tout en disant que vraiment, vous pouvez choisir ce que vous voulez... que faites-vous ?

Quoi que vous fassiez, votre choix aura été façonné par la sélection de votre hôte. Que vous vous pliiez aux bonnes manières apprises dans votre enfance, qui vous exhortent à rester dans le budget implicitement indiqué (en respectant les limites de la fourchette haute et de la fourchette basse), ou que vous preniez ses paroles pour argent comptant et choisissiez ce dont vous avez vraiment envie, votre sentiment de liberté vous a fait prendre l'engagement dans la voie proposée. Les mots clés que vous avez entendus, que votre hôte les ait réellement prononcés ou non, sont tout simples et très efficaces : « C'est à vous de choisir ! »

Souvent la tournure des phrases employée encourage l'engagement. Mais ce n'est pas le seul procédé. Les enfants, par exemple, se voient couramment proposer une récompense, des faveurs s'ils accèdent aux désirs du parent, de l'instituteur, du camarade de classe, du frère, de la sœur, de l'ami.

Dans les entreprises, combien de défis les employés relèvent-ils parce qu'une prime sera attribuée ? Que la prime soit une somme d'argent, un voyage, une promotion ou la possibilité de voir son nom inscrit sur le tableau des employés du mois importe peu. Qu'il y ait une prime au bout et que chacun se détermine, se décide librement pour tenter de l'obtenir, illustre la deuxième possibilité de cette dernière astuce pour créer l'engagement.

En lisant ce résumé, vous avez sans doute remarqué un certain nombre de petits « trucs » trouvés pour vous motiver, pour vous encourager à aller jusqu'au bout d'une démarche quelconque. De tels « trucs » ont été effectivement étudiés et codifiés par des chercheurs, dans le but de comprendre comment fonctionnaient l'influence, la persuasion, voire la manipulation. Il est intéressant de repérer les moyens que vous avez déjà utilisés pour vous aider à vous engager. Dans la mesure où ils vous ont déjà donné satisfaction, vous pouvez les mettre en œuvre de nouveau. Il est bon également de disposer d'autres tactiques et techniques qui enrichissent votre panoplie et vous permettent d'avoir une plus vaste gamme d'options pour arriver à vos fins.

L'exercice suivant vous invite à faire le point sur votre utilisation de ces techniques, et tactiques et à explorer la mise en œuvre de nouveaux moyens pour faciliter l'engagement que vous prenez quant à vos projets pour l'avenir.

Exemple

Dans les techniques et tactiques d'auto-influence, la pensée magique est à l'œuvre. Et tant mieux en fait car ce mode de pensée dite « primitive » engage un allié puissant et indéfectible : notre imaginaire. La pensée magique se base sur des procédés de causalité qui, bien que n'ayant rien de rationnel, fonctionnent très bien, comme, justement, par magie. Qui oserait dire qu'il n'aurait jamais imaginé trouver une place de parking, dénicher une table à la terrasse d'un bistrot en plein été, avoir des billets de théâtre pour une pièce qui se joue à guichets fermés, simplement parce que… il l'a décidé, parce qu'il l'a voulu, parce qu'il l'a imaginé ! ? Certes, les techniques d'auto-influence ont été étudiées et testés par des psycho-sociologues, il n'en est pas moins vrai que l'auto-persuasion, l'auto-conviction, l'auto-influence reposent sur la croyance que « en faisant X je ferai arriver Y… ». Tout le monde sait, n'est-ce pas, qu'il suffit de laver sa voiture, aller chez le coiffeur, porter de chaussures neuves pour amener la pluie !
Véronique attend son deuxième bébé. Elle a arrêté de fumer pendant sa première grossesse dès qu'elle a su qu'elle était enceinte, mais cette fois-ci, c'est différent. En quoi ? elle ne saurait dire, mais elle sait qu'il lui faudrait autre chose pour lui faire sauter le pas. Nous passons en revue différents cas de figures et motivations qui l'ont aidée auparavant. Tout à coup, elle sourit, son visage s'éclaircit et elle déclare : « J'ai compris ce qu'il me faut, je sais ce que je vais faire ! Je vais dédier ma dernière cigarette à ce bébé et me payer une semaine de thalasso avec l'argent que j'aurai économisé en n'achetant plus de cigarettes jusqu'à sa naissance. »

Exercice 25 : Faites le point sur vos moyens d'auto-influence

Comme vous l'avez découvert en travaillant avec votre Ligne du Temps, vous êtes tantôt amené à vous servir de votre passé et tantôt de votre présent pour construire votre avenir ; parfois vous reprenez des situations du passé pour les considérer sous un nouvel angle afin d'en extraire les apprentissages et parfois vous réfléchissez ici et maintenant à la manière de mettre en œuvre ce que vous avez appris. Cet exercice vous propose de vous servir de ces deux grandes options.

Installez-vous confortablement. Vous savez déjà comment l'esprit se dégage et les pensées se libèrent d'autant plus facilement que le corps est détendu. Notez le numéro de l'exercice et la date du jour dans votre journal. Et maintenant vous pouvez laisser venir à votre esprit trois, quatre, cinq engagements importants que vous avez pris, trois, quatre, cinq engagements qui vous tenaient à cœur et qui vous ont été faciles à tenir, à respecter. Le contexte dans lequel vous avez pris ces engagements importe peu : le travail, la maison, les loisirs… Simplement

●●●

laissez venir à votre esprit trois, quatre, cinq engagements importants que vous avez acceptés et que vous avez tenus. Et peu importe si votre choix n'engageait que vous ou engageait d'autres personnes, pour l'instant, laissez-vous trouver, laissez-vous remémorer quelques engagements que vous avez pris et qui étaient faciles pour vous à tenir. Et maintenant, de la manière la plus honnête possible, sans complaisance ni jugement a priori, posez-vous une question clé : « Qu'est-ce qui m'a aidé à tenir ces engagements ? » Simplement, focalisez votre attention sur ce qui vous a facilité la tâche. Et vous pouvez noter tout de suite dans votre journal ce que vous venez de trouver. Il est possible que vous n'ayez pas remarqué à l'époque comment vous avez fait pour tenir vos engagements ; il se peut que vous l'ayez oublié entre-temps... C'est pour cela qu'il est intéressant d'en prendre note maintenant, pour que vous puissiez vérifier avec vous-même comment vous avez fait. Quelles astuces avez-vous utilisées ? Avez-vous raconté votre engagement à des amis en les prenant à témoin ? Avez-vous déclaré votre réussite à vos enfants, vos parents, votre conjoint ? Avez-vous fait partie d'un groupe de soutien ? Avez-vous fait en sorte de vous installer une nouvelle habitude ? Avez-vous pointé pour vous-même que cet engagement était votre choix quel qu'en soit le résultat ? Avez-vous trouvé le moyen de vous proposer deux options plus ou moins coûteuses afin de pouvoir choisir la moins onéreuse des deux ? Vous êtes-vous promis une récompense quelconque si vous alliez jusqu'au bout de votre engagement ? Peut-être avez-vous des moyens qui vous sont très personnels. Vous pouvez les noter, naturellement, aussi.

Et prenez le temps de noter dans votre journal tout ce que vous venez de trouver. Car, vous faites cet exercice pour vous aider à repérer ce qui a bien fonctionné dans votre démarche, pour être en mesure de refaire la même chose ultérieurement. Et, afin de mettre au jour quelles astuces vous choisirez de mettre en œuvre à l'avenir, faites comme si vous les aviez déjà appliquées aux situations d'engagement évoquées et projetez de les utiliser dans des engagements à prendre pour construire votre avenir.

Dans cet exercice, vous avez passé en revue les moyens dont vous vous êtes déjà servis pour vous aider à tenir vos engagements. Dans la mesure où ils vous ont satisfait, vous saurez comment les mettre à profit de nouveau à l'avenir, dans de nouveaux contextes. Vous avez également pu imaginer comment appliquer les astuces soulignées précédemment pour vous aider à générer de l'engagement.

Remarquez aussi si vous avez peur de ne plus pouvoir changer d'avis une fois un engagement pris. La peur de faire ainsi fausse route peut vous empêcher de choisir une voie quelconque. Il arrive que certains tournent en rond, d'autres restent bloqués à l'arrêt et d'autres encore pour sortir de ce dilemme foncent tout droit… dans le mur. Si vous avez l'impression que ce mode de comportement vous est familier, vous pourrez transformer utilement la décision limitante qui jusque-là vous a fait agir de la sorte.

Ne mettez pas votre futur en gage, engagez-vous pour votre avenir

Vous connaissez l'expression « chez ma tante » ? C'est une façon quelque peu désuète de désigner le mont-de-piété, là où, dans le temps, on laissait ses bijoux et autres objets précieux en gage contre une somme d'argent, en attendant des fins de mois plus arrondies. Pour récupérer ses gages il fallait rembourser la somme engagée, avec intérêt, bien entendu.

Combien d'entre vous agissent de la même manière avec leur futur ? Combien de projets, pourtant estimés essentiels sur le moment, avez-vous fait attendre au lieu de vous engager dans l'action pour les réaliser ? En troquant vos rêves contre le mirage de la sécurité, vous avez misé sur l'idée qu'il y aurait des moments plus faciles à vivre, et qu'il suffisait simplement d'attendre. Mais l'attente est coûteuse, c'est un luxe que vous ne pouvez pas vous permettre.

Ne mettez pas votre futur en gage, engagez-vous pour que l'avenir de vos rêves devienne votre réalité présente. Car le présent c'est l'aire d'action, là où tout acte se pose, où toute conduite s'organise pour construire l'avenir

Vous avez déjà validé l'intérêt de prendre votre part de responsabilité dans la réalisation de vos objectifs SUPER et l'importance de les écrire, vous avez appris à mettre au jour la hiérarchie de vos valeurs et à la réactualiser périodiquement aussi, vous avez remarqué l'importance de l'engagement pris envers vous-même pour faire aboutir vos projets, vous avez repéré des moyens à mettre en œuvre pour faciliter l'acte d'engagement, il s'agit maintenant d'adopter une conduite d'engagement pour passer à l'action.

Car si l'engagement est le lien entre l'individu et ses actes, entre qui vous êtes et ce que vous faites, un autre lien renvoyant aussi à l'engagement semble se profiler : celui qui existe entre ce que vous dites et ce que vous faites. D'où les questions : comment respectez-vous votre parole ? comment tenez-vous vos engagements ?

L'exercice suivant vise à vous aider à formuler une réponse aussi succincte que simple : comment je tiens mes engagements ? très bien, merci !

Exercice 26 : Engagez-vous à 100 % pour votre avenir

Cet exercice sert de résumé à ce que vous avez déjà appris grâce aux autres exercices de cette partie du livre, au fil des chapitres. En effet, en expérimentant les principes de base pour dresser votre bilan personnel, réorganiser votre vie et construire votre avenir, en vous munissant d'un « règlement intérieur » propre à un fonctionnement harmonieux, vous avez accepté de prendre votre part de responsabilité, de reconnaître vos valeurs et celles des autres, de fixer des objectifs si SUPER qu'ils vous donnent envie de les atteindre, de rééquilibrer votre Ligne du Temps, de valider l'alignement de vos objectifs, ou de vos valeurs et vos domaines de vie, et de vous engager pour votre avenir.

Maintenant, vous pouvez vous servir de l'exercice suivant pour choisir de faire ce que vous dites et dire ce que vous faites.

Installez-vous confortablement. Prenez le temps d'inscrire le nom et le numéro de cet exercice sur une nouvelle page de votre journal. Et maintenant vous allez : 1) reprendre les objectifs SUPER déjà couchés par écrit pour chacun de vos domaines de vie (exercice 21) ; 2) vérifier les valeurs qui vous motivent dans la réalisation de ces objectifs (exercice 11) ; 3) faire la hiérarchie des valeurs mises en exergue (exercice 12) ; 4) vous poser une question clé : « Quel est la valeur que je dois nécessairement satisfaire pour garder le sentiment d'être en phase avec moi-même, en congruence avec ce qui compte pour moi et en accord avec les systèmes auxquels je participe et avec les personnes autour de moi ? »

Pour vous aider dans votre recherche, vous pouvez vous demander : « Qu'est-ce qu'il se passerait si je réalisais cet objectif ? Quelle valeur incontournable est naturellement satisfaite par la réalisation de cet objectif ? Qu'est-ce qu'il se passerait si je ne réalisais pas cet objectif ? Dans ce cas, quelle valeur incontournable ne serait pas satisfaite ? Qu'est-ce qui ferait que je m'engagerais automatiquement à 100 % sans hésitation pour réaliser cet objectif ?

●●●

Quelle perspective serait si insupportable que je n'accepterais pas de ne pas réaliser cet objectif ? Que je ne mette pas mon avenir en gage ? »

Lorsque vous avez répondu à ces questions, aussi surprenantes soient-elles, lorsque vous sentez avec vos « tripes » que vos réponses sont justes, faites-en une synthèse que vous noterez selon ce modèle : Je, Prénoms NOM, m'engage à réaliser tel objectif dans tels délais parce que telles valeurs sont importantes pour moi.

Prenez le temps de vous poser ces questions, prenez le temps d'y répondre et d'en faire la synthèse. Soyez honnête avec vous-même, sans complaisance ni jugement, tout simplement honnête. Et si vous le jugez nécessaire, vous pouvez aussi mettre en œuvre d'autres moyens d'auto-influence.

En vous engageant à 100 % pour votre avenir, en résistant à la tentation de laisser les autres le faire à votre place, vous vous engagez dans la construction d'un monde meilleur que vous contribuez à créer.

Au fil de ces chapitres, vous avez fait l'expérience des principes de base qui permettent de construire votre avenir et de les intégrer dans votre vie de tous les jours, en vous créant de nouveaux réflexes de réflexion et d'action. Vous avez découvert les éléments dont il importe de tenir compte pour prendre votre part de responsabilité. Vous avez appris comment repérer et apprécier vos valeurs pour les jauger, les hiérarchiser et les valider dans vos divers domaines de vie. Vous avez été sensibilisé aux paramètres d'un objectif SUPER, un objectif qui donne envie de le réaliser. Vous avez été initié aux techniques spécifiques de changement liées au modèle de la Ligne du Temps pour vous permettre de rééquilibrer votre Ligne et lever les obstacles à la réalisation de vos objectifs. Vous avez vérifié le passage du temps, fait l'inventaire de vos objectifs pour chacun de vos domaines de vie, validé comment ils correspondaient aux paramètres d'un objectif SUPER, et fait le point sur vos systèmes de soutien et les partenaires de votre réussite, pour constater en quoi l'alignement est un atout d'efficacité. Vous avez apprécié également la manière dont l'engagement à 100 % représente une habitude puissante. En faisant le point sur vos engagements par rapport à vos objectifs, vous avez pu décider quoi faire de ceux que vous avez commencés et en bonne voie de réalisation, de ceux que vous avez commencés puis abandonnés, de ceux en cours et qui restent, à ce jour, inachevés, de ceux par rapport auxquels vous n'arrivez pas encore à vous engager pleinement. Vous avez examiné des techniques et des tactiques d'engagement personnel pour vous équiper de nouveaux moyens d'auto-influence et créer de nouveaux réflexes qui permettent de vous engager pour construire votre avenir.

Vous disposez maintenant de ce dont vous avez besoin pour passer à l'action et mettre en place un avenir radieux. Dans la partie suivante, je vais vous inviter à activer encore votre créativité. Vous découvrirez de nouvelles options pour envisager de multiples scénarios futurs et choisir de vivre celui qui vous convient le mieux. Vous créerez des opportunités en découvrant comment planifier et programmer un évènement futur, et apprendrez à vivre selon des principes gagnants qui vous permettront de vous fixer des objectifs, de les atteindre et de savourer la réussite.

Pour vous faciliter encore davantage la tâche, il est intéressant de revisiter les ressources qui, rappelons-nous, sont partout sur toute la Ligne du Temps.

Qu'est-ce qu'une ressource ?

Une ressource, c'est tout ce qui vous aide à progresser et à atteindre vos objectifs.

Non seulement on trouve des ressources partout dans toutes les aires du temps, mais tout peut servir de ressource : une compétence, un comportement, une émotion, une décision, une attitude, une croyance, une aptitude, une habitude, une qualité, un trait de caractère…, selon le contexte où vous vous trouvez et l'objectif poursuivi.

Dans l'exercice qui suit, je vous invite, à choisir une ressource que vous connaissez déjà, que vous reconnaissez posséder même. Pour vous habituer à la démarche, il est intéressant de choisir une ressource familière que vous appréciez, tout en souhaitant, soit enrichir son expression dans les contextes où elle se trouve déjà, soit lui faire une place là où elle est insuffisamment présente, voire absente.

Par exemple, vous savez faire preuve de patience et de persévérance aux échecs mais, dans d'autres circonstances, en voiture, dans les embouteillages, par exemple, votre patience est vite éprouvée, malgré toutes vos bonnes résolutions. Après avoir désensibilisé l'émotion liée aux embouteillages, ou transformé la décision limitante en rapport avec ce type de situation, il sera agréable de vous ressourcer et de vous restaurer en réalisant cette technique-ci. En vous ressourçant, vous découvrirez que non seulement votre patience et votre persévérance s'enrichissent et s'expriment de façons nouvelles, mais aussi, que ces deux ressources prennent place dans votre vie à des moments où vous n'aviez pas l'impression de les trouver auparavant, et cela tout naturellement.

Pour fixer, atteindre et savourer vos objectifs, vous risquez de rencontrer des obstacles qui entravent votre démarche, vous serez alors amené à lever ces barrières, grâce aux techniques de changement, avant de vous ressourcer à la source de ressources. Car, de même que le jardinier défriche et nettoie avant toute plantation, fertilisation et arrosage, c'est grâce aux techniques de changement que vous préparez le terrain aux ressources à venir.

Et si vous n'avez pas d'obstacles à lever, si, dans votre jardin, il n'y a ni mauvaises herbes, ni cailloux, ni parasites; si le climat est favorable, l'exposition bonne, et le terreau riche, vous pouvez aller directement au renforcement des ressources pour revigorer vos plantations.

En vous occupant de vous méthodiquement, si vous réglez vos émotions périmées avant qu'elles ne s'installent, questionnez les décisions qui vous limitent, et traquez les tracas de la vie quotidienne assidûment, vous entretiendrez votre jardin et favoriserez la construction de votre avenir.

Vous pouvez vous demander, dans un premier temps, pourquoi choisir une ressource que vous possédez déjà dans la mesure où vous pouvez préférer en découvrir et développer d'autres que vous estimez ne pas avoir actuellement à votre disposition.

Deux réponses à cela: tout d'abord, il est toujours préférable de s'initier en douceur à l'apprentissage de toute technique, ensuite, dans le cas où vous penseriez manquer d'une ressource spécifique, cette pensée même serait sous-tendue par une décision limitante. Il s'agirait alors pour vous de la questionner, de la transformer, car elle représenterait un obstacle à votre chemin.

Vous pouvez répéter cet exercice, comme tous les autres exercices de ce livre, le nombre de fois voulu pour vous ressourcer, en choisissant autant de ressources que vous désirerez, ayant trouvé toujours le moyen de vous rendre pleinement disponible à l'expérience que vous allez faire.

Je vous invite à lire les instructions et à regarder la figure 11 (page 179) avant de commencer, soit en vous faisant aider par quelqu'un d'autre qui vous lit l'exercice, soit en l'enregistrant pour le réaliser à votre rythme et à votre convenance.

Exemple

Sans doute nous est-il arrivé à tous de souhaiter disposer de plus de ressources, de désirer se sentir davantage soutenu, de vouloir bénéficier de renforts, bien que reconnaissant notre savoir, nos compétences, notre valeur... Il arrive aussi de ce fait, que, ayant réalisé un travail avec la Ligne du Temps nous ayons le sentiment qu'un étayage supplémentaire ne serait pas de trop.

Sébastien, un homme d'une cinquantaine d'années a cherché de l'aide pour régler une tendance à « hésiter ». Rien de trop contraignant, de trop embêtant, mais... assez pour qu'il pousse la porte de mon cabinet puisqu'il a un projet qu'il veut mener à bien, mais... Justement, c'est aussi un adepte de « oui, mais... » : « Oui, grâce à ce qu'on vient de faire c'est OK maintenant, je perçois très bien ce que je pourrais faire, je me sens même presque prêt à le faire enfin, mais... »

« Presque ? Mais ? ». Nous avons œuvré pour lever les interdictions liées à une décision limitante et cela lui a réussi. Que cela n'empêche, sans doute reste-t-il quelque chose à traiter avant que Stéphane ne passe effectivement à l'action. Il cherche un « plus », demande un supplément, réclame des renforts ; sa situation requiert d'un renforcement de ressources. Et quelle ressource souhaite-t-il renforcer ? Quelle est la ressource qu'il connaît, qui lui est familière qu'il souhaite raffermir, affirmer davantage ? Quelle ressource souhaite-t-il trouver plus présente dans sa vie ; de quelle ressource désire-t-il découvrir de nouvelles expressions, quelle ressource veut-il explorer, expérimenter depuis des angles différents ? Le courage ! Oui c'est vrai, il faut du courage pour passer à l'action, pour poursuivre un engagement, aller jusqu'au bout d'un désir, faire aboutir un objectif, un projet. Du courage il en a quoi qu'il en soit et il en aura encore davantage à travers le temps.

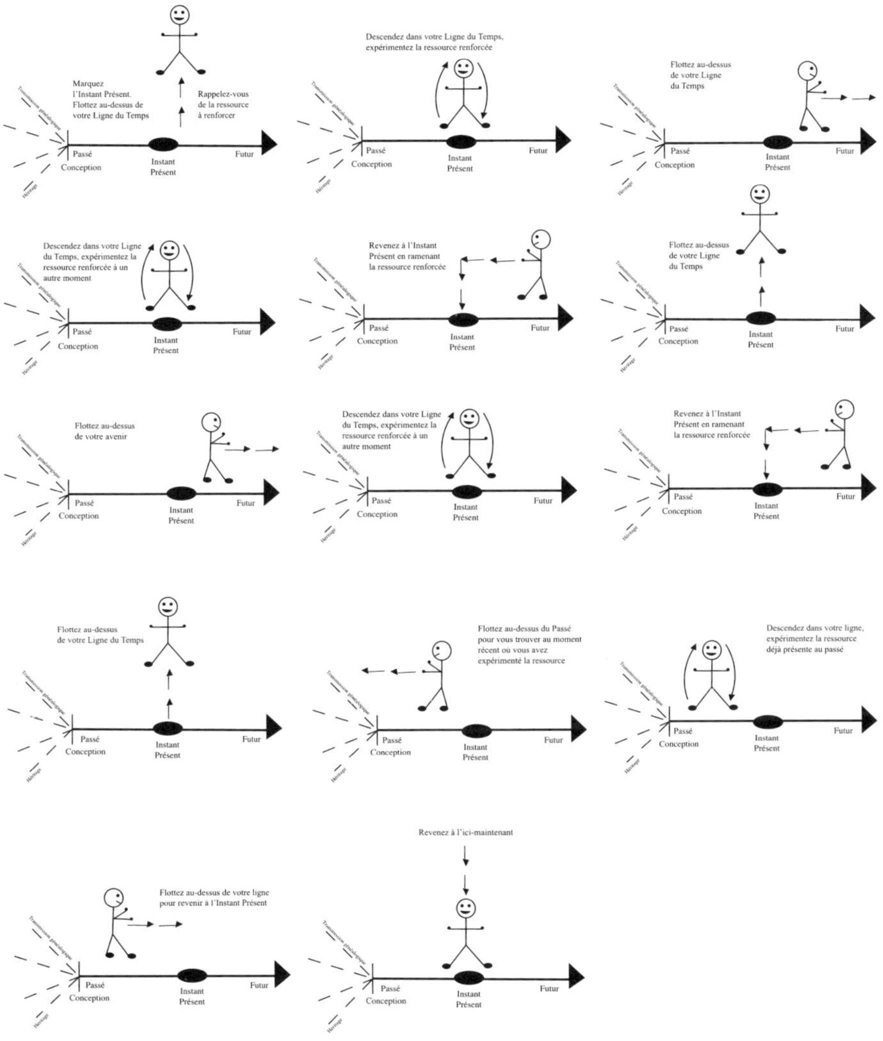

Figure 11 : Renforcez vos ressources

Exercice 27 : Renforcez vos ressources

Vous pouvez maintenant choisir une ressource que vous désirez enrichir, renforcer, peut-être s'agit-il de l'engagement, de la persévérance, de la conviction, de la lucidité, du discernement, du sens de la répartie, de l'amusement, du sens de la fête…

Prenez note de la ressource choisie, maintenant, et marquez la date du jour dans votre cahier. Vous pouvez même faire une liste des ressources que vous désirez renforcer, car vous pouvez expérimenter une situation très fréquente : vous allez découvrir qu'une fois une ressource renforcée, d'autres se trouvent renforcées à leur tour créant de nouvelles chaînes associatives positives. Vos ressources s'alignent naturellement avec celle que vous avez renforcée, sans que vous ayez à faire quoi que ce soit de particulier. Vous pouvez simplement remarquer les changements dans divers contextes de votre vie et noter vos progrès. Plus vous vous ressourcez, plus vous serez ressourcé ; plus vous pratiquerez cette technique, plus elle vous sera facile.

Installez-vous confortablement en laissant revenir à votre esprit l'organisation de votre Ligne du Temps, et, en la découvrant de nouveau, marquez l'instant présent de la manière qui vous convient : d'une couleur, d'une image, d'un son, d'une sonorité, d'une sensation… Ensuite laissez-vous flotter au-dessus de votre Ligne à une distance qui vous convient, à une distance confortable. Et vous pouvez simplement vous rappeler la ressource que vous désirez enrichir, renforcer, expérimenter encore et encore. Et si vous ne savez pas exactement comment nommer cette ressource, vous pouvez facilement vous adresser à cette autre partie de votre esprit, l'esprit inconscient, pour lui demander de vous proposer un nom de code pour la ressource, un nom de code pour l'identifier, pour la nommer, pour l'appeler, la rappeler… Et, en appelant la ressource, et en vous rappelant la ressource, vous pouvez simplement remarquer ce qui est typique de votre expérience de cette ressource ; vous pouvez prendre note à votre manière de ce que vous voyez, de ce que vous entendez, de ce que vous goûtez, sentez, ressentez… tout ce qui, dans votre expérience, vous indique que vous êtes en contact avec cette ressource, que vous expérimentez cette ressource, que vous exprimez cette ressource, tout ce qui vous démontre qu'elle fait partie de vous, qu'elle est en vous. Et en vous laissant descendre dans votre Ligne du Temps, en vous laissant entrer dans l'instant présent de nouveau, vous pouvez expérimenter comment la ressource s'est déjà enrichie, par le fait d'y penser et parce que le temps passe, les ressources se renforcent avec le temps. Et de nouveau, vous pouvez vous détacher de votre Ligne du Temps pour flotter juste au-dessus de l'instant présent… pour vous laisser flotter vers l'avenir de manière à descendre encore une fois dans votre Ligne du Temps, pour vous retrouver au moment où vous serez particulièrement en contact avec cette ressource de

●●●

nouveau, pour vous retrouver la prochaine fois, où vous serez particulièrement en contact avec cette ressource, et ce sera dans pas longtemps, puisque cette ressource vous est de plus en plus familière, elle est de plus en plus fréquente dans votre expérience, de plus en plus typique de votre vécu.

En descendant dans votre Ligne du Temps, au moment où vous êtes de nouveau particulièrement en contact avec cette ressource, vous pouvez remarquer comment elle s'est renforcée encore davantage avec le temps; vous pouvez prendre acte de la manière dont vous reconnaissez qu'elle est devenue plus puissante encore maintenant, puis vous vous laissez flotter au-dessus de votre Ligne de nouveau pour revenir au-dessus de l'instant présent encore une fois, en gardant avec vous toutes les sensations, tout le ressenti de la ressource renforcée... Et, en rentrant dans l'instant présent encore une fois une fois, pour remarquer également comment vous ressentez la ressource enrichie et renforcée ici et maintenant, vous pouvez remarquer comment elle s'est renforcée avec le temps qui passe. Car, chaque fois que vous flotterez au-dessus de votre Ligne du Temps, en allant vers l'avenir pour découvrir à quel autre moment, prochainement, dans pas longtemps du tout, vous ressentirez de nouveau cette ressource, à quel moment à venir vous serez encore particulièrement en contact avec elle, vous remarquerez tout simplement de nouvelles expériences dans lesquelles cette ressource s'exprime, dans lesquelles elle est présente et vous saurez qu'elle s'est encore enrichie avec le temps qui passe. Et vous pouvez alors descendre dans votre Ligne du Temps pour entrer dans ces expériences nouvelles pour apprécier les changements, les transformations, et valider la manière dont la ressource s'est renforcée, avant de flotter de nouveau au-dessus de votre Ligne pour revenir vous retrouver juste au-dessus de l'instant présent et y rentrer encore une fois, en ramenant avec vous toute la richesse de la ressource renforcée que vous ressentez ici et maintenant.

Et certains disent que le temps est une illusion, car tout ce que vous ressentez est au présent, mais vous savez que les ressources s'enrichissent avec le temps qui passe, et vous pouvez continuer à faire l'expérience qui consiste à vérifier et valider comment cette ressource se renforce en allant le constater dans les expériences où elle s'exprime à travers le temps pour ensuite la ramener cette ressource renforcée au présent.

Et de nouveau, vous pouvez vous détacher de votre Ligne du Temps pour flotter juste au-dessus de l'instant présent..., afin de vous laisser flotter vers l'avenir et descendre de nouveau dans votre Ligne du Temps, à un autre moment où vous serez particulièrement en contact avec cette ressource qui se trouve renforcée par le temps et enrichie par votre expérience... Et vous pouvez simplement descendre dans votre Ligne au moment où vous êtes de nouveau très en contact avec cette ressource, cette ressource qui vous est de plus en plus familière, dont l'expression est de plus en plus fréquente chez vous...

●●●

pour remarquer comment elle s'est renforcée avec le temps; vous pouvez constater comment vous reconnaissez qu'elle est plus puissante maintenant, pour ensuite vous laisser flotter au-dessus de votre Ligne, de nouveau revenir au-dessus de l'instant présent encore une fois, en gardant avec vous toutes les sensations, du ressenti qui font partie de la ressource renforcée... Et, en rentrant dans l'instant présent, là où vous ressentez toujours la ressource enrichie et renforcée ici et maintenant, vous remarquez comment elle se renforce encore naturellement avec le temps qui passe.

Et dans la mesure où vous ressentez pleinement la ressource maintenant, à l'instant présent, dans la mesure où vous la ressentez dans tout votre corps, dans tout votre être, où vous remarquez comment cette ressource fait partie de vous à part entière, vous pouvez flotter au-dessus de votre Ligne du Temps de nouveau pour regarder vers le passé, remarquer comment cette ressource existait déjà peut-être sous un autre nom, une autre forme, comment elle s'exprimait d'une autre manière... avant que vous ne vous l'ayez rappelée à votre esprit, dans votre corps, avant même que vous n'ayez eu envie de la renforcer car elle fait partie de votre expérience depuis longtemps, n'est-ce pas? peut-être depuis toujours...

Et juste pour vous souvenir encore de la manière dont les ressources se renforcent avec le temps, vous pouvez flotter au-dessus de votre Ligne du Temps en allant vers le passé pour vous retrouver juste au-dessus du dernier évènement, l'évènement le plus récent, au cours duquel vous avez expérimenté cette ressource pour remarquer comment la puissance de cette ressource renforcée était déjà présente en potentiel à ce moment-là de votre vie, et la manière dont elle s'est renforcée et enrichie de nouveau à travers le temps.

Et maintenant, en sachant que les ressources se renforcent encore avec le temps, vous pouvez flotter au-dessus de votre Ligne du Temps en revenant vers l'instant présent, seulement aussi rapidement que vous remarquez comment la ressource qui vous existait déjà au passé continue à s'enrichir au fil du temps pour prendre davantage de place dans votre Ligne dans votre vie, en revenant vers l'instant présent seulement aussi rapidement que vous constatez comment la ressource renforcée continue à s'exprimer de façons nouvelles et diversifiées, dans des circonstances et dans des contextes différents de votre vie, au passé, au présent, à l'avenir, à travers le temps.

Et lorsque vous vous retrouverez de nouveau juste au-dessus de l'instant présent, vous pourrez descendre dans votre Ligne du Temps et revenir pleinement au présent.

Prenez le temps maintenant de noter dans votre cahier ce que vous avez expérimenté pendant l'exercice. Peut-être voulez-vous décrire comment vous savez davantage comment vous êtes pleinement en contact avec la ressource que vous avez choisie.

Partie 3

Concrétiser ses rêves : trois mouvements pour cheminer dans la vie avec conscience, puissance et aisance

Dans cette partie, vous allez mettre en pratique les principes de base que vous venez de découvrir et d'expérimenter, pour construire votre avenir. En les pratiquant de manière régulière, vous créerez une trajectoire de progression et de progrès, pour cheminer dans la vie avec conscience, puissance et aisance. Au fil des chapitres, des exercices vous guideront dans la pratique des techniques qui permettent de construire l'avenir dont vous rêvez.

En assimilant pleinement les principes de base par la pratique, vous apprendrez à envisager de nouvelles options et à créer des scénarios multiples de futurs possibles. Et vous choisirez celui qui vous conviendra le mieux à court et à long terme. Vous découvrirez comment créer un itinéraire de vie, en appliquant des techniques spécifiques pour planifier et programmer un évènement à venir. En intégrant les principes gagnants dans votre vie, vous créerez une orientation précise qui vous permettra de fixer des objectifs, de les atteindre et de savourer la réussite.

11

Opter pour des options

Combien d'entre vous ont été amené un jour à réaliser un achat important ? Tous, sans doute. Et qu'il s'agisse d'acquérir une voiture ou un appartement, qu'il soit question de vous équiper en matériel informatique, électroménager, vidéo ou stéréo, vous vous êtes trouvé confronté à la question d'options.

Quelles options existent ?

Quelles options choisir ?

Dans cet ouvrage, je vous ai invité à vérifier si le modèle de base proposé serait suffisant, adéquat et ajusté à vos besoins ; je vous ai demandé de réfléchir pour découvrir si ce modèle-là était vraiment le reflet de vos désirs ou si, au contraire, vous n'aviez pas envie, vous n'auriez pas intérêt à personnaliser l'objet choisi en y ajoutant des « options », justement.

Bien sûr, ce qui est optionnel n'est pas obligatoire : c'est en plus, c'est un plus. Lorsque vous disposez d'options, vous disposez de davantage d'alternatives, vous élargissez la gamme des choix possibles.

Optez, alors, pour les options et construisez l'avenir de vos rêves.

Optez pour un avenir plein d'options, plein de possibilités.

Choisissez un modèle haut de gamme ; vous le méritez, vous le valez bien.

Et vous allez tester le modèle, bien sûr, avant de signer le contrat d'achat, grâce aux scénarios multiples que vous allez maintenant apprendre à créer et à projeter dans votre avenir.

Projetez des scénarios multiples de possibles futurs

Combien de fois vous êtes-vous déjà dit : « J'aimerais bien savoir quelle décision prendre ; j'aimerais bien savoir ce qui va se passer » ? En fait, en vous disant cela, vous aviez une idée de ce qui vous attendait selon le choix que vous feriez, mais, trop souvent, au lieu de prêter attention aux signaux de votre intuition, pour agir en conséquence, vous préfériez effectivement attendre que le temps passe comme s'il n'y avait rien d'autre à faire. Mais, vous le savez bien, maintenant, il y a beaucoup à faire pour construire l'avenir dont vous avez envie. Et ça ne dépend que de vous.

Vous faites déjà des plans pour l'avenir sans le savoir ; il vous reste à en prendre conscience pour ensuite les vérifier, les affiner et valider leur mise en œuvre. Trop souvent, pour certains d'entre nous, les plans que nous créons, les projections dans l'avenir que nous nous proposons sont étroitement liées à ce que nous savons déjà, comme si le futur était condamné à refléter, prolonger, voire répéter le passé.

Pour vous aider à vous dégager de cette tendance et résister à cette tentation, vous avez appris à aligner les aires du temps de votre Ligne et à lever les obstacles qui empêchaient votre réalisation. Parmi les techniques spécifiques de changement pratiquées vous avez transformé des décisions limitantes en décisions aidantes pour que celles qui limitaient votre fonctionnement et vous entravaient dans vos choix, deviennent des décisions aidantes qui soutiennent vos objectifs et vos projets.

Maintenant, vous pouvez créer des plans, des projets et des scénarios pour votre avenir, des scénarios dont vous avez non seulement conscience, mais dont vous prenez également la responsabilité, aussi bien pour leur construction que pour leur réalisation. Et vous savez déjà à quel point il est sage d'avoir toujours un plan de repli, au cas où le chemin choisi se trouverait bloqué par des obstacles imprévus.

Quiconque ayant déjà eu l'occasion de faire du camping, de partir en balade ou de pique-niquer, sait que les risques encourus sont absolument imprévisibles. Malgré toutes les dispositions prises contre la pluie, les coups de soleil, les insectes gourmands et les envahisseurs de toutes sortes, la nature se charge bien souvent de vous « rabattre » sur un plan de rechange sur votre « Plan B ».

Les plans que vous bâtissez, les scénarios que vous projetez pour votre avenir peuvent varier à l'infini. Vous pouvez en faire autant que vous voulez, vous rappelant toutefois que ce que vous vous proposez est censé vous permettre d'avancer vers vos buts et atteindre vos objectifs. Pour cette raison, mettez au jour les résultats anticipés de telle ou telle démarche à laquelle vous êtes en train de réfléchir. Pour cela, servez-vous de la technique « envisagez des futurs possibles » que vous découvrirez au cours de ce chapitre. De cette façon, vous pourrez non seulement construire des voies directes et indirectes pour vous mener à destination, mais vous pourrez aussi valider les options que vous vous proposerez, avant d'en faire le choix définitif et de vous engager.

En envisageant de multiples futurs possibles, vous vous servez d'un des aspects les plus humains de votre personnalité : votre imagination. En effet, nous seuls les êtres humains possédons la capacité d'imaginer ce qui nous permet de prévoir et de choisir en fonction de ce que nous avons imaginé.

Notre limite c'est notre imagination, et elle est illimitée.

En la faisant fonctionner, vous retrouvez les compétences conservées de votre tendre enfance : la capacité de faire semblant et la capacité de rêver.

Pour faire semblant, comme pour rêver, l'imagination est un atout considérable. Grâce à elle, nous pouvons « faire comme si » tel évènement était vrai, en anticiper le(s) résultat(s), car tout ce qui n'existe encore que dans l'imagination peut bel et bien se réaliser. Il suffit d'oser en rêver.

Osez rêver

Tout le monde rêve, le jour, aussi bien que la nuit. C'est une ressource importante de savoir rêver, contrairement à ce que prétendaient certains de nos instituteurs quand nous étions « dans la lune ». Rêver sert à se projeter dans l'avenir et aide à construire un plan et un projet de vie.

De ce fait, il est important de rêver grand, de rêver des rêves grandioses, démesurés mêmes, car la taille de nos rêves est liée à la taille de nos réussites. Si on se contraint à ne rêver que de ce dont on se considère capable tout de suite, dans l'immédiat, on ne se permet pas de mettre au jour de nouvelles ressources et d'y accéder ; car, pour mettre en exergue de nouvelles ressources, de nouvelles options, notre créativité a besoin de s'exprimer. Rêver encourage à découvrir ce dont on ne se savait pas capable avant… d'avoir réalisé nos rêves !

Un objectif SUPER commence par un rêve. Il se transforme en objectif opérationnel grâce à la confrontation avec les contraintes que représentent les paramètres de l'acronyme : S-U-P-E-R, sans pour autant perdre ses qualités d'attraction et sa capacité de nous faire rêver : rêver nous motive et nous ressource. Rêver donne envie d'aller plus loin, d'aller jusqu'au bout de nos rêves, justement.

Et si les rêves réalisés ont tous un point de départ, ils ont aussi une fin, un point d'arrivée. Beaucoup commencent par la même question : « Qu'est-ce qui se passerait si… ? » En vous posant cette question, vous êtes en train d'user d'imagination pour faire comme si ce que vous imaginiez faisait partie déjà de votre réalité quotidienne. En faisant semblant, vous retrouvez des ressources, exploitées régulièrement pendant votre enfance, que vous pouvez continuer à mettre à contribution toute votre vie.

Votre capacité à faire semblant, à « faire comme si », est un atout considérable : elle permet d'envisager et de simuler différents cas de figure et scénarios pour votre avenir. C'est un peu comme si vous faisiez du lèche-vitrine : vous regardez d'abord, vous essayez ensuite ce qui vous a plu, sans aucune obligation d'achat. Et lorsque vous vous permettez de rêver, c'est vous qui fixez les horaires d'ouverture du magasin.

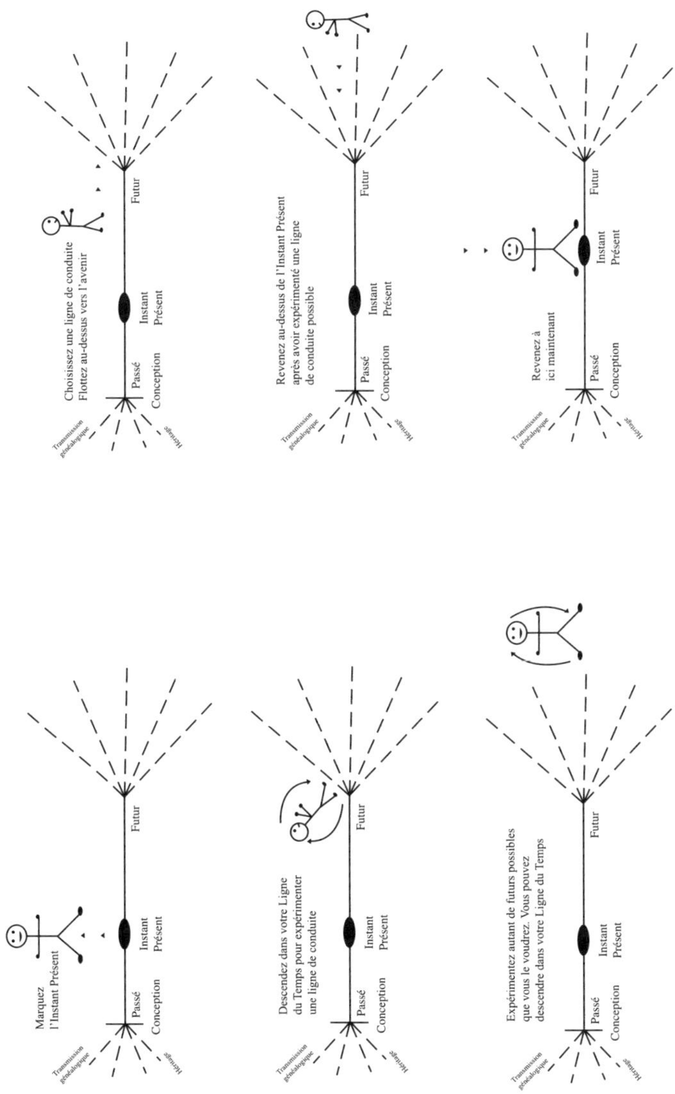

Figure 12: Envisagez des futurs possibles avec la ligne du temps: un engageant lèche-vitrine pour un avenir sur mesure

Exemple

Enfant, on vous a sans doute demandé : « Qu'est-ce que tu veux faire quand tu seras grand(e) ? » Quelle que soit votre réponse : fort comme papa, belle comme maman, astronaute, docteur, chanteur, danseur, président... vous avez rêvé de votre avenir, vous avez envisagé un futur possible. Peut-être que certains d'entre nous ont réalisé nos rêves d'enfant, tant mieux. La plupart d'entre nous ont renoncé à ces rêves, ou bien on les garde soigneusement pour la retraite. Le problème n'est pas de renoncer à certains de nos rêves, mais de renoncer à rêver tout court, d'oublier que tout projet commence par un rêve, pas par une prise de décision réfléchie, rationnelle, pondérée, etc.

Envisager des futurs possibles ne vise pas une prise de décision, il facilite l'exploration des options et permet de rêver gratuitement.

Jean-Claude me sollicite justement parce qu'il veut « réfléchir » à ce qu'il voudrait peut-être faire. Il ne se sent pas encore prêt à prendre une décision mais lorsqu'il parle de son désir de changer d'emploi, ses interlocuteurs - des amis, des membres de sa famille, certains de ses collègues – ne peuvent ni s'empêcher de lui signaler que ce qu'il dit n'est pas réaliste ni de lui demander comment il compte faire alors qu'il n'en est pas là. Alors qu'il voudrait que ce type d'échange prenne la tournure d'une séance de créativité où toute idée est permise et recevable sans critique, son entourage ne le suit pas.

Je l'invite à explorer des futurs possibles, à se laisser aller aussi loin à travers le temps pour chacune des options qu'il se propose, et tout simplement sans restriction ni obligations, d'imaginer ce qui se passerait s'il optait pour telle ou telle option aussi objectivement que possible. En tant que guide, ma tâche est de l'aider à respecter la consigne, à éviter qu'il critique son expérience, ou qu'il transforme son exploration en étude de faisabilité.

Jean-Claude accepte les règles du jeu, exécute la tâche, perçoit des possibilités auxquelles qu'il n'avait pas encore pensé et ainsi que de combinaisons nouvelles entre les options déjà entrevues, à sa grande satisfaction.

Exercice 28 : Envisagez des futurs possibles

Dans cet exercice, je vous invite à envisager des futurs possibles pour vous aider à mettre au jour les conséquences positives et négatives des options que vous vous proposez. Vous pouvez décider d'envisager autant de choix que vous le désirez en sachant que le but de cette démarche n'est pas de vous faire prendre une décision à tout prix, mais de vous permettre d'accéder à davantage d'informations sur les résultats et les retombées de telle ou telle option.

●●●

En pratiquant les techniques de désensibilisation d'une émotion, de transformation d'une décision limitante et de ressourcement à la source des ressources, vous avez remarqué que d'autres Lignes du Temps précédaient et influençaient la vôtre. Dans cet exercice, vous allez noter comment votre imagination vous permet de créer les « bandes annonces » de votre avenir : vous profitez d'une projection en avant-première de ce que peut être votre vie future.

Regardez à nouveau la figure 11 qui vous donne des points de repère par rapport aux instructions. Vous aurez ainsi un aperçu du voyage que vous vous allez entreprendre.

Installez-vous confortablement. Vous avez déjà remarqué comment l'esprit se dégage et les pensées se libèrent d'autant plus facilement que le corps est détendu, relâché. Notez le numéro de l'exercice et la date du jour dans votre journal.

Et maintenant, vous pouvez laisser revenir à votre esprit l'organisation de votre Ligne du Temps et, en la retrouvant de nouveau, vous pouvez marquer l'instant présent d'une couleur, d'une image, d'un son, d'une sonorité, d'une sensation, comme vous avez pris l'habitude de le faire. Et vous pouvez, ensuite, vous laisser vous détacher de votre Ligne et flotter au-dessus d'elle à une distance qui vous convient, à une distance confortable pour vous.

Et vous pouvez simplement flotter au-dessus de votre Ligne du Temps en allant vers l'avenir en sachant que, dans quelques instants, vous aurez l'occasion de remarquer quelque chose d'intéressant, quelque chose que vous trouverez peut-être assez inhabituel, en tout cas quelque chose d'innovant, de novateur, quelque chose qui va vous changer et aura un impact important et positif sur votre vie. Dans quelques instants, vous allez remarquer comment votre imagination vous aide à envisager des futurs possibles, comment votre imagination crée des Lignes du Temps parallèles qui avancent vers le futur, des Lignes du Temps qui représentent chacune les résultats, les orientations ou les retombées des choix à propos desquels vous réfléchissez actuellement… Et vous pouvez percevoir ces Lignes devant vous, maintenant, une Ligne du Temps pour chaque ligne de conduite. Tout en remarquant comment ces choix se présentent, comment ces Lignes se distinguent devant vous, vous pouvez constater le moment dans le temps où ces Lignes s'organisent, vous pouvez remarquer que ce moment se trouve plus ou moins proche de l'instant présent, alors que vous continuez à flotter au-dessus de votre Ligne du Temps. Et pour apprécier comment vous fier à votre imagination, pour vérifier la manière dont votre imagination vous montre des options diverses qui font partie des choix de futurs possibles, vous pouvez réfléchir à des choix que vous avez à faire.

●●●

•••

Peut-être parmi ces choix il y a des décisions à prendre, des décisions concernant une orientation particulière que vous souhaitez donner à votre vie. Peut-être s'agit-il d'un choix qui concerne principalement un seul domaine de votre vie et qui aura naturellement un impact sur votre vie dans son ensemble... Peut-être est-ce une orientation professionnelle, ou un changement de lieu de vie, ou encore le choix de la personne qui vous accompagnera dans la réalisation de vos projets quels qu'ils soient. Vous pouvez simplement remarquer qu'il y a autant de Lignes du Temps que de lignes de conduite... et vous pouvez choisir maintenant une des Lignes parmi celles qui sont présentes devant vous, pour vous laisser flotter au-dessus d'elle et passer en revue les options qui découlent de cette ligne de conduite-là, de façon à considérer ces options avec recul et perspicacité. Et vous pouvez, si vous le désirez, descendre dans cette Ligne, vous pouvez descendre dans cette Ligne du Temps pour remarquer quels évènements arrivent naturellement avec les choix que vous vous proposez, des choix qui sont en ligne avec ce futur possible, ce futur que vous considérez, maintenant... Ensuite, vous pouvez simplement revenir au-dessus de cette Ligne du Temps ayant pris soin de mémoriser les options que vous avez expérimentées, et, ayant pris soin de stocker, garder, maintenir les apprentissages que vous avez faits grâce à cette expérience, à l'endroit que vous avez réservé aux apprentissages. Vous pouvez alors vous laisser flotter de nouveau au-dessus de cette Ligne à une distance qui vous est confortable pour revenir vous retrouver juste au-dessus du point du départ des Lignes des futurs possibles. Et vous pouvez aussi choisir une autre ligne de conduite possible représentée par une autre Ligne du Temps pour faire une nouvelle expérience de vos options. En restant curieux et disponible par rapport à vos options de futurs possibles, vous pouvez tranquillement vous laisser découvrir et recevoir des informations que vous vous fournissez en vous laissant flotter tour à tour au-dessus de chacune de ces Lignes du Temps. Vous savez comment vous pouvez descendre dans la Ligne pour découvrir et mémoriser les expériences qui s'y trouvent, apprendre et apprécier la particularité, la spécificité de chacun de vos futurs possibles, avant de vous laisser flotter de nouveau au-dessus de votre Ligne du Temps, pour revenir et vous retrouver juste au-dessus de l'instant présent de nouveau. Et, lorsque vous aurez exploré toutes les lignes de conduite que vous jugerez nécessaires et que vous vous retrouverez de nouveau au-dessus de l'instant présent, vous pourrez simplement vous laisser descendre encore une fois dans votre Ligne du Temps et revenir pleinement ici et maintenant.

Prenez quelques instants pour noter les expériences que vous avez faites pendant cet exercice. Notez tout ce qui vous semble pertinent par rapport à vos objectifs et aux options que vous avez testées. Prenez note de tout ce qui peut vous aider à construire votre avenir.

La finalité de cet exercice n'est pas de vous faire prendre une décision. Il sert à vous aider à prendre conscience des diverses options que vous pouvez prendre en considération et passer en revue. Toutefois, pour faciliter votre prise de décision, vous pouvez l'utiliser dans le but de saisir les avantages et inconvénients de ce que vous vous proposez. En l'occurrence, vous pouvez aussi vous servir de l'exercice 12, sur la hiérarchisation des valeurs pour peser le pour et le contre des options et des opportunités qui se présentent. Une fois votre décision prise, la ligne de conduite à tenir choisie, un travail sur l'engagement s'impose. Ce type de démarche est facilité par l'exercice suivant.

Transformez votre imagination en << image-in-action >>

Imaginez quelques instants ce que vous allez faire demain. Et maintenant, rappelez-vous comment vous avez fait. Avez-vous regardé le planning que vous projetez de suivre pour ensuite faire défiler votre journée ? Vous êtes-vous posé de nouveau la question avec votre propre voix, avant de répondre en vous offrant des scènes de votre vie de demain ? Vous avez probablement visualisé votre journée, tout simplement parce que la vue représente le canal sensoriel dont les occidentaux se servent le plus pour réfléchir et planifier.

Allons plus loin dans cette expérience. Reprenez vos représentations de votre journée de demain. Remarquez leurs qualités : sont-elles en noir et blanc ou en couleur ? Où se trouvent-elles dans l'espace ? Sont-elles supportées par un écran, par exemple, ressemblent-elles davantage à un hologramme ? Sont-elles en deux dimensions (hauteur et largeur) ou en trois, avec la profondeur du champ visuel ?

Et si on vous demandait de varier les qualités de l'une de ces images de votre journée de demain : vous pourriez mettre de la couleur à la place du noir et blanc, par exemple, ou raviver les couleurs de celles qui sont ternes ou peu voyantes pour les rendre plus vives, plus nettes ; arranger la lumière pour rendre l'image plus claire si elle est sombre ; rapprocher l'image de vous, si elle est un peu loin ou l'agrandir si elle est petite. Si l'image est statique comme une photo, vous pourriez la transformer en film en ajoutant du mouvement et la faire évoluer à travers le temps ; ajouter aussi une bande son, si votre image est muette.

N'hésitez pas à retoucher votre image ; testez en plusieurs versions et demandez-vous laquelle est la plus attractive. Notez les changements effectués pour obtenir une image finale plus réelle, plus vraie et plus juste pour vous.

Et maintenant vérifiez si votre expérience de ces changements est analogue à celle de tant d'autres personnes. En effet, pour la majorité d'entre nous, une image lumineuse, coloriée, grande et en mouvement attire davantage l'attention qu'une image statique, petite et terne. La première nous semble plus réelle. Si, à la longue, vous trouvez que votre image finit par ressembler quelque peu à un dessin animé, ce n'est pas surprenant, car ces dessinateurs ont bien compris les procédés qui frappent l'imaginaire des spectateurs.

Nous avons déjà noté que l'être humain se sert de ses cinq sens pour capter, traiter et restituer les informations reçues du monde externe et interne. Nous avons également souligné une autre de ses richesses : l'imagination.

Vous allez apprendre maintenant à transformer votre imagination en « image-in-action » pour animer votre avenir.

Exercice 29 : Faites-vous du cinéma avec votre << image-in-action >>

Dans cet exercice, découvrez comment systématiser l'utilisation du potentiel de votre imagination et transformer vos images statiques, ternes et non motivantes en des représentations riches et attrayantes, qui donnent envie de les vivre pleinement. En imaginant vos actions, en mettant vos images en action, vous accédez à de nouvelles compétences qui vous facilitent la construction de votre avenir.

En effet, les chercheurs en psychologie ont déjà noté que si une personne est attirée par un objet, une scène, une autre personne, etc., elle a tendance à surestimer sa perception. Autrement dit, sa représentation se trouve améliorée, embellie par rapport à ce qu'il lui a été donné de percevoir.

L'attraction qu'elle ressent crée des changements dans sa manière de se représenter le perçu en augmentant les effets. La manière dont la transformation de ses représentations s'opère est toute simple : l'objet, la scène, etc., sont représentés plus grands, plus proches, plus lumineux… que nature. Mettons ces constats à profit.

Pour cet exercice, vous pouvez lire le texte vous-même et suivre les instructions à votre rythme, si vous le désirez, ou vous laisser guider par une personne qui vous laisse le temps de remarquer les changements dans votre expérience à mesure que des invitations vous seront faites.

Installez-vous confortablement. Vous avez déjà fait tant d'expériences qui vous permettent de valider la manière dont l'esprit se dégage et les pensées se libèrent lorsque le corps est détendu ! Prenez le temps de noter le numéro de cet exercice et la date du jour dans votre journal.

Et maintenant, si vous avez opté pour une orientation spécifique de votre avenir, grâce au dernier exercice dans lequel vous avez passé en revue une multiplicité de futurs possibles, vous pouvez reprendre ce choix, cette option, cette orientation afin de vous en servir maintenant comme exemple. Vous pouvez reprendre ce que vous avez sélectionné, ce que vous avez préféré, pour vous aider à apprendre une démarche qui vous aidera à vous motiver, à vous donner envie de faire en sorte que ce que vous avez imaginé devienne réel. Dans ce que vous avez sélectionné, vous avez sans doute mis au jour un but, une finalité, un objectif à votre démarche. Vous pouvez laisser venir à votre esprit l'image de la fin de votre parcours vers ce but, l'image qui vous indique que vous avez réussi votre objectif, que vous avez atteint votre but, que vous avez terminé votre chemin d'une manière aussi satisfaisante que possible.

Et, dans un premier temps, votre tâche consiste à remarquer tout simplement les qualités actuelles de l'image que vous vous êtes faite. Il s'agit d'en faire une sorte d'état des lieux pour lequel vous n'avez qu'à remarquer les paramètres utilisés et mis en exergue pour le moment. Simplement permettez-vous de noter où se trouve l'image, si elle est autour de vous, en quelque sorte, ou si elle est devant vous ou à côté…, si elle est tout près de vous ou plus loin, remarquez si vous vous voyez dans l'image, aussi. Est-ce qu'elle est en deux dimensions (hauteur, largeur) ou en trois dimensions ? Est-elle délimitée dans l'espace, c'est-à-dire a-t-elle un cadre autour ou non ? Est-ce une image ou un film, c'est-à-dire est-elle statique, figée ou en mouvement ? Si elle est en mouvement, quel genre de mouvement est-ce ? Quel est son rythme ? naturel ? plus lent, plus rapide que naturel ? Est-ce que la présence de votre image est stable ou est-ce qu'elle apparaît, disparaît et apparaît de nouveau ?

●●●

Vous pouvez noter dans votre journal tout ce que vous avez mis au jour au sujet des paramètres et des qualités visuels de votre image. Pour l'instant, il s'agit uniquement de constater les caractéristiques de cette image, typique de la manière dont elle se propose à vous. Et vous pouvez vérifier les sons et les sonorités qui accompagnent votre image s'il y en a, car ce n'est pas toujours le cas. Y en a-t-il ? S'agit-il de sons, de musique, de bruits, de mots ? S'il y a des voix, de qui sont ces voix ? la vôtre ? celle de quelqu'un d'autre ? de qui ? Pour l'instant vous pouvez simplement remarquer le fond sonore, l'ambiance sonore de votre image.

Et remarquez votre ressenti par rapport à votre image. Prenez note de l'effet qu'a cette image sur vous : est-ce qu'elle vous donne envie de la rejoindre ? Vous donne-t-elle envie ? Désirez-vous faire le nécessaire pour que ce que vous percevez se réalise ? Notez dans votre journal ce que vous avez remarqué, car vous êtes en train de vous préparer à faire une expérience qui vous permettra de transformer votre image en un objet de désir, en un outil de motivation.

Reprenez votre image telle qu'elle se propose à vous. Vous avez remarqué si elle était autour de vous, si elle avait un cadre, si elle était en couleur, etc., vous allez maintenant changer les paramètres pour vous permettre de trouver de nouvelles qualités à votre image et la rendre encore plus attrayante, encore plus attirante, incontournable.

Reprenez votre image et mettez de la couleur si elle est en noir et blanc. Qu'est-ce qui change ? En quoi est-elle améliorée ? Si elle était déjà en couleur, rendez les couleurs plus vives, plus prégnantes, plus réelles. Qu'est-ce qui change ? Si elle est statique, encadrée, enlevez le cadre, mettez-la en mouvement. Au lieu d'une image, faites-en un film. Est-ce que votre image, ou votre film, est plus vivante, plus vivace maintenant ? Mettez davantage de lumière. Rapprochez-la de vous. Agrandissez-la. Qu'est-ce qui change ? Quel est l'impact de ces changements sur votre expérience ? Gardez tous les changements qui rendent votre image plus belle, plus attirante, plus désirable. Vérifiez la bande son. Vous pouvez ajuster le volume ; vous pouvez mettre de la musique, vous pouvez rajouter du chant… en vous rappelant que votre but est de rendre votre « image » encore plus riche, attrayante, désirable et motivante.

Notez tous les changements réalisés qui vont dans ce sens ; prenez note de tout ce qui améliore votre expérience et vous permet de vous faire du cinéma avec votre « image-in-action », car vous allez maintenant endosser le rôle principal de votre film, vous en devenez la star, l'acteur principal. Peut-être vous trouviez-vous à l'intérieur de votre image, de votre film déjà pendant l'exercice, si tel est le cas, vous profiterez de ces propos pour affiner vos perceptions, si tel n'a pas été le cas, vous découvrirez de nouvelles options que vous mettrez à profit dans le prochain exercice également.

●●●

●●●

Entrez dans votre film pour expérimenter de l'intérieur l'effet qu'il a sur vous ; découvrez comment vous vivez ce que vous vous êtes proposé dans votre image du départ, pour vérifier comment vous ressentez la fin de votre parcours, la réussite de votre objectif, l'atteinte de votre but… et les retombées positives qui l'accompagnent. Puis, quittez de nouveau votre place d'acteur de cinéma pour redevenir metteur en scène de votre vie.

Dans votre journal, notez tout ce que vous avez découvert qui fait bonifier l'image et permet d'améliorer dans votre expérience.

Peut-être avez-vous été étonné d'être invité à redevenir metteur en scène de votre avenir à la fin de cet exercice, pourquoi ne pas rester à la place de l'acteur ?

Il y a des raisons à cela, que vous découvrirez lorsque vous aurez l'occasion de programmer un évènement futur avec votre Ligne du Temps.

En effet, il y a un temps pour tout : un temps pour imaginer et un temps pour agir, un temps pour mettre en scène un scénario et un temps pour le vivre, un temps pour rêver et un temps pour faire que vos rêves se réalisent. Dans le prochain chapitre, vous verrez comment réaliser facilement, élégamment et écologiquement le but que vous vous êtes donné, l'objectif que vous vous êtes fixé et le projet que vous vous êtes accordé. Pour y parvenir, vous planifierez et programmerez un évènement futur avec votre Ligne du Temps.

12

Créer des opportunités et concrétiser ses envies

Aux États-Unis, il existe une loi exigeant des entreprises qu'elles mettent en place une politique d'embauche spécifique, pour assurer aux ressortissants des groupes minoritaires autant de chance de trouver un emploi que les membres d'autres groupes, à qualification égale. Cette loi incite les entreprises à devenir *equal opportunity employer* « employeur à opportunité égale » en offrant des opportunités d'emploi égales à des personnes qui, *a priori*, risquaient de rencontrer des obstacles dans leur recherche de travail.

Cet exemple nous intéresse à plusieurs titres car, quelles que soient les bonnes intentions de cette proposition, elle nous sert de contre-exemple dans l'illustration des principes déjà explorés dans ce livre. D'une part, chercher à ôter les entraves pour créer les opportunités n'est pas utile, puisque celles-ci existent de toute façon : c'est votre regard sur la situation qui vous aidera à les déceler. D'autre part, vous le savez, l'énergie emprunte le chemin de l'attention : si vous cherchez des obstacles à lever, vous en trouverez ! Et votre recherche sera si efficace, vos découvertes si nombreuses que le jeu, vous en conviendrez, n'en vaudra pas la chandelle !

Pour créer des opportunités, il n'est pas nécessaire de découvrir préalablement des obstacles à combattre avec énergie. Des obstacles s'il y a, se présenteront en temps voulu ; jusqu'à présent dans mon expérience, aucun obstacle n'a fait faux bond ni manqué au rendez-vous.

Et, dans la mesure où vous vous êtes familiarisé avec les objectifs SUPER, des objectifs qui vous donnent envie de les atteindre, vous savez que vous vous facilitez le chemin vers votre avenir, en cherchant à obtenir ce que vous désirez plutôt qu'en cherchant à éviter ce qui vous semble problématique.

C'est pour cette raison que je vous invite à vous créer des opportunités, à générer des options pour avoir davantage de choix et plus de marge de manœuvre dans votre vie de tous les jours. Plus vous avez de choix, mieux c'est. Voilà un des principes de base de la PNL qui vaut que l'on s'y attarde. En effet, avoir le choix, en se donnant les moyens de percevoir des options et des opportunités, rend votre vision plus large, plus dégagée, plus ouverte. Rêver vous permet d'imaginer encore plus de possibilités pour votre avenir que celles auxquelles vous avez déjà songé.

Et dans la mesure où vous ne subordonnez la réalisation de *tous* vos rêves ni à une consigne ni à une contrainte – toutes deux contraires aux principes d'un imaginaire libéré –, vous ouvrez le champ de votre imagination.

Vous avez appris comment envisager de multiples futurs possibles avec votre Ligne du Temps. Vous avez validé l'intérêt de saisir les opportunités offertes, en les transformant en objectifs à atteindre en projets à mettre en œuvre. Pour faciliter la mise en place de la réalisation de vos objectifs, vous découvrirez maintenant comment planifier et programmer un évènement futur.

Planifiez et programmez un évènement à venir

Pour voir l'avenir, vous n'avez pas besoin d'être clairvoyant extralucide ou cartomancienne. Vous le faites déjà, vous prédisez et prévoyez votre avenir, de toute façon, mais la plupart du temps, sans le savoir, ce qui limite considérablement vos possibilités de choisir et d'infléchir le cours des évènements.

En fait, vous prédisez votre avenir de la manière la plus banale et la plus naturelle possible: vous le prévoyez en vous servant de votre imagination. En imaginant ce qui va vous arriver, où vous irez, ce que vous ferez, avec qui vous serez, etc., vous vous entraînez, vous vous organisez pour faire en sorte que ce que vous avez imaginé s'accomplisse, que ce que vous avez prévu se produise réellement. En activant votre imagination, vous facilitez la réalisation de ce dont vous avez rêvé. Le seul hic, c'est que vous n'avez pas forcément conscience du contenu précis de ce que vous avez imaginé pour votre avenir, de ce que vous avez, de ce fait, prévu. Puisque vous ne prêtez pas nécessairement attention à vos rêveries, vous ne dirigez pas votre imagination.

Vous pouvez aisément reconnaître la puissance de votre imagination. Vous pouvez facilement en apprécier les dons, mais si vous n'avez pas créé une collaboration et un terrain d'entente avec elle, si vous ne lui avez pas fourni une direction précise, elle fera tout son possible pour vous faire réaliser ce que vous semblez désirer tant, c'est-à-dire ce à quoi vous rêvassez sans en avoir conscience. En revanche, si vous l'aidez en lui indiquant d'une façon simple et directe ce que vous voulez réellement accomplir, si vous lui indiquez dans quel sens elle doit œuvrer, vous lui faciliterez alors la tâche et vos efforts seront largement récompensés.

Imaginons, alors, ce qui se passerait si vous aviez la possibilité de vous servir de votre imagination, comme outil de travail pour façonner votre vie. Imaginons ce qui se passerait si vous pouviez diriger votre imagination comme un chef d'orchestre dirige ses musiciens, de façon à créer une vie harmonieuse. Vous avez cette possibilité maintenant: vous avez appris tout ce que vous avez besoin de savoir pour profiter pleinement du potentiel de votre imagination, d'une façon qui vous permette de rester en phase avec vos propres valeurs et celles de votre entourage dans tous vos domaines de vie.

Dans le dernier chapitre, en effet, je vous ai invité à envisager de multiples futurs possibles, pour vous permettre de saisir et d'apprécier les retombées positives et négatives de vos choix. Vous avez appris également à devenir aussi bien metteur en scène qu'acteur de votre vie en transformant votre imagination en « image-in-action ».

Afin de mettre en œuvre vos apprentissages, voici maintenant l'occasion de planifier et de programmer un évènement futur créateur d'une voie nouvelle de réalisation et de réussite. En planifiant et en programmant un évènement futur, vous vous servirez de toutes les compétences et capacités mises en exergue au fil de votre lecture et créerez une nouvelle direction dans votre vie.

Bien entendu, dans un souci d'équilibre général, vous avez été invité à mettre à jour des objectifs pour chacun de vos domaines de vie. Les évènements planifiés et programmés pour votre avenir correspondent à ces objectifs et vous permettent d'en faciliter la réalisation. En pratiquant cette démarche, vous découvrirez rapidement que vous donnez une direction spécifique à votre vie, et, de ce fait, vous n'aurez pas besoin de programmer tous les objectifs poursuivis de manière formelle. Vous vous rendrez rapidement compte de la facilité avec laquelle vous les réalisez car la direction que vous faites prendre à votre vie va dans le sens de la réussite.

Quelques remarques s'imposent sur cette technique. Pour planifier et programmer un évènement futur, vous vous servirez de votre Ligne du Temps, à la fois comme canevas sur lequel broder la vision de votre vie, et comme fil conducteur de votre réalisation. L'ordre des étapes proposées est à respecter pour simplifier la démarche. Je vous propose ci-après un aperçu détaillé de ces étapes, grâce auquel vous apprendrez à planifier et à programmer un évènement futur. Pour cela, à titre d'exemple, vous vous engagerez à choisir la réalisation d'un objectif.

Vérifiez encore et toujours que votre objectif est SUPER

Un objectif, je ne le dirai jamais assez, doit être SUPER, vraiment SUPER. Non seulement il nous four nit la motivation pour l'atteindre en nous donnant envie de le faire, mais il nous indique également notre point de départ, notre point d'arrivée et nous donne les moyens d'évaluer notre parcours lors des étapes intermédiaires à travers le temps.

Un Objectif SUPER est, je le répète:
- ***S***pécifique et contextualisé;
- ***U***niquement pour soi;
- ***P***ositif;
- ***E***ngageant et écologique;
- ***R***éaliste, réalisable et représenté avec des résultats reconnaissables par autrui.

En respectant ces paramètres, vous vous apercevrez que vous avez déjà commencé à parcourir les autres étapes pour programmer un évènement futur.

Choisissez le moment où vous voulez avoir réalisé votre objectif

En choisissant le moment où vous voulez avoir réalisé votre objectif, vous vous positionnez de façon à ce que son obtention soit un fait accompli. Ce faisant, il ne vous reste qu'à faire ce que vous avez projeté pour votre avenir, afin que ce que vous avez planifié et programmé devienne réalité.

Déjà, en vérifiant que votre objectif est SUPER, vous avez remarqué sa manière de tenir compte des coordonnés spatiotemporels, sa façon de souligner les points de repère de l'espace-temps, tout naturellement, car un objectif SUPER indique le moment (la date, l'époque) ainsi que le lieu (le contexte) où il se réalisera. Toutefois, il est bon de prendre le temps de distinguer nettement le moment où l'objectif sera atteint, de manière à lui indiquer sa place dans votre Ligne du Temps.

En effet, en programmant un évènement futur, vous inscrivez dans votre Ligne du Temps l'évènement qui représente la réalisation de votre objectif. En le plaçant dans votre Ligne au bon endroit, au bon moment, vous montrez clairement à votre imagination à quel moment, à quel endroit et de quelle manière transformer en réalité ce que vous vous êtes représenté en « image-in-action », pour faire que vos rêves se réalisent.

En cherchant à placer l'évènement dans votre Ligne du Temps, vous pouvez découvrir des objections à sa réalisation à ce moment-là, dans la mesure où l'évènement « ne rentre pas » dans votre Ligne, et ne prend pas la place que vous lui avez réservée.

Qu'à cela ne tienne, vous avez appris à vous servir des techniques spécifiques de changement liés au modèle de la Ligne du Temps. Si vous rencontrez une objection à la réalisation de votre objectif SUPER, il est intéressant de vérifier si l'objection vient d'une décision limitante. Si c'est le cas, vous pouvez facilement la transformer en décision aidante qui soutient et supporte votre objectif, ainsi que les autres changements que vous êtes en train de réaliser dans votre vie : servez-vous de la technique appropriée pour lever cet obstacle.

Remarquez comment vous saurez que vous l'avez réalisé

Remarquer comment vous saurez que vous avez réalisé votre objectif renvoie de nouveau aux paramètres d'un objectif SUPER et fournit des réponses aux questions relatives à ce que vous verrez, entendrez, direz, ressentirez, etc. Cette étape vous invite à vous faire une représentation riche et détaillée de l'obtention de votre objectif, qui inclut tous les paramètres possibles. Plus votre représentation est riche, plus il est facile pour votre imagination d'œuvrer, de faire en sorte que se réalise ce que vous avez prévu et que le scénario choisi soit mis en scène de manière ajustée.

Représenter votre objectif terminé vous permet de savoir que vous l'avez réalisé, mais un complément d'information, est utile. Il est très intéressant, en effet, de vous représenter l'avant-dernier cliché de votre film, c'est-à-dire de vous créer l'image précise de ce qui se passe, juste avant la fin absolue de votre parcours. Dans cet ultime instant, ce moment juste avant, rien ne peut gêner votre progrès, rien ne peut entraver ou interrompre votre démarche : vous avez passé le point de non-retour et la force d'inertie vous portera jusqu'au finish.

Faites une image de vous-même ayant réalisé votre objectif

Faire une image de vous-même ayant réalisé votre objectif vous permet de respecter des critères d'efficacité et d'élégance : le maximum d'impact pour le minimum d'effort. En effet, dans la mesure où la vue est, dans notre société occidentale, le canal sensoriel privilégié, penser en images, visualiser, nous est facile, naturel, évident. En plus, dans la mesure où les images mentales sont synthétiques, elles nous permettent de ne garder présent à l'esprit consciemment qu'une infime partie des informations captées et traitées par notre cerveau. Ceci encourage un lâcher prise pour laisser cette autre partie de notre esprit, l'esprit inconscient, partenaire privilégié de notre imagination, prendre en charge la tâche qui lui incombe : faciliter l'obtention de notre objectif et la réalisation de nos projets.

Le fait de se voir dans l'image que nous nous représentons est important aussi pour deux raisons. La première : notre objectif nous appartient, c'est nous qui le réalisons, en se regardant, s'observant, se voyant faire, ce qui le rend encore plus réel, presque comme si l'évènement était déjà un fait accompli, ce qui rejoint la deuxième raison. Dans la mesure où le cerveau ne distingue pas ce qui est vrai de ce qui est imaginé ou imaginaire, il importe, pour l'instant, de ne pas avoir l'impression d'avoir déjà réalisé notre objectif à ce moment-là, d'avoir déjà fait aboutir notre projet. Car, tout se passe comme si le cerveau risquait de croire notre parcours déjà terminé et cessait de nous encourager à poursuivre notre but. L'acte de se voir dans l'image est source de motivation et de direction car il montre la finalité et la fin de notre action. Autant l'image de l'objectif réalisé fournit la preuve que vous êtes arrivé à votre but, autant l'image juste avant cette réalisation vous encourage, vous entraîne pour aller jusqu'au bout ; tant que la ligne d'arrivée n'est pas franchie la motivation est maintenue. Prudence oblige, désirer notre objectif pour que notre objectif ne laisse pas à désirer !

Concrétisez vos envies ; réalisez vos rêves

Vous savez déjà combien il est important de savoir ce que vous voulez et d'oser l'affirmer. Vous savez ce dont vous avez envie. Comment le concrétiser ?

Compte tenu du nombre d'objectifs possibles et de la multitude de nuances potentielles de chacun de vos objectifs, vous vous devez de vérifier l'importance du vôtre, et de valider très soigneusement votre choix, comme le propose un vieil adage : « Méfiez-vous de ce que vous demandez aux dieux, vous risquez de l'obtenir ! »

Vérifiez que c'est bien ce que vous désirez et que votre objectif vous attire vraiment

Lorsque vous programmez un évènement futur, vous ne risquez pas seulement que votre objectif se réalise, vous êtes également en train de vous assurer que les évènements précédent cette réalisation s'organisent pour que tout se passe ainsi. Alors, prenez le temps de faire une image de ce que vous désirez vraiment, de ce que vous souhaitez de tout votre cœur, de ce dont vous rêvez, car cela va se réaliser.

Pour ce faire, à cette étape, il convient de rentrer dans l'image de façon à vérifier de l'intérieur si c'est bien cela que vous voulez, si c'est bel et bien l'objectif qui vous convient pleinement, ou s'il y a quoi que ce soit à réajuster, avant de programmer cet évènement de manière définitive.

En rentrant dans l'image, au lieu de vous y voir comme précédemment, au lieu de rester à la place du metteur en scène et de garder une certaine distance pour diriger le comédien, transformez-vous en acteur, prenez votre propre place, jouez votre propre rôle. De cette façon, vous pouvez voir ce qu'il y a à voir, entendre ce qu'il y a à entendre et ressentir, ce qu'il y a à ressentir de l'intérieur de votre propre corps. Percevez ce qui est autour de vous dans l'évènement que vous êtes en train de programmer, afin de vérifier depuis votre expérience actuelle si c'est bien ainsi que vous souhaitez que les choses se passent, que c'est bien de cette façon-là que vous désirez que l'évènement se déroule, pour obtenir votre objectif et faire aboutir vos projets.

Rendez l'attraction de votre objectif encore plus puissante

Vous avez déjà remarqué comment le fait de vous voir dans l'image augmente sa puissance d'attraction. En vous attirant, votre image vous indique aussi la direction à suivre, le chemin à entreprendre pour réaliser votre objectif. Dans cette étape, à nouveau saisissez l'occasion de rendre votre image encore plus puissante grâce à ce que vous avez appris dans l'exercice 29 : transformer votre imagination en « image-in-action ».

Reprenez votre image actuelle de l'évènement futur que vous êtes en train de programmer, en vous y voyant. Votre tâche consiste maintenant à changer les qualités de votre image pour la rendre encore plus attractive, encore plus attirante. Pour cela, reprenez tous les changements effectués qui vous ont aidés précédemment : couleur, luminosité, grandeur, rapprochement, mouvement, son, etc. Introduisez tous les changements, faites tous les réajustements qui rendent votre image encore plus réelle, encore plus juste, encore plus vraie pour vous.

Installez la réalisation de votre objectif dans votre Ligne du Temps

Le moment est venu d'installer l'image de la réalisation de votre objectif dans votre Ligne du Temps, à la date choisie auparavant. Vous avez déjà pris l'habitude de flotter au-dessus de votre Ligne du Temps, vous savez comment vous repérer dans son espace-temps. Il y a juste un point auquel vous devez être plus particulièrement attentif à ce moment de votre démarche.

Les objections à ce que cet évènement se réalise là, se reconnaissent facilement, car l'évènement ne prendra pas sa place dans votre Ligne du Temps. Peut-être que le moment choisi n'est pas le meilleur, il se peut qu'il y ait des réajustements à faire dans votre objectif pour qu'il soit réellement celui qui vous convient. Vous n'avez pas besoin de connaître consciemment le contenu des objections éventuelles puisque la technique de transformation des décisions limitantes permet de les recadrer pour lever tout obstacle à la programmation de cet évènement futur et à la réalisation de votre objectif.

Remarquez les retombées positives

Vous créez une direction nouvelle pour votre vie lorsque vous planifiez et programmez un évènement futur. Cette nouvelle direction se constate et se mesure au travers de son impact sur vous et des retombées positives générées par votre réussite. En remarquant les retombées positives qui se présentent dans votre avenir, vous appréciez la valeur de l'évènement encore une fois, en reconnaissant son rôle dans la construction globale de votre avenir.

Vous savez déjà que les chaînes associatives se forment grâce à une cristallisation d'évènements suffisamment semblables, soit du point de vue du contenu, soit du point de vue émotionnel. Cette étape-ci, dans la programmation d'un évènement futur, vous propose de profiter de la capacité de l'esprit humain à forger des chaînes associatives. Elle vous permet de mettre en place une nouvelle chaîne d'associations où se trouvent rassemblées les retombées et conséquences positives résultant de la réalisation de votre objectif. En créant ainsi une chaîne d'associations positives, vous renforcez la nouvelle direction organisée pour votre vie, et encouragez d'autres associations de la même teneur à y prendre place à travers le temps.

Revenez à l'instant présent

Vous avez été sensibilisé aux raisons d'être des aires du temps, et vous vous rappelez sans doute ce à quoi sert le présent : à agir pour réaliser vos objectifs et faire aboutir vos projets. Le présent vous fournit l'espace-temps dans lequel vous engagez les actions nécessaires à la réalisation de vos objectifs et à l'avancement de vos projets.

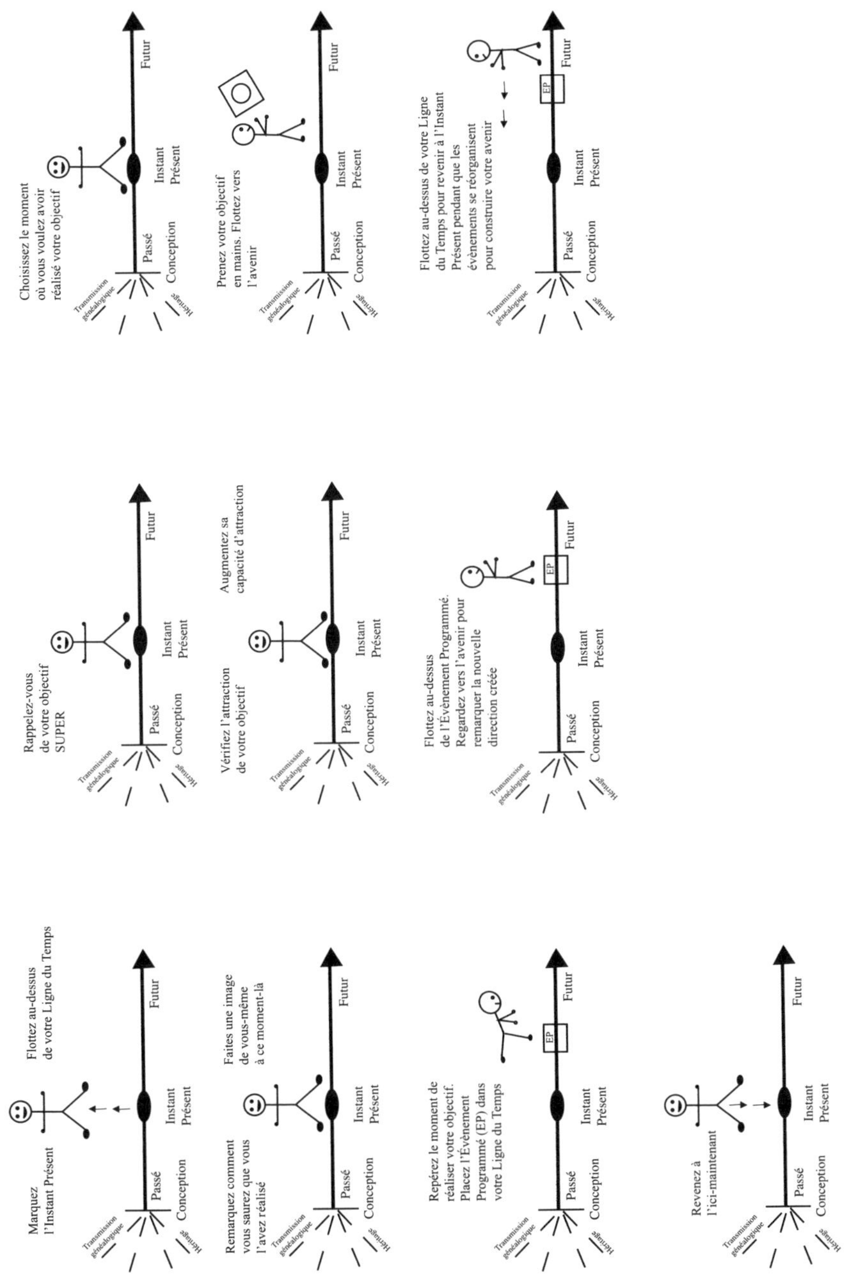

Figure 13 : Programmez un évènement à venir

De toutes les aires du temps, c'est le présent qui remporte le palmarès de la réalisation des objectifs, car si vous ne passez pas à l'action, ceux-ci ne seront pas finalisés. C'est pour cette raison, naturellement, que la dernière étape de la programmation d'un évènement futur consiste à vous faire revenir à l'instant présent, pour que vous puissiez commencer à mettre en œuvre ce qui s'impose, mettre en route les actions nécessaires et suffisantes à la réalisation de votre objectif et à la conclusion de votre projet.

Tout voyage aussi long soit-il commence par le premier pas, et le premier pas ne peut se poser qu'à l'instant présent.

Exemple

Programmer un évènement à venir permet d'anticiper et d'organiser un acte, une action que l'on souhaite réaliser. Placer l'évènement dans la Ligne du Temps confère un nouveau statut à l'expérience : un souhait, devient une réussite ; un désir, un fait accompli, c'est juste une question de temps.
Au fil des pages, je vous ai proposé de valider vos objectifs et de lever les obstacles à la réalisation de votre projet. Vous savez maintenant quoi faire si un obstacle quelconque se présente lorsque vous programmerez d'un évènement à venir. Vous pourrez ainsi engager cette démarche avec l'assurance de la mener à bien pour tout objectif que vous désirez installer dans votre Ligne du Temps. Voici un exemple de ce type de travail.
Léonie a enfin décidé de partir en voyage avec son mari dans un pays dont elle rêve depuis longtemps : la Thaïlande. Elle a un travail bien prenant, un foyer à gérer, deux ados et une belle-mère à la maison. Gérer ce petit monde requiert son attention et prend pas mal de temps. Elle veut s'assurer de faire tout ce qu'il faut pour organiser ce voyage auquel elle tient et reconnaît qu'elle a tendance à laisser de côté les choses importantes jusqu'à la dernière minute, alors qu'elle sait aussi que lorsqu'elle l'a fermement décidé, elle est capable d'établir et de respecter un planning.
Nous vérifions son objectif. Elle choisit la date à laquelle « tout » sera prêt pour le voyage et fait une image de l'instant « juste avant » cet instant, qu'elle embellit en la rendant encore plus attractive, attirante et incontournable à ses yeux. Léonie marque l'instant présent et flotte au-dessus de sa Ligne de Temps afin de se retrouver juste au-dessus du bon moment d'installer cet évènement dans sa Ligne, ce qu'elle fait. Regardant vers l'avenir, elle remarque comment le choix de faire ce voyage ouvre tout un champ de possibles et d'opportunités, et lorsqu'elle revient au présent, elle s'étonne et s'émerveille au fur et à mesure de percevoir comment ce « retro-planning » se décline automatiquement, sans aucune difficulté. Quelle est la première chose qu'elle fera en sortant de la séance ? Acheter un guide avec une carte ; elle veut repérer les lieux qu'elle ne veut pas manquer.

Exercice 30 : Programmez un évènement à venir ; concrétisez vos envies ; réalisez vos rêves

Vous avez déjà vérifié et validé des objectifs SUPER dans chacun de vos domaines de vie. Vous pouvez en choisir un auquel vous tenez particulièrement, afin qu'il vous serve d'exemple à la fois d'apprentissage de cette technique et de réussite personnelle. Pour cet exercice, je vous invite à trouver un moyen de prêter toute votre attention à votre expérience. Vous pouvez le trouver avant de lire les instructions avant de vous y engager, et de regarder la figure 12 qui illustre la démarche que vous vous apprêtez à suivre. Bien entendu, vous pouvez également choisir de vous faire accompagner par une personne qui vous lit le texte, comme vous pouvez l'enregistrer afin de vous servir de guide vous-même.

Installez-vous confortablement. Laissez revenir à votre esprit l'organisation de votre Ligne du Temps, et marquez l'instant présent d'une couleur, d'une image, d'un son, d'une sonorité, d'une sensation. Et vous pouvez vous laisser vous détacher de votre Ligne pour flotter au-dessus d'elle. Vous pouvez flotter au-dessus d'elle à une distance qui vous convient, à une distance qui vous est confortable… Et vous pouvez simplement continuer à flotter au-dessus de votre Ligne du Temps, au-dessus de l'instant présent, pour le moment, en sachant que dans quelques instants vous allez vous rappeler la représentation que vous avez faite de votre objectif SUPER. Vous allez vous rappeler l'objectif que vous avez formulé et qui répond aux paramètres de la réussite, car dans quelques instants vous allez faire quelque chose qui vous est déjà familier et qui sera pour vous, en même temps, innovant. Dans quelques instants vous allez flotter au-dessus de votre Ligne du Temps de manière à vous trouver juste au-dessus du moment où votre objectif aura lieu. Dans quelques instants vous allez flotter au-dessus de votre Ligne du Temps de façon à vous retrouver juste au-dessus de l'instant où votre objectif se réalise. Mais, avant de flotter au-dessus de votre Ligne du Temps pour aller vers l'avenir, vous devez tout simplement prendre le temps de vérifier avec vous-même à quel moment vous voulez, à quel moment il est approprié, à quel moment il est adéquat que votre objectif se mette en place, qu'il se réalise, de manière à ce que vous sachiez où le placer dans votre Ligne du Temps dans quelques instants.

Et ayant décidé, ayant choisi, ayant repéré le moment où votre objectif trouve sa juste place dans votre Ligne du Temps, tout en flottant juste au-dessus de l'instant présent, vous pouvez vous faire une image de vous-même lorsque vous aurez réalisé votre objectif, lorsque vous l'aurez fait aboutir, lorsque vous l'aurez fait arriver à une conclusion satisfaisante. Et vous pouvez remarquer comment vous savez que vous avez réalisé votre objectif, et vous pouvez noter ce qui vous indique que vous l'avez fait aboutir. Vous pouvez constater ce que vous voyez, ce que vous entendez, ce que vous vous dites, ce que vous ressentez... Et bien sûr vous pouvez avoir pleinement conscience de ce que les autres vous disent, par exemple, de la manière dont les autres personnes vous font remarquer et vous aident à saisir qu'elles ont compris que vous avez réalisé votre objectif. Vous pouvez reconnaître toute manifestation de leur part, tout ce qui vous indique qu'ils ont remarqué que vous avez réalisé votre objectif... de façon à ce que vous vous fassiez une image de vous-même ayant réalisé votre objectif, de vous-même ayant obtenu ce que vous désirez, une image de vous-même ayant mis en place ce que vous avez décidé d'atteindre. Et tout en continuant à flotter au-dessus de votre Ligne du Temps, juste au-dessus de l'instant présent, vous pouvez vérifier que votre objectif représente réellement ce que vous désirez, que votre objectif correspond à ce que vous voulez vraiment atteindre. Pour cela, vous allez vous installer dans votre image de façon à tester comment vous ressentez le fait d'avoir réalisé votre objectif, comment vous vous trouvez ayant atteint votre but. Vous vous installez dans l'image pour vérifier l'impact qu'a ce résultat sur vous, sur votre expérience... Et si l'impact est positif, et si c'est vraiment cet objectif là qui vous convient pleinement, alors vous pouvez continuer afin de le programmer en tant qu'évènement futur dans votre vie. Mais si vous avez le moindre doute, si vous trouvez qu'il y a des réajustements à faire dans votre objectif avant qu'il ne puisse réellement, pleinement vous convenir, alors vous pouvez simplement vous laisser vous détacher de cette image pour redescendre dans votre Ligne du Temps et revenir à l'instant présent où vous pouvez reprendre cet objectif pour le vérifier et décider ce qu'il est bon pour vous d'en faire.

Et dans la mesure où c'est vraiment cet objectif là qui vous convient pleinement, alors vous pouvez continuer votre démarche afin de le programmer en tant qu'évènement futur dans votre vie. Et pour cela, vous allez reprendre la place de metteur en scène de votre vie, vous allez vous détacher de nouveau de votre image afin de faire les réajustements adéquats qui permettent de rendre votre objectif encore plus attirant, encore plus puissant, encore plus incontournable que jamais. Vous pouvez ajuster la luminosité pour qu'il y ait davantage de lumière, vous pouvez augmenter la couleur pour que votre image soit plus haute en couleur, vous pouvez agrandir votre image pour qu'elle soit plus prégnante... Et en vérifiant l'effet que ces changements ont sur vous, vous pouvez valider la manière dont vous vous sentez quant à la réalisation de votre objectif. Vous pouvez ajouter des sons, des sonorités, une musique, si vous le désirez ; vous pouvez mettre votre image en mouvement pour qu'elle soit encore plus vivante, vivace et puissamment désirable. Et lorsque vous sentez que vous voulez vraiment réaliser cet objectif, que vous êtes poussé à l'atteindre, que vous êtes attiré vers lui... alors, vous pouvez simplement reconnaître ce qui se passe juste avant que votre objectif ne se réalise, vous pouvez voir ce qui se fait dans l'instant qui précède l'atteinte de votre objectif, vous pouvez vous apercevoir du dernier instant juste avant la réalisation de votre objectif et en faire une image.

Et vous pouvez prendre cette image en main, cette image que vous avez faite au dernier instant juste avant la réalisation de votre objectif, ce dernier instant qui vous indique que vous avez passé le point de non-retour et que votre objectif ne peut que se réaliser. Vous pouvez vous saisir de l'image que vous avez de vous-même, juste avant que vous ne réalisiez votre objectif, vous pouvez saisir cette image comme une diapositive, car dans quelques instants vous allez flotter au-dessus de votre Ligne du Temps vers le futur comme vous savez le faire, comme vous avez déjà eu l'occasion de le faire, pour réaliser une tâche importante.

Et maintenant, vous pouvez flotter au-dessus de votre Ligne du Temps au-dessus du futur en sachant que, dans quelques instants, vous allez faire quelque chose d'inhabituel, quelque chose d'innovant, quelque chose qui va avoir un impact important et positif sur votre vie. Dans quelques instants, vous allez vous retrouver juste au-dessus de l'instant, juste au-dessus du moment que vous avez choisi pour la réalisation de votre objectif pour que votre objectif se réalise. Vous allez vous retrouver juste au-dessus de l'espace-temps de votre Ligne du Temps dans lequel vous allez placer l'image que vous avez faite du dernier instant juste avant la réalisation de votre objectif, ce dernier instant qui vous indique que vous avez passé le point de non-retour, que vous allez naturellement, facilement, élégamment atteindre votre objectif et en savourer les retombées positives. Et, lorsque vous vous trouverez, juste au-dessus de l'instant où vous réalisez votre objectif, vous pouvez laisser l'image prendre sa place dans votre Ligne du Temps, vous placez l'image dans votre Ligne du Temps et créez une nouvelle direction dans votre vie.

Et, maintenant que vous avez placé votre image dans votre Ligne du Temps, maintenant que vous avez laissé votre objectif trouver sa juste place dans votre Ligne, maintenant qu'il est installé au moment où il se réalise naturellement, et tout en continuant à flotte au-dessus de votre Ligne du Temps, au-dessus du moment où votre objectif se réalise, vous pouvez regarder vers l'avenir, remarquer comment le fait d'avoir atteint cet objectif crée une direction dans votre vie. Vous pouvez constater, en regardant vers l'avenir, tout en flottant au-dessus de votre Ligne du Temps, au-dessus du moment où votre objectif se réalise, vous pouvez remarquer comment une nouvelle direction est créée pour vous par le fait d'avoir réalisé votre objectif.

●●●

Et maintenant, tout en continuant à flotter au-dessus de votre Ligne du Temps, au-dessus du futur, vous pouvez revenir vers l'instant présent, mais seulement aussi rapidement que tous les évènements, depuis la réalisation de votre objectif et jusqu'au présent, se réorganisent et se coordonnent en fonction des changements que vous avez effectués, en harmonie avec les transformations que vous avez réalisées. Vous pouvez vous laisser flotter au-dessus de votre Ligne du Temps pour revenir à l'instant présent uniquement aussi rapidement que se réorganisent tous les évènements en fonction de la réalisation de votre objectif, pour devenir cohérents et congruents avec la nouvelle direction que vous mettez en place pour votre vie. Car tout comme vous avez remarqué comment l'évènement que vous avez placé dans votre Ligne du Temps aide à façonner d'autres évènements à venir après la réalisation de votre objectif, la réalisation de votre objectif crée également une nouvelle organisation des évènements qui précèdent sa réalisation. Et vous pouvez simplement remarquer comment tous ces évènements sont en phase avec vos valeurs et vos objectifs, comment tous ces évènements supportent et soutiennent vos objectifs et vos projets à travers le temps, au fur et à mesure que vous flottez au-dessus de votre Ligne du Temps pour vous retrouver juste au-dessus de l'instant présent. Et lorsque vous vous retrouvez de nouveau juste au-dessus de l'instant présent, vous pouvez descendre dans votre Ligne du Temps et revenir pleinement ici, maintenant.

Vous pouvez prendre quelques instants pour noter vos observations sur votre expérience pendant cet exercice : tout ce qui vous semble pertinent dans les changements que vous êtes en train d'effectuer, et tout ce qui peut vous servir pour vous aider à construire votre avenir. Notez surtout la première étape du parcours vers la réalisation de cet objectif en répondant à la question : « Pour réaliser votre objectif, qu'est-ce que vous allez faire maintenant ? »

En répondant à cette question, vous démontrez un des principes gagnants que vous découvrirez dans le chapitre suivant. En effet, comme vous le savez déjà, l'entrée en action représente une clé de la construction de votre avenir, car elle vous permet de faire le nécessaire en temps et en heure pour atteindre les objectifs planifiés et programmés pour votre vie à venir.

13

Vivre selon des principes gagnants

Connaissez-vous l'expression « gagnant-gagnant » ? Vous l'avez probablement déjà entendue à propos d'un certain mode de négociation du même nom, ancré dans un cadre de référence positif et humaniste. La négociation « gagnant-gagnant » permet à tous de gagner à court et à long terme. Ses principes de fonctionnement préconisent le développement de règles, grâce auxquelles la relation entre les négociateurs demeure bonne et authentique, même en cas de confrontation dans une discussion ferme.

Le désir de comprendre la position et le point de vue de chacun des protagonistes est patent, et se démontre au travers d'une recherche qui vise à dégager un résultat et une entente où les valeurs de chacun sont respectées.

Vivre selon des principes gagnants signifie vivre selon ses valeurs, en fonction de ses objectifs, en se respectant et en respectant ceux qui nous entourent. En vivant selon les principes gagnants, vous vivez une vie qui développe et démontre un cadre de référence gagnant-gagnant. Vous mettez ainsi en exergue et en pratique le « règlement intérieur pour un fonctionnement harmonieux » tel que vous l'avez découvert et expérimenté dans la deuxième partie de cet ouvrage. En vivant selon les principes gagnants vous réalisez des projets basés sur des objectifs SUPER. En prenant votre part de responsabilité, vous restez honnête envers vous-même, reconnaissez vos valeurs et celles des autres. En rééquilibrant votre Ligne du Temps, lorsque cela s'avère nécessaire, vos actes, vos pensées, vos objectifs et vos valeurs s'alignent pour vous rendre en mesure de vous engager à 100 %.

Optez pour des options gagnantes

Eric Berne, le créateur de l'Analyse Transactionnelle, considère que trois conditions doivent être remplies pour fabriquer un gagnant. En réunissant les conditions ci-dessous vous optez pour des options gagnantes. Les voici :

1. fixer des objectifs ;
2. les atteindre ;
3. savourer la réussite.

Berne indique que le respect de ces trois conditions est requis pour que la personne concernée soit considérée « gagnante ». Si seulement une ou deux de ces trois conditions sont remplies, c'est un « non-gagnant » et si aucune de ces trois conditions n'est présente, un « perdant ». En somme, un gagnant se fixe des objectifs, atteint les objectifs fixés et savoure sa réussite.

Comme beaucoup de propositions qui relèvent du bon sens, les conditions pour fabriquer un gagnant sont simples, succinctes et percutantes. Bien entendu, derrière cette apparente simplicité se cache toute la richesse que peut apporter le fait de vivre selon de tels principes et opter pour des options gagnantes.

Examinons ces conditions une à une, afin d'en dégager leur essence et leur intérêt.

Fixez des objectifs

Vous avez déjà remarqué l'importance, voire la nécessité, de fixer des objectifs SUPER. Vous savez que si vous ne fixez pas des objectifs vous-même, vous risquez de vous retrouver à réaliser ceux des autres, et à vos dépens ! Ne prenez pas ce risque, votre avenir vous appartient ; vous êtes responsable de sa construction.

En vous fixant des objectifs, vous spécifiez votre orientation et donnez une direction à votre vie. En vous indiquant clairement ce que vous désirez, vous affirmez vos choix et affinez vos stratégies de réussite.

En revanche, si vous ne vous fixez pas d'objectifs, le cours de votre vie risque de ressembler à l'itinéraire hasardeux qu'emprunte un navire sans gouvernail, transformé en bateau ivre. Peut-être ne ferez-vous que tourner en rond, mais vous n'en avez pas la garantie. Vous pouvez tout aussi facilement vous trouver ballotté par le vent et emporté par le courant. Incapable d'infléchir le cours des évènements, vous risquez alors d'échouer sur des rochers ou sur des bancs de sable, de vous faire éperonner même par un autre navire que vous n'auriez pas su ou pas pu éviter, faute de vous être fixé un cap, une route à suivre.

C'est en vous fixant des objectifs que vous augmentez considérablement vos chances de les atteindre. Mais curieusement, cette condition seule ne permet pas de remporter la victoire. D'ailleurs, il vous est sans doute déjà arrivé d'exprimer vos désirs sous forme de « vœux pieux » et de les voir ensuite se réaliser, alors que vous n'y étiez pour rien. Dans ce cas, bien que vos vœux aient été exaucés, vous n'avez pas rempli la première condition (fixer les objectifs), puisque vous n'avez pas agi de manière proactive et que vous n'avez pas pris en charge votre choix. Il est clair que vous ne vous êtes pas positionné en tant que « gagnant ». Certes, le hasard fait parfois bien les choses, mais le contraire peut aussi se produire. Pourquoi donc laisser une si grande place à l'aléatoire, alors que vous savez comment agir mieux et en connaissance de cause.

En tant que gagnant, vous allez vers l'avant ; vous décidez de votre chemin ; vous vous fixez des objectifs ; vous définissez vos options et percevez des opportunités en synergie et en résonance avec votre réussite.

Atteignez-les

Comme nous venons de le souligner, il n'est pas nécessaire de vous être fixé un objectif spécifique pour obtenir ce que vous souhaitez. Il est possible d'obtenir ce que vous désirez sans vous être déterminé par rapport à votre finalité, sans avoir déterminé le but que vous poursuivez.

Les coïncidences existent; il arrive que la fortune vous sourît, et que le hasard intervienne en votre faveur. Néanmoins, un espoir n'est pas un objectif. Et, naturellement, pour atteindre un objectif, il faut l'avoir fixé; il est nécessaire de l'avoir précisé, déterminé, sinon, ce que vous obtenez n'est pas un véritable objectif: c'est un «machin». Que vous appeliez cette concordance «chance», «coïncidence», «coup de bol» ou que sais-je encore, ce que vous avez obtenu n'était pas un objectif, et, si vous n'avez pas rempli la première condition, comment voulez-vous espérer remplir la deuxième?

Car, pour respecter la deuxième condition, un véritable objectif doit être atteint pleinement, complètement, entièrement, indéniablement et selon les termes que vous avez énoncés.

Combien de fois vous est-il arrivé d'atteindre vos objectifs «presque» ou «à peu près» ou, selon une expression quelque peu surprenante: «à un cheveu près»? Personnellement, je ne peux pas m'empêcher dans ce cas, de me demander quelle est la longueur du cheveu! Même si le raisonnement à l'œuvre ici reste binaire, même si la logique utilisée est aristotélicienne, même si la proposition est sans nuance, force est de constater qu'un objectif partiellement atteint ne peut en aucun cas remplacer un objectif pleinement réalisé.

Un objectif partiellement réalisé, un but obtenu en partie, ne permet pas de remplir la deuxième condition. Et c'est une des raisons pour lesquelles il est si important de vous donner des points de repère sur la route vers votre objectif final. Lorsque vous disposez des marqueurs qui désignent les étapes intermédiaires sur votre chemin, vous pouvez les remarquer et les valider; vous pouvez ainsi reconnaître le parcours que vous avez déjà accompli. De cette façon, ayant atteint les objectifs intermédiaires ainsi que l'objectif final que vous vous êtes fixés, vous avez satisfait à la deuxième condition, et vous vous trouvez en bonne voie pour honorer la troisième: savourer la réussite.

Savourez la réussite

Aux États-Unis, et en Californie, plus particulièrement, les « marches sur le feu » étaient en vogue dans des groupes de développement personnel. Cet exercice consistant à marcher pieds nus sur des braises afin de défier ses croyances limitantes connut un certain succès. Un jour, par curiosité, lors d'un voyage en Californie, je me suis laissée tenter par l'expérience. J'ai fait mien l'objectif de marcher sur les braises comme si je marchais sur n'importe quelle autre surface, on ne peut plus ordinaire. J'ai parcouru le chemin désigné par l'animateur en respectant ses consignes et, lorsque je suis arrivée au bout, lorsque j'ai laissé les braises derrière moi et me suis retrouvée sur l'asphalte du parking, on m'a dit : « *Wipe your feet and celebrate !* » (« Essuyez-vous les pieds et faisons la fête ! »). J'ai obtempéré avec grand plaisir !

Sans doute quelques croyances non aidantes se sont envolées en fumée lors de cette soirée mémorable, mais ce n'est pas ce qui m'a le plus frappé. Ce que j'ai retenu, ce qui m'est resté, c'est à quel point la manière dont cet exercice a été mené respectait parfaitement les conditions qui permettent de fabriquer un gagnant : nous avons tous fixé un objectif, nous l'avons atteint et nous avons savouré, en célébrant et festoyant comme il se doit, notre réussite.

Comment savourez-vous vos réussites ?

D'abord, en vous fixant des objectifs SUPER, vous vous accordez les moyens de discerner l'accomplissement de votre objectif car il est « représenté et reconnaissable par autrui ». De cette manière, vous vous donnez des points de repères pour savourer l'obtention de votre but : d'autres personnes le remarquent. On le remarque, on vous le fait remarquer et vous dites « merci ».

Merci à vous-même, d'abord, d'avoir fait ce qu'il fallait ; merci à l'autre, ensuite, d'avoir reconnu le changement effectué, de l'avoir perçu, de l'avoir remarqué et de vous l'avoir fait remarquer ; merci aussi de vous être reconnu et validé en tant que personne.

Vous avez su vous donner les moyens de persévérer dans le chemin que vous avez choisi d'entreprendre, et vous avez réussi.

Et vous avez réussi, dans cette partie du livre, à mettre en pratique les principes qui vous permettent de construire votre avenir. Vous avez osé rêver pour envisager une multitude de futurs possibles. En vous servant de votre « image-in-action », vous avez planifié et programmé un évènement futur ; vous l'avez placé dans votre Ligne du Temps afin de vous assurer de sa réalisation et vous avez découvert comment vivre selon les principes gagnants

Et maintenant, avant de vous remercier d'avoir choisi de prendre le temps de dresser votre bilan personnel, de réorganiser votre vie et de construire votre avenir, avant de nous quitter, avant que je vous dise adieu en vous laissant poursuivre le chemin que vous vous êtes tracé, prenons un temps pour conclure.

Conclusion

*<< Et anticiper avec plaisir le moment
vous vous retournerez pour regarder en arrière
contempler le chemin parcouru... >>*

En prononçant ces paroles, en exergue à notre conclusion, Milton Erickson invitait ses patients à effectuer plusieurs actes en même temps. Il les invitait à profiter de cet instant pour se rendre compte du chemin qu'ils s'apprêtaient à parcourir, et de la manière dont ils mèneraient à bout leurs projets. Il leur proposait de saisir cette opportunité pour se féliciter par avance de leurs réalisations et de leurs accomplissements futurs; ceux-ci ne manqueraient pas de se réaliser en temps et en heure.

Un retour en arrière pour aller vers l'avant

En lisant ce livre, en accomplissant les exercices proposés, vous avez entrepris un voyage à travers le temps qui vous a fait accéder au modèle, aux principes et aux techniques spécifiques permettant de construire votre avenir avec la Ligne du Temps.

Au fil des pages, vous avez découvert ce qu'est une Ligne du Temps, ce à quoi elle sert et comment elle peut vous aider à mieux vous connaître et mieux comprendre les autres. Vous avez évolué depuis votre premier rôle de voyageur atemporel vers celui de constructeur de votre avenir. Vous avez intégré un « règlement intérieur pour un fonctionnement harmonieux » et appris à mettre en pratique les principes qui vous permettent d'organiser votre vie et construire votre avenir à partir des techniques de changement spécifiques. En optant pour des options gagnantes, vous vous êtes assuré une vie épanouie, un avenir radieux et un futur plein de promesses tenues.

Bon voyage au fil du temps

Et maintenant, installez-vous confortablement, car vous savez que pour atteindre vos objectifs et réaliser vos projets, tout ce que vous avez besoin de faire est de « flotter au-dessus de votre Ligne du Temps... », (ré)organiser votre vie et construire votre avenir. Je vous souhaite bon voyage...

Remerciements

Merci à Tad James et Wyatt Woodsmall qui m'ont initiée au modèle de la Ligne du Temps, à Marc Fréchet, un très cher et regretté maître et mentor, qui s'est trouvé au bon endroit, au bon moment sur mon chemin de vie, à Bernard Hévin, mon compagnon de vie, co-équipier, cochon d'inde préféré et mari qui sait comment être là quand il le faut, à Bernard Leduc, éditeur, qui m'a rappelé qu'un livre est une création humaine, et, de ce fait, imparfait, à mes correcteurs, notamment Anne-Marie Hazard, pour la troisième édition, qui ont tous lu et relu cet ouvrage avec ardeur, délicatesse, patience et perspicacité, à Hélène de Castilla d'InterEditions d'avoir proposé cette nouvelle édition, à Corinne Grivelet, l'assistante fidèle du DÔJÔ, qui a réalisé les illustrations.

Merci aussi à toutes les personnes qui ont accepté mon invitation à « flotter au-dessus de la Ligne du Temps... » dans le contexte de la psychothérapie, de l'hypnothérapie de la formation ou du coaching. Grâce à vos expériences et vos témoignages de voyageur atemporel, vous m'avez incité à formaliser ce travail pour le rendre disponible à tous.

Bibliographie

CHALVIN, D., *Du bon usage de la manipulation*, Paris, ESF Éditeur, 2001.

HALL, E.T., *La danse de la vie. Temps culturel et temps vécu*, Paris, Seuil, 1984.

HÉVIN, B. et TURNER, J., *Manuel de coaching. Champ d'action et pratique*, Paris, Dunod, 2002; 2e édition, InterEditions, 2007.

JAMES, T., and WOODSMALL, W., *Time Line Therapy and the Basis of Personality*, Meta Publications, 1988.

JAMES, T., *The Secret of Creating your Future*, ProfitAbility Group, 1989.

TURNER, J., « La Ligne du Temps: une utilisation thérapeutique », *Phoenix*, n° 10, février 1991.

TURNER, J., « De l'hypnose éricksonienne à la PNL en passant par la Ligne du Temps », *Métaphore*, n° 13, janvier 1995.

TURNER, J., « Des boules de cristal à la Ligne du Temps », *Phoenix*, ° 37, février 2000.

TURNER, J., « Des ressources sur toute la Ligne du Temps », *Hypnose & Thérapies Brèves*, n° 41, mai, juin, juillet 2016.

TURNER, J. et HÉVIN, B., *Construire sa vie adulte. Comment devenir son propre coach*, Paris, InterEditions, 2000 ; 2e édition, 2005.

TURNER, J. et HÉVIN, B., *Le Nouveau Dico-PNL. Comprendre les mots et les concepts de la PNL*, Paris, InterEditions, 2006.

TURNER, J. et HÉVIN, B., *9 bonnes façons de construire sa vie adulte - de 17 à 97 ans !*, Paris, InterEditions, 2010.

Liste des exercices

Vous pouvez joindre Jane TURNER à l'adresse suivante :

Le DÔJÔ

Centre de formation aux métiers de la relation d'aide

3 rue des Patriarches – 75005 PARIS

Tél. : 01 43 36 51 32

Courriel : contact@ledojo.fr

Site web : www.ledojo.fr

901953 – (I) – SOP 90° – SOF – NRI

JOUVE
1, rue du Docteur Sauvé, 53100 Mayenne
OF : 2868132G
Dépôt légal : avril 2019

Imprimé en France